Jörg Blasius · Jürgen Friedrichs · Jennifer Klöckner

Doppelt benachteiligt?

Jörg Blasius · Jürgen Friedrichs
Jennifer Klöckner

Doppelt benachteiligt?

Leben in einem deutsch-türkischen Stadtteil

VS VERLAG FÜR SOZIALWISSENSCHAFTEN

Bibliografische Information der Deutschen Nationalbibliothek
Die Deutsche Nationalbibliothek verzeichnet diese Publikation in der
Deutschen Nationalbibliografie; detaillierte bibliografische Daten sind im Internet über
<http://dnb.d-nb.de> abrufbar.

Gefördert durch die Deutsche Forschungsgemeinschaft.

1. Auflage 2008

Alle Rechte vorbehalten
© VS Verlag für Sozialwissenschaften | GWV Fachverlage GmbH, Wiesbaden 2008

Lektorat: Frank Engelhardt

VS Verlag für Sozialwissenschaften ist Teil der Fachverlagsgruppe Springer Science+Business Media.
www.vs-verlag.de

Umschlaggestaltung: KünkelLopka Medienentwicklung, Heidelberg
Druck und buchbinderische Verarbeitung: Krips b.v., Meppel
Gedruckt auf säurefreiem und chlorfrei gebleichtem Papier

ISBN 978-3-531-16182-2

Inhalt

1 Einleitung

Mit der Zunahme der Arbeitslosigkeit seit Mitte der 1980er Jahre hat auch die Armut zugenommen. Dies dokumentieren eine Vielzahl von Publikationen über Armut in der Bundes-
republik (z.B. Balsen u. a. 1983, Döring, Hanesch und Huster 1990, Hanesch u. a. 1994,
Huster 1996). Zusätzlich gibt es eine Reihe von Veröffentlichungen, die sich mit den *räum-*
lichen Auswirkungen der Arbeitslosigkeit beschäftigen (u.a. Alisch und Dangschat 1998,
Hess und Mächler 1973, Klagge 1998). Mehrere deutsche Städte legten Sozial- oder Ar-
mutsberichte vor, zuerst Bremen (FHB 1987), dann Stuttgart (Landeshauptstadt Stuttgart
1990) und München (Landeshauptstadt München 1991), gefolgt von Hamburg (BAGS
1993) und Essen (Stadt Essen 1993), danach Wiesbaden (Landeshauptstadt Wiesbaden
1996), Frankfurt (Bartelheimer 1997) und Köln (Stadt Köln 1998). Meist werden solche
Armutsgebiete als „soziale Brennpunkte" oder „benachteiligte Gebiete" bezeichnet, in der
angelsächsischen Literatur als „distressed", „deprived" oder „poverty areas". Aufgrund
fehlender anderer Indikatoren wird Armut fast ausschließlich über die Quote der Sozialhilfeempfänger gemessen.

Dabei nimmt in den letzten Jahren die Armut nicht nur generell zu, also in vielen Stadtteilen, sondern vor allem in den bereits bestehenden Armutsgebieten (vgl. Keller 1999,
Farwick 1996, 1999, Farwick und Voges 1997, zusammenfassend: Farwick 2001). Dieser
Sachverhalt ist auch für Köln nachzuweisen. Von den 85 Stadtteilen Kölns hat im Zeitraum
1995-2005 in 54 Stadtteilen die Armutsquote zugenommen, in zwei Stadtteilen ist sie konstant geblieben und in 29 ist sie gesunken. Auffällig ist, dass in fast allen Kölner Stadtteilen, in denen die Quoten 1995 über dem Mittelwert lagen, die Armutsquoten bis 2005 zugenommen haben. Für die Verfestigung der Armut spricht auch die hohe Korrelation der
Quoten in den Stadtteilen von 1995 und 2005 von r = 0,90.
Die zunehmende Verarmung von Wohngebieten lässt sich durch drei Hypothesen erklären:
1. Die Fortzüge sind selektiv: Die relativ Bessergestellten ziehen aus;
2. Die Zuzüge sind selektiv: Statusniedrigere Personen ziehen ein oder werden durch das
    Wohnungsamt in Sozialwohnungen eingewiesen;
3. Die ungünstige Qualifikationsstruktur der Bewohner macht sie anfälliger für Arbeits-
    losigkeit und Sozialhilfe; es tritt eine stetig zunehmende und überdurchschnittlich
    starke Verarmung der Bewohner in benachteiligten Wohngebieten auf.
Jargowsky (1997: 51) findet in seiner Studie nordamerikanischer Großstädte Belege für alle
drei Hypothesen. Farwick (1996: 8; 1999: 8) hingegen zeigt sowohl für Bremen als auch
für Bielefeld, dass vor allem die dritte Hypothese zutrifft. Demnach ist es die ungünstige
Qualifikationsstruktur der Bewohner armer Gebiete, die immer mehr Personen arbeitslos
und schließlich von der Sozialhilfe abhängig werden lässt. In einer Variante der Shift-
Share-Analyse kann Farwick für beide Städte zeigen, dass die Zunahme der Armut in Armutsgebieten überproportional zur Zunahme der gesamtstädtischen Armut ist, d.h. der
Struktureffekt (die Zunahme der Armut in der Stadt) ist wesentlich geringer als der „Shift"-
Effekt, nämlich die spezifischen Bedingungen in den Armutsgebieten.

Die Hypothese der selektiven Zuzüge schließt ein, dass in Armutsgebieten ein relativ hoher Anteil öffentlich geförderter Wohnungen besteht, für die die Kommune oder eine städtische Wohnungsgesellschaft das Belegungsrecht haben. Die Einweisung von Problemfamilien bzw. Familien mit Armutsrisiken in bereits benachteiligte Wohngebiete hätte dann eine weiter steigende Quote von Armen zur Folge. In den Armutsgebieten Hannovers waren es 50 % der Bewohner, denen ihre Wohnung zugewiesen wurde (Herlyn, Lakemann und Lettko 1991: 97). Es ist allerdings umstritten, in welchem Maße einzelne Kommunen eine solche Politik verfolgen und so zu einer zunehmenden Verarmung des Gebietes beitragen. Jedoch verweist dieses Problem darauf, in die Analyse von Armutsgebieten den Bestand an Sozialwohnungen einbeziehen zu müssen.

Eine der Fragen, die sich angesichts dieser Entwicklung stellt, ist: *Wie sind die Lebensbedingungen in solchen benachteiligten Gebieten? Wir fragen also, ob es einen Kontexteffekt des benachteiligten Wohngebietes auf die ohnehin bereits benachteiligten Bewohner gibt. Die doppelte Benachteiligung besteht darin, dass viele Bewohner zum Einen durch ihre ökonomische Situation, ihre Qualifikation und durch Vorurteile benachteiligt sind und zum Anderen in einem benachteiligten Wohngebiet leben, dessen Struktur ihnen weniger positive Rollenvorbilder und Ressourcen bietet als andere Wohngebiete.* Wir vermuten, die Benachteiligung im Wohngebiet nehme in folgender Reihenfolge zu: Deutsche – deutsche Sozialhilfeempfänger – Türken – türkische Sozialhilfeempfänger.

Dazu gibt es – gemessen an der Bedeutung des Problems – relativ wenige empirische deutsche Studien; zu ihnen gehören die von Herlyn, Lakemann und Lettko (1991), Hess und Mächler (1973), Tobias und Boettner (1992) sowie unsere Untersuchung aus dem Jahr 2000 von vier benachteiligten Wohngebieten in Köln mit insgesamt 420 Interviews mit deutschen und 220 Interviews mit türkischen Befragten (Friedrichs und Blasius 2000). Seither haben sich die sozialen Bedingungen eher verschlechtert: Die Arbeitslosenzahlen verharrten bis 2005 auf dem hohen Niveau von vier Millionen, die Zahl der Sozialhilfeempfänger nahm zu und die Einkommensungleichheit (berechnet mit dem Gini-Koeffizienten) stieg von 0,26 im Jahre 1992 auf 0,32 im Jahre 2006 (Frick und Grabka 2008: 103). Auch die Chancen von Personen im untersten Quintil der Verteilung der Äquivalenzeinkommen, auch nur eine Stufe (ein Quintil) höher zu kommen, sind zwischen 1993 und 1996 höher als zwischen 2001 und 2004 (Statistisches Bundesamt 2006: 622). Sie haben sich nochmals zwischen 2002 und 2006 verringert: Im Zeitraum 1996 bis 2000 waren 54 % aller armutsgefährdeten Personen auch fünf Jahre später noch in derselben Einkommensgruppe, im Zeitraum 2002 bis 2006 waren es 66 % (Frick und Grabka 2008: 104). Es ist eine Einkommenspolarisierung eingetreten, die auch zu einem Schrumpfen der Mittelschicht (Bude 2008, Frick und Grabka 2008) geführt hat.

Angesichts der steigenden Zahl solcher Gebiete und der sich verschlechternden Lebensbedingungen bestanden zwei Möglichkeiten, die 1996 durchgeführte Studie fortzusetzen. Entweder man untersucht eine größere Stichprobe von Stadtteilen, möglichst in verschiedenen Städten mit einer Stichprobe von rd. 500 Befragten pro Stadtteil, oder man untersucht einen Stadtteil mit einer größeren Stichprobe von Befragten. Da die erstgenannte Forschungsstrategie sehr hohe Kosten bedingt, haben wir uns für die zweite Strategie, die Fallstudie, entschieden: nämlich eine weitere Studie in einem Kölner Stadtteil durchzuführen.

Da die bereits untersuchten Gebiete hierfür nicht in Frage kamen, die Kriterien zur Auswahl der Stadtteile aber dieselben blieben, boten sich mehrere Kölner Stadtviertel an. Dass Höhenberg und Vingst als Untersuchungsgebiete ausgewählt wurden, lag in erster

Linie daran, dass die beiden Viertel sich in ihren Strukturdaten sehr gleichen und dass sie aneinander angrenzen, wir also von einem großen Armutsgebiet sprechen können. Ähnlichkeiten zwischen den beiden Stadtteilen bestehen zudem in der Einwohnerzahl, dem Ausländeranteil, der Arbeitslosenquote, der Sozialhilfeempfängerquote und der durchschnittlichen Haushaltsgröße (vgl. Kapitel 3). Hinzu kommt, dass die Stadtviertel aneinandergrenzen und es sich um ein relativ geschlossenes Gebiet handelt. Die Studie besteht aus mehreren Teilen, dazu gehören:

1. Experten-Interviews und Gruppendiskussionen, um das Gebiet auszuwählen und den Fragebogen vorzubereiten.
2. Wir haben selbstverständlich auch zahlreiche Daten aus der Amtlichen Statistik der Stadt Köln herangezogen.
3. Eine repräsentative Befragung von n=707 deutschen und n=239 türkischen Befragten, die wir im Jahr 2004 durchführten.
4. Dazu haben wir mehrere Skalen aus der nordamerikanischen Literatur übernommen, übersetzt und auf ihre Dimensionen geprüft. Das erlaubt uns, die Ergebnisse mit denen anderer Studien zu vergleichen.
5. Ergänzend zu den standardisierten Interviews haben wir mit 18 deutschen und 9 türkischen Befragten qualitative Interviews geführt, um mehr über die Beobachtungen im Gebiet und über Probleme der Bewältigung des Alltags zu erfahren.
6. Schließlich haben wir nach zwei Jahren eine zweite Befragung der Bewohner vorgenommen; erzielt wurden 357 Interviews mit deutschen und 130 mit türkischen Bewohner/innen. Damit liegt nun eine Panelstudie mit zwei Wellen vor. Beide Studien wurden von der Deutschen Forschungsgemeinschaft gefördert (Az FR 517-25, 26).

Ohne hier schon auf die theoretischen Grundlagen und Hypothesen einzugehen, seien die wichtigsten Fragen der Studie aufgeführt:

1. Ist das Wohngebiet homogen oder besteht eine interne Differenzierung?
2. Welche Effekte hat die soziale Mischung in den Teilgebieten auf die Einstellungen und das Verhalten der Bewohner/innen?
3. Hat die soziale Mischung im Teilgebiet unterschiedliche Einflüsse auf deutsche und auf türkische Bewohner/innen?
4. Welche Effekte haben Transferzahlungen (oder Haushalte, die Transferzahlungen erhalten) auf die Einstellungen und das Verhalten?
5. Welche Formen abweichenden Verhaltens werden beobachtet und wie reagieren die Bewohner darauf?
6. Wie bewältigen die Bewohner ihren Alltag?
7. Welche Merkmale weisen die Netzwerke von Bewohnern eines benachteiligten Wohngebietes auf?
8. Schließlich ein methodisches Problem: Bewähren sich die zahlreichen Skalen, die wir von nordamerikanischen Forschern übernommen haben?

Danksagung

Die Studie wäre ohne die Hilfe zahlreicher Personen nicht möglich gewesen, zuerst selbst-verständlich die Bewohner/innen von Höhenberg und Vingst, die bereit waren, sich inter-viewen zu lassen. Ihnen gehört unser erster Dank. In diesem Zusammenhang danken wir der Phantasialand Schmidt-Löffelhardt GmbH, die uns ermöglichte, den Familien, mit denen wir qualitative Interviews geführt haben, einen kostenlosen Besuch zu schenken.

Sodann gilt unser großer Dank der Deutschen Forschungsgemeinschaft, die die erste und zweite Welle der Studie gefördert hat. Ferner der Fritz Thyssen Stiftung, die Jörg Bla-sius und Jürgen Friedrichs eine internationale Tagung „Inside Poverty Areas" im Dezember 2004 in Köln finanziert hat, die zu wichtigen Einsichten für unsere Analysen und begutach-teten Publikationen in der Zeitschrift *Housing Studies* geführt hat. Weiter danken wir den Experten, die uns beraten haben, insbesondere Pfarrer Meurer, der sich für unsere Studie bei den Bewohner/innen eingesetzt hat, sowie Hans-Karsten Heymann (Amt für Kinder, Jugend und Familie), der uns mehrfach unbürokratisch statistische Daten zur Verfügung gestellt hat. Schließlich gilt unser Dank drei MitarbeiterInnen, die zu Anfang an dem Pro-jekt mitgearbeitet haben: Heidi Credé, M.A., und Yasemin El Menouar, M.A., waren an der Entwicklung des Fragebogens beteiligt und haben die qualitativen Interviews durchgeführt; ferner Andreas Mühlichen, der an der Aufbereitung der Daten mitgearbeitet hat. Ein ganz besonderer Dank gilt Stefanie Symann, M.A., die beide Feldphasen supervisiert hat, eben-falls qualitative Interviews führte und die ersten Auswertungen der umfassenden Daten vorgenommen hat.

Wir danken der Deutschen Forschungsgemeinschaft (DFG), die diese Studie gefördert hat (FR 517/25-1,26-1).

2 Theorie

Jedes Wohngebiet stellt eine Gelegenheitsstruktur dar (Cloward und Ohlin 1955, de Souza Briggs 2005, Galster und Killen 1995). Sie umfasst zwei Arten von Merkmalen: physische und soziale. Zu den physischen zählen die Verkehrsanbindung und öffentliche und private Einrichtungen, z. B. ein Sportplatz, eine öffentliche Bibliothek, eine Bankfiliale, ein Gymnasium oder eine Zahnarztpraxis, aber auch das Ausmaß der Luftbelastung. Die physischen Opportunitäten bestimmen unter anderem, welche Aktivitäten in einem Wohngebiet ausgeübt werden können. Fehlen derartige Einrichtungen, z.B. ein Jugendheim, so können entweder die ihnen entsprechenden Aktivitäten nicht ausgeübt werden oder die Bewohner/innen müssen das Defizit durch Fahrten in einen anderen Stadtteil kompensieren (vgl. Dangschat u.a. 1982, Heuwinkel 1981). Die zweite Gruppe umfasst die sozialen Merkmale der Bewohner/innen: Es sind die Opportunitäten und Restriktionen, die die Bewohner/innen für sich gegenseitig darstellen, d.h. wie sie ihr Verhalten untereinander beeinflussen, welche abweichenden Verhaltensweisen im Gebiet auftreten, wie hoch die soziale Kontrolle ist und wie stark die Partizipation an öffentlichen Angelegenheiten.

Das Wohngebiet ist demnach ein Kontext, bestehend aus öffentlichen und privaten Einrichtungen und einer Sozialstruktur. Wir nehmen nun an, Kontextmerkmale, z.B. der Anteil der Sozialhilfeempfänger, haben einen Effekt auf die Einstellungen und das Verhalten der Bewohner, und zwar auch dann, wenn die individuellen Merkmale konstant gehalten werden. Das Verhalten der Bewohner wird also durch einen Gebiets- oder Kontexteffekt und Individualeffekte erklärt (Galster 2008, Häußermann 2003: 149, Häußermann und Kapphahn 2000: 223, 229, Jencks und Mayer 1990, Kronauer 2007: 81). Im Falle benachteiligter Wohngebiete führt dies zu der Forschungsfrage „Do poor neighborhoods make their residents poorer?" (Friedrichs 1998). Das Wohngebiet weist demnach sowohl Opportunitäten (Handlungsmöglichkeiten) als auch Restriktionen auf, z.B. fehlende Einrichtungen, aber auch fehlende Vorbilder für das Verhalten (Handlungsmodelle).

Die Frage nach möglichen Kontexteffekten wird daher auch zu einer Frage nach der sozialen Zusammensetzung des Wohngebietes, also des „social mix". Die grundlegende Annahme lautet: Unterschiedliche soziale Mischungen führen zu unterschiedlichem Verhalten der Bewohner. Diese Annahme ist implizit bereits in den klassischen Artikeln von Gans (1961a, 1961b) enthalten, obgleich ihn interessiert hat, ob es eine optimale soziale Mischung gibt: Wie homogen oder heterogen soll oder darf ein Wohngebiet sein? Seine Antwort lautet: „gemäßigte Heterogenität". Wiewohl gut begründet, ist diese Aussage solange zu allgemein, wie nicht festgelegt werden kann, welche sozialen Gruppen (nach Einkommen, Schulbildung, Stellung im Lebenszyklus, ethnischer Zugehörigkeit oder Wohnstatus) mit welchen Anteilen vertreten sein sollten, um jene gemäßigte Heterogenität herzustellen.

Die sozialwissenschaftliche Antwort auf diese Frage steht bis heute aus, aber das Konzept wird sowohl in der neuen sozialwissenschaftlichen Literatur (Atkinson 2005, Galster 2007, Goodchild und Cole 2001, Kleinhans 2004) als auch in der Stadtplanung erörtert, so in der englischen National Strategy for Neighborhood Renewal (Goodchild und Cole 2001:

108-109, Manzi und Bowers 2003, Page 2000, Scottish Homes 2006, Tunstall 2003: 158), den Niederlanden (Ostendorf, Musterd und de Vos 2001), den USA (Brophy und Smith 1997; Schwartz und Tajbakhsh 1997) und Australien (Adelaide City Council 2002: 3, Arthurson 2006, Johnston 2002). Insofern ist Kleinhans (2004: 367) zuzustimmen, dass Konzept der sozialen Mischung sei „at the core of urban planning".

Von der sozialen Mischung im Wohngebiet werden positive Effekte auf die Bewohner unterstellt, so geringere Zu- und Fortzugsraten, geringeres Vorkommen abweichenden Verhaltens, stärkere soziale Partizipation und ein Anheben der Standards der unteren sozialen Schichten (Gans, 1961a, 1961b, Brophy und Smith 1997: 6, Sarkissian 1976). *Wir betrachten die soziale Mischung als einen Kontext.*

2.1 Soziale Mischung und Kontexteffekte

Der wichtigsten Annahme zufolge, am deutlichsten ausgeführt bei Wilson (1987, 1991), hat das Gebiet einen Kontexteffekt auf das Verhalten der Bewohner. Die unterschiedlichen Formen abweichenden Verhaltens würden demnach nicht nur durch Merkmale der Bewohner, sondern auch durch die Bewohnerstruktur, z.B. den Migranten*anteil* erhöht (vgl. u.a den kritischen Überblick von Sampson, Morenoff und Gannon-Rowley 2002). Ferner wird angenommen, Armut führe zu sozialer Isolation (Suttles 1968, Wilson 1987) und zu einer relativen Deprivation (Andreß 1999: 141ff.)

Es bleibt ein Problem, wie ein Gebietseffekt überhaupt zustande kommen kann (vgl. Duncan und Raudenbush 1999, Tienda 1991). In der Literatur wurden unterschiedliche Mechanismen vorgeschlagen, die diesen Effekt bewirken (u. a. Brooks-Gunn und Leventhal 2000, Dietz 2002, Erbring und Young 1979, Galster 2008). Zuerst ist der unechte Effekt auszuschließen: Es handelt sich um einen Kompositionseffekt des Gebietes, z. B. Bevölkerungsgruppe X weist überdurchschnittlich hohe Raten abweichenden Verhaltens auf, diese Gruppe ist im Gebiet überproportional stark vertreten, weshalb im Aggregat (Wohngebiet) höhere Raten abweichenden Verhaltens festzustellen sind – es ist ein unechter Gebietseffekt oder „selection bias". Hiervon abgesehen, lassen sich vier solcher Mechanismen unterscheiden.

1. *Strukturelle Restriktionen:* Der Effekt entsteht durch Merkmale des Gebietes, z. B. durch gesundheitliche Einschränkungen als Folge von Lärm- oder Emissionsbelastung, Einschränkungen in den Aktivitäten aufgrund fehlender Ausstattung des Gebietes mit infrastrukturellen Einrichtungen. So fanden Herlyn, Lakemann und Lettko (1991: 35) in ihrer Studie von Armutsgebieten in Hannover, dass eine bessere Ausstattung auch zu mehr Kontakten unter den Bewohnern führt.

2. *Institutionen:* Der Effekt entsteht durch Institutionen im Gebiet, z.B. die Schule, Jugendgruppen (peer groups) oder durch die Familien (vgl. Haynie 2001, Jencks und Mayer 1990, von Trotha 1974). Hierzu werden auch soziale Netzwerke gerechnet.

3. *Wahrnehmung:* Das Ausmaß der physischen Unordnung im Gebiet, z. B. der Gebäude, der Straßen, des Mülls auf den Straßen, wird von den Bewohner/innen wahrgenommen und beeinflusst ihre Einstellungen und ihr Verhalten: Solche Effekte werden ausführlich von Skogan (1990) an Beispielen der Verwahrlosung von Wohngebieten beschrieben. Zugespitzt findet sich diese Annahme auch in der „broken windows"-Hypothese (Wilson und Kelling 1982), die besagt, an der Zahl zerstörter Fenster ließe sich der Zu-

stand eines Gebietes erkennen. Massey und Denton (1993) zufolge führen verfallende Gebäude in einem Wohngebiet zu weiteren Desinvestitionen der Hausbesitzer. Die Autoren vermuten sogar, dass schon 5 % von Verwahrlosung betroffene Gebäude die anderen Hausbesitzer von Investitionen abhalten können. Neben diesem Effekt auf die Hausbesitzer lässt sich ein zweiter anführen – die Wahrnehmung der Bewohner, in einem verfallenden oder „vergessenen" Wohngebiet zu leben. Oder: Wenn auf der Straße Abfall liegt, dann werden andere Personen weiteren Abfall dazu tun.

Dieser Vorgang ist häufig zu beobachten. Warum aber handeln Personen so? Ein Ort, an dem Müll liegt, wird als nicht beobachtet oder bewacht wahrgenommen. Mithin vermutet man, es gäbe keine (informelle) soziale Kontrolle von sozialen Normen. Deshalb erscheint der Ort als „normenlos". Wenn wir nun unterstellen, dass Personen überhaupt die Norm internalisiert haben, keinen Abfall auf die Straße zu werfen, dann werden sie sich hier davon befreit fühlen (können), diese Norm einzuhalten. Entscheidend ist, dass zugleich solche Orte als unsicher wahrgenommen werden, da empirisch eine enge Korrelation von Schmutz und Sicherheit besteht (Friedrichs, Hüsing und Türk 1997), deren gemeinsame Erklärung in der perzipierten Normenlosigkeit besteht.

Eine Folge könnte sein, dass besser gestellte Haushalte versuchen, aus dem Gebiet fortzuziehen; in die von ihnen verlassenen Wohnungen ziehen dann Personen mit noch niedrigerem sozialen Status ein und damit geht die Spirale des Verfalls weiter.

Es ist jedoch problematisch, anzunehmen, allein die Wahrnehmung abweichenden Verhaltens, z.B. Drogenhandels auf der Straße, reiche aus, um sich selbst abweichend zu verhalten. Abweichendes Verhalten erfordert auch eine Legitimation, und diese wird mit der Wahrnehmung nicht vermittelt.

4. *Soziales Lernen:* Dieses ist die wichtigste Erklärung. Der Effekt entsteht durch die Wahrnehmung abweichenden Verhaltens und/oder die Übernahme abweichenden Verhaltens durch Interaktionen mit anderen Bewohnern, also durch Modell-Lernen im Sinne der Theorien von Bandura und Walters (1963) und Akers (1985). Ebenso können aber auch positive Rollenmodelle bestehen, z. B. durch Berufstätige. Der Effekt, so lassen sich die Annahmen von Wilson explizieren, entsteht durch einen negativen Einfluss eines Teils der Bewohner des Gebietes auf die restlichen Bewohner. Diese These impliziert eine Verbreitung von abweichenden Verhaltensmustern durch Modell-Lernen, darunter die wahrgenommenen Formen abweichenden Verhaltens (Rountree und Land 1996), z. B. Schulschwänzen, vorzeitiger Abgang aus der Schule, Schwangerschaft von jungen Mädchen, Drogenkonsum und Gewalt.

Der Hypothese von Sutherland (1968) folgend, gehen wir davon aus, dass nicht nur die Techniken abweichenden Verhaltens, sondern auch die Legitimation dafür gelernt werden, sich so zu verhalten. Denn wir können unterstellen, dass Personen, die sich abweichend verhalten, sehr wohl wissen, dass sie vom (erwarteten) Verhalten des „mainstream", wie es in der nordamerikanischen Literatur heißt, abweichen. Des Weiteren kann, wie Rountree und Warner (1997) gezeigt haben, bei Jugendlichen sowohl eine Subkultur abweichenden Verhaltens als auch eine enge Bindung an das Gebiet bestehen.

2.2 Makro-, Meso- und Mikroebene

Nun reicht es nicht aus, nur die Beziehung zwischen der Makroebene „Wohngebiet" und
der Mikroebene „Bewohner" zu spezifizieren, sondern es muss auch die Mesoebene berücksichtigt werden. Hierzu zählen Institutionen wie z.B. die Schule (vgl. die Darstellung
von Jencks und Mayer 1990), aber auch die sozialen Netzwerke (vgl. weiter unten), die
ebenfalls einen Kontext bilden. Versucht man, diese Befunde und Annahmen am Beispiel
des abweichenden Verhaltens zu formalisieren, so gelangt man zu folgendem Modell:

Abbildung 2.1: Zusammenhänge der Makro-, Meso- und Mikroebene, am Beispiel abweichenden Verhaltens

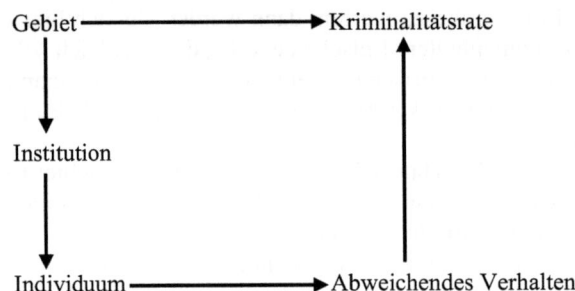

Die empirischen Studien zur Wirkung der Mesoebene (u. a. von Institutionen) richteten sich
vor allem auf die Schule, die peer group und die Familie. Die Befunde für die Schule deu-
ten darauf hin, dass ein solcher Effekt besteht, wenngleich er aufwendig zu bestimmen ist.
Ein wichtiges Ergebnis bisheriger Forschungen lautet, dass die Leistungen guter Schüler in
einer Klasse mit überwiegend mittelmäßigen Schülern sinken, sich also nach unten anpas-
sen. Das entspricht dem Befund, dass das Leistungsniveau von Schülern in Schulklassen, in
denen überwiegend Schüler sind, deren Eltern über eine relativ geringe Bildung verfügen,
geringer ist als in solchen, in denen der Anteil von Schülern aus diesem familiären Hinter-
grund niedrig ist. So fanden Hacket u. a. (2001), dass Kinder von Hauptschülern ebenfalls
mit hoher Wahrscheinlichkeit nur einen Hauptschulabschluss erreichen – auch wenn man
das Einkommen der Eltern kontrolliert. Ferner gilt, dass leistungsschwache Schüler einer
ethnischen Minorität (Schwarze) in leistungsstarken Klassen noch weiter zurückfallen
(Jencks und Mayer 1990, Weicher 1990; für deutsche Befunde vgl. Engel 1998: 49ff.).
     Wahrscheinlich lassen sich die unterschiedlichen Ergebnisse in der Literatur erklären,
indem die dieser These zugrunde liegenden Annahmen expliziert werden. Unseres Erach-
tens sind es insbesondere drei Annahmen: Die Effekte des Wohngebietes sind um so größer, 1. je mehr Zeit eine Person im Wohngebiet verbringt, 2. je größer der Anteil von Personen, die im Wohngebiet wohnen, an dem Gesamtnetzwerk eines Bewohners ist, 3. je
kleiner das soziale Netzwerk von Personen ist.
     Die erste Hypothese beinhaltet, dass Nicht-Erwerbstätige und Jugendliche eher von den
Einflüssen des Gebietes betroffen sind als Personen, die einen Arbeitsplatz außerhalb des
Gebietes haben. Einen solchen Effekt konnten wir in unserer früheren Studie bedingt nachweisen, allerdings besteht kein linearer Zusammenhang, sondern ein Schwellenwert: Erst
wenn mehr als 90 % der Zeit im Gebiet verbracht werden, tritt der vermutete Effekt auf
(Friedrichs und Blasius 2000: 183f.). Auf das Vorliegen solcher Schwellenwerte in den
Effekten benachteiligter Wohngebiete hat auch Galster (2002, vgl. auch die Studie von

Krivo und Peterson 1996) hingewiesen. In seiner Analyse nordamerikanischer Studien über benachteiligte Wohngebiete konnte er u. a. zeigen, dass die Effekte auf die Bewohner erst bei einem hohen Anteil von armen Personen (etwa 25%) auftreten.

Die zweite Hypothese konnte mit unserer vorangegangenen Studie nicht belegt werden: Die Höhe des Anteils der Netzwerkpersonen im Gebiet weist keinen Zusammenhang mit der Akzeptanz devianter Normen auf. Die dritte Hypothese hingegen hat sich in unserer Studie bewährt. Dabei sollte ein außerhalb des Wohngebietes liegender Arbeitsplatz einen negativen Effekt auf das abweichende Verhalten haben, weil die Personen hierdurch eine größere Chance haben, Personen außerhalb der Nachbarschaft kennenzulernen und in ihr soziales Netzwerk aufzunehmen (vgl. Kapitel 8).

2.3 Politische Folgerungen / Implikationen

Die eingangs angeführte Zunahme von Armut in bereits benachteiligten Wohngebieten lässt sich in den Großstädten vieler europäischer Länder nachweisen. Wie gravierend die Probleme solcher Gebiete sind, ist unter anderem daran zu erkennen, dass in fast allen Ländern Programme aufgelegt wurden, die sich darauf richten, die Lebensbedingungen in solchen „distressed areas", „poverty areas" oder „quartiers en crise" zu verbessern, wie u.a. mit den Ergebnissen zweier EU-Projekte dokumentiert wird: NEHOM (Holt-Jensen u.a. 2004) und UGIS (Vranken, de Decker und van Niewenhuyze 2002). In Deutschland können die Programme von Hamburg und insbesondere Nordrhein-Westfalen als Vorläufer des Bund-Länder-Programms „Soziale Stadt" gelten, das von der ARGEBAU vorbereitet und im September 1999 verabschiedet wurde (vgl. Becker u.a. 2002, DIFU 2003, IfS 2004, Walther und Mensch 2004). In allen Fällen handelt es sich um „Gebietsprogramme" und nicht um gebietsunabhängige soziale Programme für einzelne benachteiligte Bevölkerungsgruppen.

Solche Programme, so bedeutsam sie auch für die benachteiligten Wohngebiete sein mögen, können jedoch nur dann erfolgreich sein, wenn die den Maßnahmen zugrunde liegenden Annahmen empirisch haltbar sind. Wir sind gegenwärtig jedoch weit davon entfernt, genauer sagen zu können, ob die mit einer Maßnahme beabsichtigten Wirkungen eintreten – weil nämlich die zugrunde liegenden Annahmen unzureichend untersucht wurden (s. ausführlich: Burgers u.a. 2003: 79ff).

Das grundlegende und ungelöste Problem besteht bereits darin, zu entscheiden, mit welcher von zwei grundlegenden Strategien man den Bewohner/innen besser helfen kann. Die eine Strategie ist „area-based", sie richtet sich auf Verbesserungen im Wohngebiet, z. B. durch ein Quartiermanagement, Arbeitslosen-, Ernährungs-, Erziehungs- oder Fortbildungshilfen. Diese Strategie wird in allen europäischen Ländern verfolgt. Die andere Strategie ist „people-based" und richtet sich nicht auf das Gebiet, sondern auf einzelne Bewohnergruppen. Bewohner aus Gebieten mit einer hohen Armutsquote (30 % und mehr) werden in Wohngebiete mit niedrigeren Armutsquoten umgesiedelt. Die Erfahrungen mit diesen beiden experimentellen Programmen Gautreaux und MTO (Moving to Opportunity) sind eher positiv als negativ (Davis 1993). Aufschlussreich ist, dass diese Strategie einen starken Kontexteffekt des Gebietes unterstellt – einen negativen des Herkunftsgebietes und einen positiven des Zielgebietes.

3   Beschreibung des Untersuchungsgebietes

3.1   Lage und Wirtschaftssituation

Die Kölner Stadtteile Höhenberg und Vingst sind inzwischen auch über die Stadtgrenzen hinaus unter der Kurzform „HöVi" bekannt, was in erster Linie auf den hohen Bekanntheitsgrad der Sommerfreizeit für Kinder und Jugendliche in der Zeltstadt „HöVi-Land" zurückzuführen ist (vgl. Kapitel 3.6). Die beiden Stadtteile liegen im rechtsrheinischen Köln, sie gehören zum Stadtbezirk Kalk und sind „Stadtteile mit besonderem Erneuerungsbedarf"; sie nehmen seit 1994 an dem Förderprogramm „Soziale Stadt" des Landes Nordrhein-Westfalen zur sozialen und wirtschaftlichen Stabilisierung teil (Difu 2000-2008). Dieses Förderprogramm soll negative ökonomische und soziale Entwicklungen auffangen, die durch den Wegfall von Arbeitsplätzen und dem damit verbundenen Verlust der wirtschaftlichen Basis entstanden sind. Ziel ist, vorhandene Kräfte und Ressourcen zu mobilisieren, um damit einen Strukturwandel einzuleiten und der Entstehung benachteiligter, aus dem politischen, wirtschaftlichen und sozialen Kontext der jeweiligen Stadt herausfallender Stadtteile entgegenzuwirken (ebd.). Im gleichen Jahr wurde in Köln das „Kalk-Programm" beschlossen, das eine integrative Stadtentwicklung im Blick hat. So sollten neben dem Wiederaufbau der Wirtschafts- und Beschäftigungsbasis die sozialen Aspekte in die Planung einbezogen werden (Friedrich-Ebert-Stiftung 1999). Dieses Programm lief Ende 2004 aus, ohne das Hauptproblem, die Arbeitslosigkeit, befriedigend gelöst zu haben.

Das Untersuchungsgebiet (Abbildung 3.1) wird geographisch im Westen durch den Rangierbahnhof Kalk-Nord und im Osten durch eine Stadtautobahn begrenzt. Das Stadtzentrum auf der anderen Rheinseite ist mit der Straßenbahn innerhalb von 15 Minuten zu erreichen. Der zu Zeiten des Wirtschaftswunders entstandene Industriestandort Kalk, der in unmittelbarer Nähe zu HöVi liegt, mit den großen Fabriken „Klöckner-Humboldt-Deutz AG" (KHD), Hersteller von Motoren und Anlagen, und der „Chemischen Fabrik Kalk" (CFK) war bis Anfang der 1990er Jahre der wichtigste Arbeitgeber eines Großteils der Bewohner von HöVi und der angrenzenden Stadtgebiete. Mit der Deindustrialisierung und dem Rückzug bzw. mit der Schließung der großen Industrieunternehmen verlor der Stadtbereich seit den 1970er Jahren fast 8.500 Arbeitsplätze (Roeseling 2003: 187) und entwickelte sich von einem prosperierenden zu einem Problemgebiet. Durch Entlassungen stieg die Arbeitslosigkeit in den genannten Gebieten zeitweise auf über 25 % (ebd.) und liegt seitdem in Vingst und Höhenberg um 20,0 % (vgl. Tabelle 3.2). Die Daten der Stadt Köln von 2005 zeigen wieder einen erheblichen Anstieg der Arbeitslosenquote gegenüber 2004 auf 25,8 % in Höhenberg (2004: 19,7 %) und auf 25,1 % in Vingst (2004: 20,5 %), während die Quote im gesamten Stadtgebiet bei 14,6 % lag (2004: 12,9 %). Bis Ende des Jahres 2006 sanken die Quoten wieder auf 21,3 % in Höhenberg und 22,1 % in Vingst, in ganz Köln auf 13,3 %.

Abbildung 3.1: Karte mit den sechs Stadtvierteln von Köln–Vingst und –Höhenberg

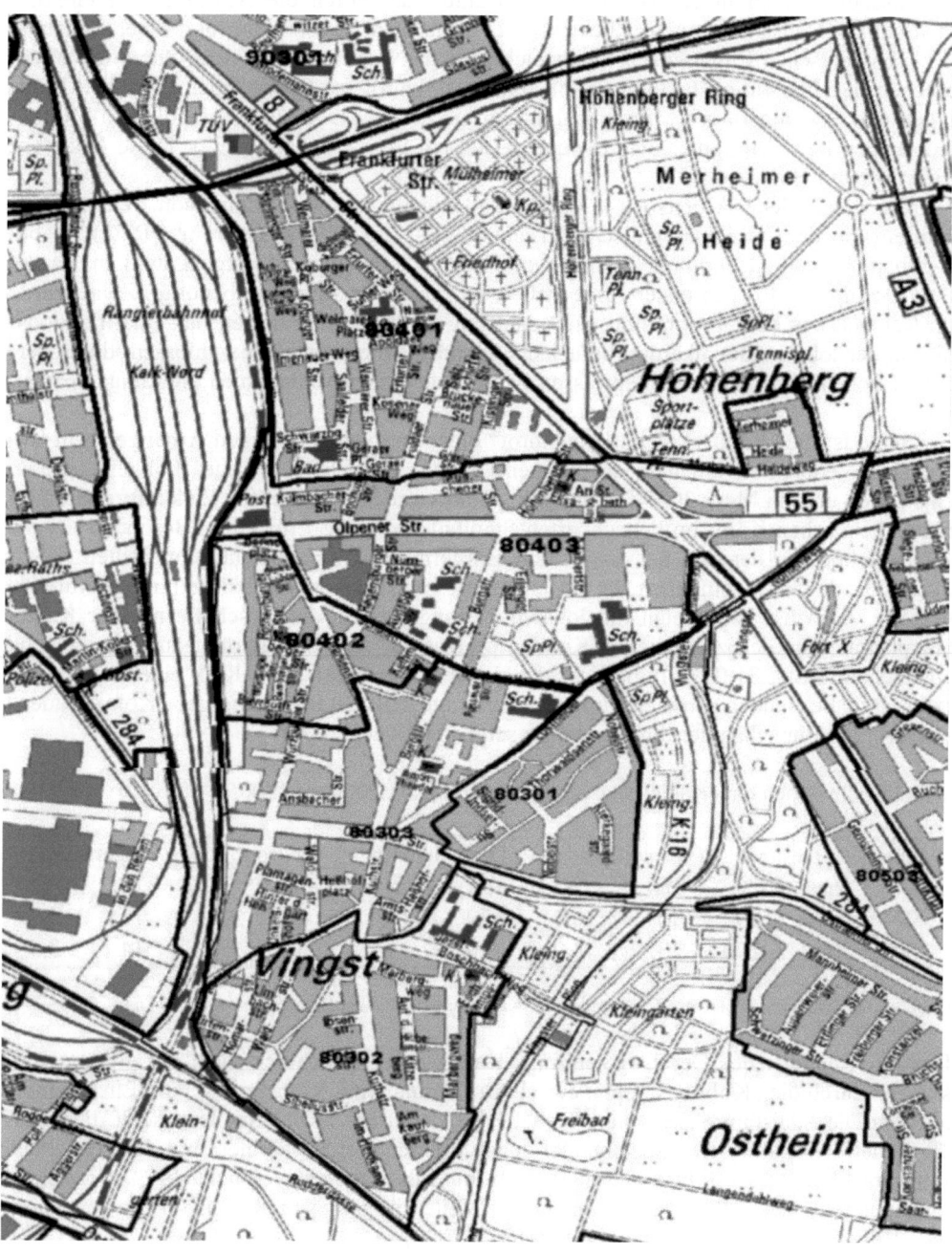

80401: Germania-Siedlung; 80402: Höhenberg Süd; 80403 Höhenberg
80301: Schweden-Siedlung; 80302: Sieldung Vingst; 80303: Vingst

Neben dem Verlust an Arbeitsplätzen und damit auch der Kaufkraft vollzog sich ein demographischer Wandel in der Bevölkerungsstruktur, der durch die Abwanderung einkommensstarker Haushalte, einem Rückgang der deutschen Bevölkerung und einer Zunahme der nichtdeutschen Einwohner gekennzeichnet war. Nicht nur, aber auch durch das Wegbrechen des Integrationsfaktors Arbeit kommt es häufig zu Spannungen zwischen Deutschen und Bewohnern mit Migrationshintergrund und zwischen unterschiedlichen Migrantengruppen bzw. Migrantengenerationen (Friedrich-Ebert-Stiftung 1999). Diese Diagnose trifft auch auf HöVi zu.

Neu geschaffene Arbeitsplätze durch Maßnahmen zur Ansiedlung von Technologiezentren wie dem „Rechtsrheinischen Technologie- und Gründerzentrum" (RTZ) im benachbarten Stadtteil Gremberg können diesem Niedergang nicht entgegenwirken, da die Bevölkerung in HöVi in erster Linie Arbeit für gering Qualifizierte benötigt. Zwar wurde im Rahmen des Kalk-Programms die Schaffung „zukunftsorientierter, das Qualifikationsniveau der lokalen Bevölkerung berücksichtigender Arbeitsplätze" beschlossen; die unverändert hohen Arbeitslosenquoten lassen den Erfolg dieser Maßnahmen allerdings bezweifeln.

Heute ist die Großbäckerei „Kronenbrot" einer der wenigen großen Arbeitgeber in HöVi. Des Weiteren ist auf dem ehemaligen Gelände der CFK ein neues Polizeipräsidium entstanden und im März 2005 feierten die „KölnArcaden", das größte Einkaufszentrum im rechtsrheinischen Köln, im benachbarten Stadtteil Kalk ihre Eröffnung. Besonders wegen seiner Größe war der Bau bei den Kalker Bürgern und Geschäftsleuten umstritten (KStA 20.11.03), da Umsatzeinbußen für das alteingesessene Kalker Geschäftszentrum befürchtet wurden. Zunächst berichteten die lokalen Zeitungen, dass die Geschäfte auf der Kalker Hauptstraße von den zusätzlichen Kunden profitieren, dass Umsatzrückgänge weitgehend ausblieben (KStA 21.03.06) und dass der gesamte Einzelhandel in Kalk eine Aufwertung erfahren habe. Jedoch mussten laut einer Umfrage seit der Eröffnung der „KölnArcaden" immer mehr Einzelhändler ihre Geschäfte schließen (Kück 2006).

Tabelle 3.1: Bestandsvergleich Geschäftszentrum Kalk 2004 und 2005

Jahr	Gesamt		Einzelhandel		Dienstleistung		Gastronomie		Leerstand	
	abs.	%	abs.	%	abs.	%	abs.	%	abs.	%
2004	375	100	137	36,5	170	45,4	54	14,4	14	3,7
2005	392	100	132	33,7	190	48,5	56	14,3	14	3,5

Quelle: Kück, A. 2006: 62, unveröff. Diplomarbeit; Kartierung des Kalker Bezirkszentrums 2004 und 2005

Die Einzelhändler des Geschäftszentrums Kalk sind offensichtlich nicht der großen Konkurrenz durch die „KölnArcaden" gewachsen. Es fand eine Verlagerung vom Einzelhandel auf den Dienstleistungssektor statt (Tabelle 3.1). Für die „KölnArcaden" heißt dies, dass 79 % der Geschäfte dem Einzelhandel zugeschrieben werden können und der Dienstleistungsbranche nur 9 %. Das Geschäftszentrum Kalk dagegen verbucht 49 % Dienstleistungsunternehmen und 34 % Einzelhändler. Weiterhin gab es eine Zunahme an sogenannten „Billig-Anbietern" oder „1€-Läden" (Kück 2006).

3.2 Bauliche Entwicklung des Viertels

Nach dem Zweiten Weltkrieg wurde Vingst als Wohnviertel in großem Maßstab in erster Linie durch die GAG Immobilien AG, Kölns größte Wohnungsgesellschaft, aufgebaut. Von 1958 bis 1960 wurde zwischen Kuthstraße, Homarstraße, Kampgasse und Bahndamm eine Siedlung mit 654 Wohnungen, zwischen der Ostheimer und Lustheider Straße eine weitere Siedlung mit 980 Wohnungen gebaut. Rund um das Gelände der Würzburger Straße, Oranienstraße und Burgstraße entstanden drei- bis fünfgeschossige Laubenganghäuser, die als Sozialwohnungen vermietet wurden. Einfamilienhäuser wurden am Marbergweg und in der Kuthstraße gebaut (Roeseling 2003: 168 ff).

In den letzten Jahren wurden in Höhenberg und Vingst verstärkt Sanierungs- und Modernisierungsmaßnahmen ergriffen (Amt für Wohnungswesen der Stadt Köln 2005). So startete in der zum Teil denkmalgeschützten „Germania-Siedlung" in Höhenberg das GAG-Programm „Mieter werden Eigentümer". Die Wohnungen, die sowohl in den 1920er als auch Anfang der 1950er Jahre gebaut wurden, waren aufgrund ihrer Ausstattung und ihres Zustandes nicht mehr konkurrenzfähig. In 20 Bauabschnitten investierte die GAG zwischen 2001 bis 2005 insgesamt 22 Millionen Euro, um 617 Wohnungen (in bewohntem Zustand) zu modernisieren (GAG 2003). Des Weiteren erhielten die Häuser Frankfurter Straße, Ecke Suhler Weg 39 neue Wohneinheiten und neue Grünflächen. Hier wird in Zukunft das Kölner Senioren- und Behinderten-Zentrum (SBK) eine Station eröffnen. Die Gärten in der Weimarer, Erfurter und Fuldaer Straße werden neu begrünt. Am Gothaer Platz entsteht zurzeit eine neue Kindertagesstätte.

In Vingst betreut die GAG 5.200 Wohnungen und damit 60 % des gesamten Wohnungsbestands. Hiervon werden 1.634 Wohnungen für über 60 Millionen Euro modernisiert, Neubauvorhaben und Eigentumsangebote sollen zur Aufwertung der Stadtteile beitragen (GAG 2003). Bereits abgeschlossen sind u.a. die Sanierungen in der Sibeliusstraße und der Waldstraße in der „Siedlung Vingst".

Im Jahr 2006 wurde die gesamte „Schweden-Siedlung" nördlich der Ostheimer Straße (s. Abbildung 3.1) saniert, was für die Mieter mit Umsiedlungen verbunden war. Sie wurden teilweise innerhalb des Viertels, teilweise auch nach außerhalb umgesiedelt; ungefähr 70 % der alten Mieter zogen nach den Umbauarbeiten wieder in ihre Wohnungen (Aussage Experten).

Etwa 100 Mieter konnten Anfang des Jahres 2006 in die modernisierten Wohnungen in der Sigrid-Undset-Straße und der Nobelstraße einziehen. Ende 2007 wurde die Modernisierung der Thorwaldsenstraße 2-26 abgeschlossen. Es folgte die Modernisierung der Ostheimer Straße 99-115 (GAG 2006b). Im Rahmen dieser Sanierung erfolgte auch der Abriss der beiden Übergangswohnheime in der Ostheimer Straße 135 und 137, für die bis dato die Stadt Köln das Belegungsrecht hatte, welche dort überwiegend Obdachlose und Asylbewerber unterbrachte (KStA v. 5.12.2006). In unseren Erhebungen wurde die Gegend um die beiden Wohnheime immer wieder im Zusammenhang mit Fragen zur Kriminalitätsfurcht genannt (siehe Kapitel 9).

Unter dem Namen „Vingstveedel" sollen hier viergeschossige Häuserzeilen entstehen, die dem Viertel ein neues Erscheinungsbild verleihen und die Schweden-Siedlung erheblich aufwerten sollen. Die Wohnungen im ersten Bauabschnitt mit Ein- und Zweizimmerwohnungen sollen Mitte 2008, die größeren Wohnungen mit drei und vier Zimmern voraussichtlich Ende 2009 fertig sein (GAG 2006a).

Abbildung 3.2: Gebietseinteilung der Experten von Vingst und Höhenberg

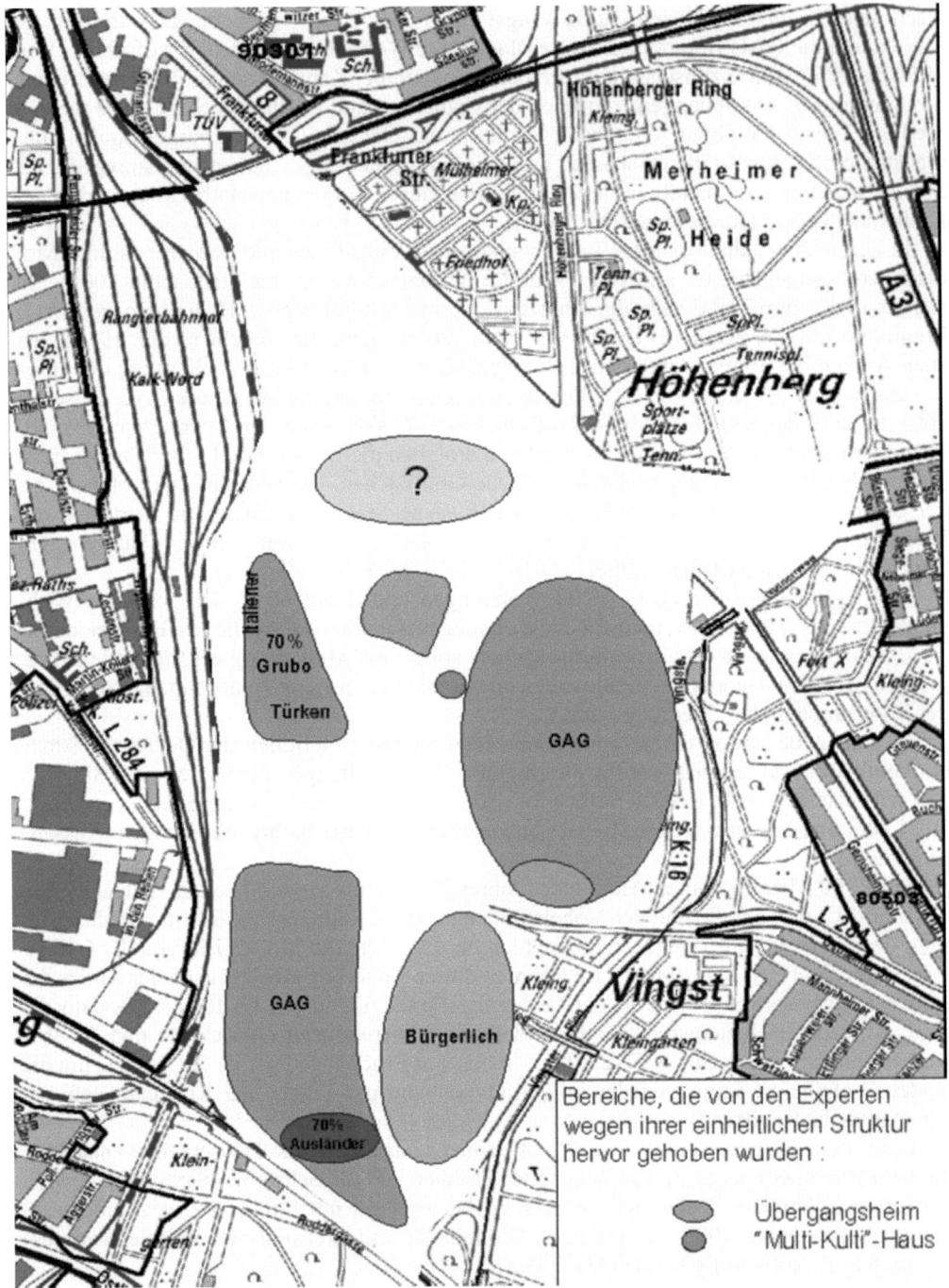

In diesem neuen Wohngebiet wird es keinen „durchgehenden Autoverkehr" mehr geben, dafür einen begrünten Platz mit Außengastronomie sowie neue Einkaufsmöglichkeiten. Die positiven Veränderungen des Stadtbildes kann man an den bereits sanierten Häusern erkennen: Die Häuser sind in freundlichen Farben gestrichen, und die altmodischen und bedrückend wirkenden Laubengänge wurden entfernt und durch Vorsatzbalkone ersetzt.

Während die Zahl der einkommensschwachen Haushalte in HöVi in den letzten Jahren zugenommen hat, nimmt die Gesamtzahl der Sozialwohnungen stetig ab: Zwischen 1996 und 2006 erhöhte sich die Zahl der Wohnungen um 6,5 Prozentpunkte (von 498.425 auf 530.961), hingegen sank die Zahl der Sozialwohnungen um 32,7 Prozentpunkte (von 77.754 auf 52.351) (Stadt Köln 1996: 68, 2007: 76). Weil immer mehr Wohnungen aus der Sozialbindung fallen, sind private Mietwohnungen für Haushalte niedrigen Einkommens oder für Empfänger von Transferleistungen kaum noch erschwinglich (KStA 2./3.7.05). Inzwischen liegt der Anteil der Sozialwohnungen in Höhenberg nur noch bei 7,3 %, in Vingst bei 27,3 % (Tabelle 3.2). In der Gesamtstadt lag der Anteil der Sozialwohnungen im Jahr 2006 bei 9,9 %, im Jahre 1996 waren es noch 15,6 %.

Gemischte Wohnblöcke prägen das Stadtviertel, wobei in einigen Gebieten Anzeichen von Verwahrlosung zu beobachten sind, die sich jedoch für ein benachteiligtes Gebiet in Grenzen halten. Für einige Straßenzüge existieren bei Versandhäusern „graue Listen", d.h., an diese Adressen wird keine Ware ausgeliefert. Auch Kataloge (z.B. von Ikea) werden in diesen Straßenzügen nicht verteilt (Friedrich 2005).

Discounter wie „Aldi" und „Lidl" haben das Viertel verlassen, so dass es weniger Möglichkeiten für die Bewohner gibt, preisgünstige Einkäufe zu Fuß zu erledigen. Zwar gibt es auf der Ostheimer Straße einen „Edeka", der ist aber aufgrund des hohen Preisniveaus der Waren keine wirkliche Alternative. Des Weiteren kann man vor allem auf der Ostheimer Straße eine starke Präsenz türkischer Geschäfte feststellen.

3.3 Experteninterviews

Um die Studie vorzubereiten, wurden mehrere Gespräche mit Experten geführt, zunächst um zu bestimmen, welcher Stadtteil für die Studie geeignet ist. Nachdem wir uns für HöVi entschieden hatten, wollten wir mehr über die akuten Probleme in den beiden Stadtteilen erfahren. Beraten haben uns Kollegen der Fachhochschule Köln, die selber bereits ein Forschungsprojekt in HöVi durchgeführt haben, Pastor Meurer der katholischen Kirche St. Theodor und St. Elisabeth, Vertreter aus der Politik und Sozialarbeit, die für HöVi zuständige Kinder- und Jugendärztin der Stadt Köln, der Leiter des Kinder- und Jugendgesundheitsdienstes und Vertreter der örtlichen Polizei. Diese Gesprächsrunden haben unter anderem Aufschluss über die Struktur innerhalb des Gebietes gegeben und es wurde auf Basis der Aussagen der Experten eine Karte (Abbildung 3.2) mit groben Unterteilungen innerhalb des Viertels entworfen, die sowohl die Homogenität der Bewohner ausgewählter Straßenzüge als auch die Heterogenität innerhalb des gesamten Viertels verdeutlichen soll. Wir haben zusätzlich ausführliche Begehungen des Gebietes vorgenommen. Die befragten Experten sind nachfolgend aufgeführt.

Meike Fink, Leiterin der Gemeinschaftsgrundschule Lustheider Straße: Die Schule ist eine der insgesamt drei Grundschulen mit insgesamt 532 Schülern im Stadtteil Vingst (Stadt Köln 2004). Als Rektorin gab uns Frau Fink einen Einblick in den Schulalltag von

Kindern aus dem benachteiligten Wohngebiet. Die teilweise stark bedürftigen Schüler und deren Familien werden durch Maßnahmen wie der Förderung des Sozialverhaltens (Gewaltprävention, Streitschlichtung, Ethik-Unterricht), Bewegungsangebote, Sprachförderung und eine Übermittagbetreuung bis 16 Uhr unterstützt (GGS Lustheider Straße 2008).

Klaus Junck, Kneipenwirt des Bürgerhauses und Präsident der Vingster Karnevals-Gesellschaft: Seit 1973 ist Herr Junck aktives Mitglied des 120 Mitglieder starken Vereins. Seit 1979 ist er Präsident und seit 25 Jahren Zugleiter. Der Karnevalsverein hat eine Patenschaft für den Spielplatz in Vingst übernommen. Zu den Aufgaben des Paten gehört es, einmal wöchentlich den Spielplatz zu besuchen und der Stadt Köln etwaige Probleme oder Schäden zu melden. Herr Junck berichtete von der gemeinnützigen Arbeit des Vereins und den Erfahrungen in seinem Wohngebiet.

Wolfram Dollberg, Oberkommissar der Kölner Polizei: Er begleitete uns bei der Begehung der beiden Stadtteile und gab uns einen Einblick in seine Einschätzung der Kriminalität im Wohngebict.

Bruder Jürgen Neitzert, Franziskanermönch und in der Jugendarbeit des Stadtteils tätig: Er wohnt seit 10 Jahren in Vingst und engagiert sich für Jugendliche im Wohngebiet. Er hat uns durch das Gebiet geführt.

Peter Römers, Inspektionsleiter der Polizeiinspektion Süd/Ost Polizeiwache Kalk und Polizeidirektor: Herr Römers berichtete über den Polizeialltag und Kriminalität im Wohngebiet.

Prof. Peter Boskamp, Katholische Fachhochschule Köln (KFH), Fachbereich Sozialwesen und Mitglied der Caritas. Co-Autor der „Leitlinien für ein soziales Köln. Aufgaben und Strategien kommunaler Sozialpolitik in Köln".

Prof. Hans Holm, Katholische Fachhochschule Köln (KFH), Fachbereich Sozialwesen. Co-Autor der „Leitlinien für ein soziales Köln. Aufgaben und Strategien kommunaler Sozialpolitik in Köln".

Prof. Dr. Werner Schönig, Katholische Fachhochschule Köln (KFH), Fachbereich Sozialwesen, Kommunalpolitiker. Seine Forschungsschwerpunkte liegen unter anderem im Bereich Soziale Dienste und Armut. Co-Autor der „Leitlinien für ein soziales Köln. Aufgaben und Strategien kommunaler Sozialpolitik in Köln".

Dr. med. Robert E. Wegner, Sachgebietsleiter des Kinder- und Jugendgesundheitsdienstes der Stadt Köln seit 2002. Die Aufgaben des Gesundheitsdienstes umfassen Untersuchungen in Kindergärten; Schuleingangsuntersuchungen, präventive Beurteilung der Schulbelastungsfähigkeit; ärztliche Empfehlung einer Schulform; Vorbeugung gegen vorhersehbares schulisches Scheitern; Beratung von Eltern, Lehrerinnen, Lehrern und entscheidungsberechtigten Schulbehörden; Einleitung notwendiger therapeutischer und sonstiger Maßnahmen sowie deren Sicherung durch nachgehende Fürsorge; Untersuchung und Begutachtung entwicklungsverzögerter und entwicklungsgestörter Kinder einschließlich Elternberatung; ernährungsmedizinische Beratung (Stadt Köln 2007a).

Dr. med. Jutta Gloeckner, Kinderärztin und seit 20 Jahren tätig für den Kinder- und Jugendgesundheitsdienst der Stadt Köln für die Stadtteile Vingst und Höhenberg. Sie führt die Schuluntersuchungen und die Vorsorgeuntersuchungen (U-Untersuchungen) durch.

Hans-Karsten Heymann, Jugendhilfeplaner des Amtes für Kinder, Jugend und Familie in Köln. Planungsbereiche des Amtes sind der Kindergartenplan (strategisch und operativ); Hilfen zur Erziehung; integrative Jugendarbeit; der Spielplatzplan; eine Jugendhilfestatistik und die Sozialraumanalyse (Stadt Köln, 2007b). Er hat unsere Studie sehr unterstützt, indem er soziodemographische Daten über die Stadtteile zur Verfügung stellte.

Franz Meurer, seit 1992 Pastor der Kirche St. Theodor und St. Elisabeth in Vingst und Herausgeber des dritten Bandes der Reihe „KirchenZukunft konkret", Mitautor des Buches „Ort Macht Heil". Pfarrer Meurers unbürokratisches und unkonventionelles soziales Engagement machte ihn weit über Köln hinaus bekannt. So ließ er beispielsweise im Gottesdienst für den Bau einer Moschee in Köln Kalk sammeln (focus online 2007). Weiterhin organisierte er in seiner Kirche eine Lebensmittelausgabe und Kleiderkammer, in welchen sozial Schwache günstig oder gar umsonst Essen und Kleidung bekommen. Pfarrer Meurer machte durch seine Spendenaufrufe den Begriff „HöVi" bundesweit bekannt. Auch er hat uns durch das Gebiet geführt.

Prof. Dr. Thomas Münch, Fachhochschule Düsseldorf. Fachbereich Sozial- und Kulturwissenschaften, im Fachgebiet "Verwaltung und Organisation", "Arbeitsmarktpolitik" und "Wissenschaft und Soziale Arbeit". Davor leitete der Pädagoge das Kölner Arbeitslosenzentrum (KALZ).

3.4 Die Bewohner

Die Stadtteile Höhenberg und Vingst sind von der besonderen Lebenssituation ihrer Bewohner geprägt, erkennbar an der deutlich über dem Kölner Durchschnitt liegenden Arbeitslosenquote, hohen Sozialhilfedichte und dem hohen Ausländeranteil (Tabelle 3.2). Zudem unterscheiden sich die Einkommen der Bewohner innerhalb des Gebietes. So ist beispielsweise der süd-östliche Teil von Vingst eher eine Wohngegend der Mittelschicht mit Ein- und Zweifamilienhäusern; im süd-westlichen Teil findet man vor allem sanierte Mehrfamilienhäuser, die von der Wohnungsbaugesellschaft GAG größtenteils in Eigentumswohnungen umgewandelt worden sind. Vergleicht man die Höhe der Quadratmeterpreise aller GAG-Wohnungen in HöVi, so liegen Ende 2004 die günstigsten Wohnungen in der Schweden-Siedlung in Vingst. In diesem Gebiet sind auch die Anteile der Sozialhilfeempfänger mit 12,0 % und der Ausländer mit 29,3 % im Vergleich zu den restlichen fünf Gebieten in HöVi besonders hoch (Stadt Köln 2004).

Am höchsten sind die Quadratmeterpreise in den äußeren nördlichen und südlichen Randgebieten des Viertels, was sich auch in der Zusammensetzung der Bevölkerung widerspiegelt. Der Anteil der Sozialhilfeempfänger ist relativ gering und der Ausländeranteil liegt deutlich unter dem HöVi-Durchschnitt. In diesem Gebiet gibt es nur wenig Fluktuation, was in erster Linie damit zusammenhängt, dass hier viele Einfamilienhäuser zu finden sind.

Tabelle 3.3 zeigt die ethnische Zusammensetzung des Wohngebietes. Von allen in Höhenberg und Vingst lebenden Ausländern sind die Türken die größte Bevölkerungsgruppe (Höhenberg: 49,1 %, Vingst: 60,8 % im Jahr 2004), gefolgt von Italienern (16,1 % bzw. 10,0 %) und aus dem ehemaligen Jugoslawien stammende Personen (10,4 % bzw. 10,0 %). Insgesamt ist die Bewohnerstruktur in HöVi ethnisch sehr gemischt, wobei einige Straßenzüge in ihrer Bewohnerschaft relativ homogen sind. Hier zeigt sich eine deutliche kleinräumige Segregation, wie sie auch in anderen benachteiligten Wohngebieten zu beobachten ist. Nordwestlich der Ostheimer Straße, die durch türkische Geschäfte und Kleidungsdiscounter geprägt ist, gibt es mehrere Straßenzüge, die nahezu ausschließlich von Türken bewohnt werden.

Tabelle: 3.2 Soziodemographische Indikatoren für Höhenberg, Vingst und Köln insgesamt, 2002, 2004 und 2006

	2002			2004			2006		
	H'berg	Vingst	Köln	H'berg	Vingst	Köln	H'berg	Vingst	Köln
Einwohner	12.422	10.871	1.020.116	12.062	10.725	1.022.627	11.892	10.855	1.024.346
davon Deutsche	8.476	7.662	838.900	8.326	7.587	847.112	8.227	7.721	847.812
davon über 18 J.	7.194	6.163	675.861	6.960	6.057	660.422	6.865	6.135	715.873
davon Türken	1.942	2.003	69.563	1.836	1.908	66.235	1.768	1.825	64.592
davon über 18 J.	1.451	1.448	52.338	1.432	1.446	51.562	1.460	1.406	52.092
davon Europa	3.272	2.770	116.392	3.126	2.733	117.244	3.133	2.806	117.592
davon Sonstige	674	439	64.824	610	405	58.271	532	328	58.942
Ausländeranteil	31,8	29,5	17,8	31,0	29,3	17,2	30,8	28,9	17,2
Sozialhilfeempfänger	1.211	1.213	61.694	1.210	1.275	65.897	2.414	2.581	119.380
Sozialhilfequote*	10,0	11,3	6,4	10,3	12,0	6,8	20,6	23,9	12,0
Arbeitslosenquote	20,7	19,7	12,3	19,7	20,5	12,9	21,3	22,1	13,3
davon Langzeit	33,2	34,8	32,1	45,2	46,6	30,9	64,6	65,3	54,7
Personen je Whg.	1,9	2,3	2,0	2,0	2,2	1,9	1,9	2,2	1,9
qm je Einwohner	31,0	32,2	36,1	32,0	32,6	36,5	32,5	32,8	36,9
Sozialwhg. in %**	14,4	24,6	12,6	8,9	22,8	11,3	7,3	27,3	9,9
Wohndauer 5 Jahre und länger in %	48,8	52,8	58,4	50,9	49,7	59,6	51,5	48,1	56,6
Zuzüge gesamt	789	318	54.852	624	307	54.201	603	378	51.861
Fortzüge gesamt	718	382	53.629	683	405	52.338	587	365	51.161

Quelle: Stadt Köln 2002s, 2004, 2007; *= ab 2006 Hilfebedürftige SGB II, Grundsicherung für Arbeitssuchende; **= ab 2006 Mietwohnungen Typ A (ehem. 1. Förderweg)

Tabelle 3.3: Ethnische Zusammensetzung des Wohngebietes

	2002		2004		2006	
	H'berg	Vingst	H'berg	Vingst	H'berg	Vingst
Deutsche	8.476	7.662	8.326	7.587	8.227	7.721
Ausländer	3.946	3.209	3.736	3.138	3.665	3.134
davon Türken	1.942	2.003	1.836	1.908	1.768	1.825
davon Italiener	715	337	602	315	-	-
davon ehem. Jugoslawen	377	313	387	314	-	-
davon Griechen	89	18	84	30	-	-
davon Rest EU	87	56	165	133	1.365	981
davon Portugiesen	43	30	37	22	-	-
davon Spanier	19	13	15	11	-	-
davon Sonstige	674	439	610	405	532	328

Quelle: Stadt Köln 2002a, 2004, 2007

Dort sind u. a. ein türkischer Kindergarten, der Jugendtreff Vingst sowie der „Vingster Treff", ein Beratungszentrum für Arbeitslose und Migranten, angesiedelt. Obwohl es viele Angebote und Veranstaltungen gibt, die die Integration und den Kontakt der verschiedenen Bevölkerungsgruppen untereinander verstärken sollten, bleiben die ethnischen Gruppen meistens unter sich (Expertengespräch Polizeidirektor).

„[Am Arbeitsplatz gab es einen] „Türken, einen Italiener, einen Jugoslawen, einen Deutschen. So eine Mischung. Da gab es nie Probleme." (männlich, Jg. 1949, deutscher Herkunft, getrennt lebend, Äquivalenzeinkommen über € 1500,-)

„Ausländerfeindlichkeit gibt es [...] öffentlich [...] im Beisein von Türken nicht. Aber versteckt gibt es das mit Sicherheit." (männlich, Jg. 1971, türkischer Herkunft, 1 Kind im Haushalt, Äquivalenzeinkommen über € 1500,-)

3.5 Wahlergebnisse

Seit vielen Jahren stellt die SPD die Mehrheit der Abgeordneten bei Kommunal- und Bundestagswahlen. Die Ende der 1990er Jahre noch recht starke CDU verlor in den letzten Jahren immer mehr Stimmen, ebenso wie das Bündnis 90/Die Grünen (Stadt Köln 2007). Die FDP konnte auf Bundesebene und die PDS/Die Linke auf kommunaler Ebene in den letzten Jahren zumindest einen kleinen Zugewinn an Wählern verzeichnen. Auch Pro Köln, die 1996 als Bürgerbewegung aus den Republikanern hervorgegangen ist, konnte auf kommunaler Ebene Wählerstimmen gewinnen (Bürgerbewegung Pro Köln 2005). Tabelle 3.4 zeigt die Ergebnisse der Bundestags- und der Kommunalwahlen seit 2002.

Tabelle 3.4: Wahlergebnisse für Höhenberg, Vingst und Köln insgesamt, in Prozent

	Bundestagswahl 22.9.2002*			Kommunalwahl 26.9.2004			Bundestagswahl 18.9.2005*		
	H'berg	Vingst	Köln	H'berg	Vingst	Köln	H'berg	Vingst	Köln
Wahlberechtigte	6.975	6.131	670.457	7.702	6.565	731.637	6.807	6.063	686.538
Gültige Stimmen	4.483	3.952	514.019	2.599	2.300	350.792	4.314	3.755	521.043
Wahlbeteiligung	64,5	64,7	76,9	33,9	35,2	48,2	63,5	62,3	76,2
SPD	53,3	55,3	53,3	43,6	42,2	31,0	50,0	49,8	38,1
CDU	23,6	24,2	23,6	24,2	25,9	32,7	19,6	21,6	27,2
Grüne	10,6	9,7	10,6	8,1	7,6	16,6	9,6	9,5	14,9
FDP	6,3	6,1	6,3	5,0	4,6	7,4	7,7	6,9	11,5
Pro Köln	-	-	-	6,3	6,7	4,7	-	-	-
PDS**	-	-	-	5,2	5,8	3,0	9,0	8,0	5,8
Sonstige	6,2	4,8	6,2	7,6	7,2	4,7	4,1	4,2	2,5

Quelle: Stadt Köln 2007; * Zweitstimme; ** ab 2005 Die Linke

Der wohl wichtigste Befund ist die niedrige Wahlbeteiligung: Sie liegt in allen drei Wahlen deutlich unter derjenigen der Stadt Köln. Dies ist kennzeichnend für benachteiligte Gebiete: Zwischen der Quote der Sozialhilfeempfänger und der Wahlbeteiligung an der Landtagswahl 2006 besteht über die 85 Stadtteile von Köln eine Korrelation von $r = -0,85$ (eigene Berechnungen). Obgleich die Stimmenthaltung unterschiedliche Gründe haben kann, können wir doch vermuten, Armut oder „Randständigkeit" führe zu einer Politikverdrossenheit, weil man von keiner Partei erwartet, sie könne die eigene Lage verbessern, so dass man zu dem Paradox gelangt, „dass diejenigen, die am meisten Interesse an Veränderungen haben müssten, sich am wenigsten an den Wahlen beteiligen" (Eilfort 1994: 249).

Die Politikverdrossenheit dürfte auch die Ursache für die in HöVi starker gewählten extremen Parteien, PDS/Die Linke und Pro Köln, sein. Ferner zeigt die Tabelle, dass die Wähler/innen in HöVi 2004 und 2005 in höherem Maße die SPD gewählt haben als die Kölner insgesamt, hingegen weniger die CDU und Die Grünen.

3.6 Soziales Engagement

Viele Organisationen versuchen, durch Hilfsangebote die Not der Menschen in den beiden Stadtteilen zu lindern. Die Sozialarbeit in HöVi zeichnet sich durch einen guten Kontakt von Kirchen, Moscheen, Verbänden und anderen Einrichtungen aus, die eng zusammenarbeiten und so ein Netzwerk mit vielfältigen Angeboten und Austauschmöglichkeiten für die Betroffenen schaffen. Die Projekte, Anlaufstellen und Hilfsangebote in HöVi sind so zahlreich, dass hier nicht alle erwähnt werden können.

Durch die Medien ist der Kölner Öffentlichkeit vor allem das Engagement der katholischen Gemeinde St. Theodor und St. Elisabeth und deren bereits erwähnter Pastor, Franz Meurer, bekannt. Ihm wurde 2002 die „Alternative Kölner Ehrenbürgerschaft" verliehen. Das wohl bekannteste Projekt der Gemeinde ist die ökumenische Sommerfreizeit „HöVi-Land" am Vingster Baggerloch für Kinder und Jugendliche, die 2007 bereits zum 14. Mal stattgefunden hat. Aufgrund ihrer geringen Einkommen und fehlender Ersparnisse müssen viele Bewohner auf eine Urlaubsreise verzichten. Um den daheimgebliebenen Kindern in den Sommerferien etwas zu bieten, engagieren sich 150 Erwachsene und 70 Jugendliche für HöVi-Land, um ein innerörtliches dreiwöchiges Sommercamp für 500 Kinder auszurichten. Je nach finanzieller Selbsteinschätzung der Familie betragen die Kosten zwischen 15 und 30 Euro pro Woche, nicht zuletzt auch ein Grund dafür, dass die Freizeit immer ausgebucht ist (HöVi-Jugendstadtteilmanagement 2008).

Für Kinder und Jugendliche gibt es weitere Angebote wie z.B. die HöVi-Workstation. Hier können sich Jugendliche zwischen 16 und 25 Jahren auf das Arbeitsleben oder einen Schulabschluss vorbereiten, oder sie können ein freiwilliges soziales Trainingsjahr im Rahmen eines Bundesmodellprojekts leisten. Des Weiteren gibt es einen HöVi-Spielebus, eine HöVi-Familienwerkstatt, Sprachkurse, den „Keller für Kids", wo Hausaufgabenhilfe und warme Mahlzeiten für Schulkinder angeboten werden, und HöVi-Online, ein Internetcafé mit Berufsberatung und Computerkursen. Seit 2001 läuft unter dem Namen „entimon", koordiniert durch einen Jugendstadtteilmanager, ein Modellprojekt, das soziale Gruppenarbeit für politisch rechts orientierte und gewaltbereite Jugendliche anbietet.

Außerdem gibt es eine Lebensmittelausgabe und eine Kleiderkammer in den Räumlichkeiten der Kirche St. Theodor. Für Lebensmittel stehen jeden Dienstag 400 bis 600 bedürftige Menschen bis zu fünf Stunden an, um sich ein Essenspaket mit Nahrungsmittelspenden abzuholen, dessen Gegenwert im Supermarkt bei ca. 3,50 Euro liegt (KStA 2005). Für Kinder, deren Eltern kein Geld für die Erstkommunionsausstattung haben, gibt es eine Kommunionkleiderbörse.

Dem Stadtbild, das durch einen Mangel an Grün- und Freiflächen und Umweltqualität (Friedrich-Ebert-Stiftung 1999) geprägt ist, kam die Aktion „Blühendes HöVi" zu Gute: Es wurde zu Gieß-Patenschaften für Blumenbeete aufgerufen mit dem Ergebnis, dass 90 Paten 100 Beete im Stadtviertel betreuen. Ein Schild an jedem Beet weist auf den Paten (Firma, Geschäft oder Familie) hin und steigert damit die Identifikation mit der Aktion und verhindert im Idealfall auch die mutwillige Zerstörung durch andere. Das zeigt, dass nicht nur im sozialen Bereich mit vielfältigen Projekten und Aktionen der Verelendung und der Verwahrlosung des Stadtgebietes entgegengesteuert wird.

4 Stichprobe

Wie auch schon in unserer vorangegangenen Untersuchung in vier benachteiligten Kölner Wohngebieten (Friedrichs und Blasius 2000) entschieden wir uns für eine Zufallsstichprobe auf der Basis von Adressen, die vom Amt für Statistik und Einwohnerwesen der Stadt Köln gezogen wurde. Dies hat den Vorteil, dass die Interviewer vorgegebene Adressen erhalten, sie also weder den Haushalt in einem Random-Route-Verfahren noch die Befragungsperson mit Hilfe des Schwedenschlüssels oder eines anderen Zufallsverfahrens auswählen müssen.

Bei vorgegebenen Adressen sollte es im Fall der korrekten Durchführung der Interviews keine Auswahlfehler bei der Befragungsperson geben. Im Erfolgsfall der Befragung sind die Interviews auch relativ leicht zu überprüfen; eine erste Kontrolle ist schon anhand des vom Amt mitgelieferten Alters der Befragungsperson möglich. Des Weiteren wurden alle Befragten im Vorfeld der Befragung durch die Projektleiter persönlich angeschrieben, um von „offizieller Seite" die Teilnahme bei der geplanten wissenschaftlichen Untersuchung zu erbitten. Um uns deutlich von marktwirtschaftlichen Interessen abzugrenzen und das wissenschaftliche Anliegen in den Vordergrund zu stellen, haben wir im Vorfeld kurze Artikel in einer lokalen Tageszeitung und einer lokalen Wochenzeitung lanciert, auf die wir in den Anschreiben hinwiesen und die wir in Kopie beilegten. Diese Vorgehensweise sollte garantieren, dass wir – bei guter Schulung der (möglichst erfahrenen) Interviewer – eine maximale Ausschöpfung erhalten und dass die Ergebnisse repräsentativ für das Untersuchungsgebiet sind.

4.1 Ausfallstatistik

Die gezogene Zufallsstichprobe umfasst Personen mit deutscher und türkischer Staatsbürgerschaft, die ihren Erstwohnsitz im Untersuchungsgebiet haben und zum Zeitpunkt der Stichprobenziehung zwischen 16 und 75 Jahre alt waren. Mit der Durchführung der Interviews im Jahr 2004 wurde ein externes Kölner Markt- und Meinungsforschungsinstitut beauftragt. Von den vom Institut insgesamt durchgeführten 742 Interviews von Befragten mit deutscher Staatsbürgerschaft mussten 35 Stück aufgrund absichtlicher Manipulation ausgeschlossen werden. Die Fälschungen blieben zunächst unentdeckt, da es sich bei den fälschenden Interviewern um eine nahe Verwandte des Geschäftsführers des Instituts und zwei ihrer Freundinnen handelte und diese Personen nicht der vereinbarten Qualitätskontrolle durch den Dienstleister unterzogen wurden. Durch ein Screening-Verfahren (Blasius und Thiessen 2001, 2006a, 2006b) gelang es uns festzustellen, dass diese drei von insgesamt über 20 durch das Meinungsforschungsinstitut beauftragten Interviewer so große Teile der Interviews manipulierten, dass die entsprechenden Daten nicht verwertet werden konnten (Blasius und Friedrichs 2007b). Aufgrund dieser schlechten Erfahrung (die gewiss nicht auf andere Institute übertragen werden sollte) und aufgrund der hohen Werte für Nicht-Erreichte (24,5 % bei den deutschen, 30,3 % bei den türkischen Befragten) wurde die Panelbefragung im Jahr 2006 durch die Projektmitarbeiter selbst organisiert. Die Interviewer wurden überwiegend aus Listen ehemaliger Interviewer und anderer freier Mitarbeiter der soziologischen Institute der Universität zu Köln und der Rheinischen Friedrich-Wilhelms-Universität Bonn rekrutiert.

Berücksichtigt man die gefälschten Interviews, so beträgt die Ausschöpfungsquote im Jahr 2004 bei den deutschen Befragten 45,4 %, bei den türkischen 45,8 % (Tabelle 4.1). Verglichen mit anderen Befragungen in benachteiligten Wohngebieten ist dieser Wert als gut zu bezeichnen (Friedrichs und Blasius 2000). Die Wiederholungsbefragung im Jahr 2006 litt unter einer erheblichen Panelmortalität, die noch durch eine nicht in allen Fällen eindeutige Wohnungs- und Hausnummerverschlüsselung in der ersten Welle verstärkt wurde. 38 deutsche Befragte konnten nicht mehr eindeutig zugeordnet werden, so dass sich die Anzahl der theoretisch möglichen 707 Zielpersonen schon vor Beginn der zweiten Befragung auf 669 reduzierte; nach Abzug der Verzogenen konnten von der bereinigten Bruttostichprobe letztlich 357 Interviews (= 67,4 %) realisiert werden.

Ein ähnliches Ergebnis gilt für die zweite Befragung der türkischen Bewohner. Hier mussten 38 Befragte aufgrund der nicht eindeutigen Adressenverschlüsselung ausgeschlossen werden, weitere 30 Befragte waren inzwischen verzogen; die Ausschöpfungsquote der bereinigten Bruttostichprobe betrug 71,6 %. Der Anteil der Verweigerungen ist für Panelbefragungen zwar relativ hoch, könnte aber eine Folge der insgesamt schwierigeren Realisation von Interviews in benachteiligten Wohngebieten sein. Die Anteile der Nicht-Erreichten in der Wiederholungsbefragung liegen im Bereich des Erwarteten.

Tabelle 4.1: Ausfallstatistik

	2004				2006			
	Deutsche		Türken		Deutsche		Türken	
	N	%	N	%	N	%	N	%
Bruttostichprobe	1.681	100,0	548	100,0	707	100,0	239	100,0
Unbekannt, verzogen	124	7,4	26	4,7	139	19,7	30	12,6
Fehlerhafte Zuordnung	–	–	–	–	38	5,4	38	15,9
Berein. Bruttostichprobe	1.557	92,6	522	95,3	530	75,0	171	71,6
Bereinigte Bruttostichprobe								
nicht erreicht	381	24,5	158	30,3	74	14,0	16	9,4
verweigert	434	27,9	125	24,0	99	18,7	25	14,6
Fälschungen	35	2,3	–	–	–	–	–	–
Durchgef. Interviews	707	45,4	239	45,8	357	67,4	130	76,0
Gesamt	1.557	100,0	522	100,0	530	100,0	171	100,0

In die Panelbefragung sollten auch Personen aufgenommen werden, die als Nachmieter in eine Wohnung einer der im Jahr 2004 befragten, inzwischen aber verzogenen Person eingezogen sind. Dadurch sollte ermittelt werden, ob, und wenn ja, wie sich die Einwohnerstruktur des Viertels verändert hat. Beantwortet werden sollte u.a. die Frage, ob statushöhere oder statusniedrigere Personen in das Gebiet eingezogen sind. Die Befragung der Nachmieter gestaltete sich als wesentlich schwieriger als erwartet, da zwischen 2004 und 2006 großflächige Sanierungen (und teilweise auch Modernisierungen) von Wohnungen und Wohngebäuden stattfanden. In vielen Fällen gab es keine Nachmieter, in den anderen Fällen war die Bereitschaft zur Teilnahme unerwartet niedrig. Von den schließlich 54 ausfindig gemachten Nachmietern mit deutscher Staatsbürgerschaft konnten nur 16 Interviews realisiert werden. Bei den türkischen Befragten konnten nur sieben Nachmieter ermittelt werden, von denen fünf befragt wurden. Aufgrund dieser geringen Fallzahlen werden die neuen Mieter nicht in die nachfolgenden Auswertungen einbezogen.

4.2 Quantitative Umfrage

Um die Daten der aktuellen Studie mit denen der vergangenen (Friedrichs und Blasius 2000) in weitergehenden Analysen vergleichen zu können, wurden mehrere Fragenblöcke aus dem damaligen Fragebogen für das Jahr 2004 repliziert. Dazu zählen Fragen zur persönlichen und allgemeinen Wohnsituation, die zeitliche Erfassung des Aufenthalts im Viertel und außerhalb, Einstellungen zu abweichenden Verhaltensweisen, Fragen zur Ermittlung der sozialen Netzwerke sowie die Standarddemographie. Neu aufgenommen wurden Fragenblöcke, die sich bereits in anderen nationalen oder internationalen Studien bewährt haben, darunter Einstellungsfragen zu den Leuten im Viertel und zu deren Verhaltensweisen, Fragen zur Kriminalitätsfurcht, Kontrollüberzeugungen, Essgewohnheiten sowie zu Einschränkungen in unterschiedlichen Lebensbereichen aufgrund finanzieller Restriktionen. Für die Panelbefragung im Jahr 2006 wurden jene 2004 gestellten Fragen nicht wiederholt, von denen nur wenige Änderungen erwartet wurden und deren Erhebung sehr aufwendig war, Fragen zum sozialen Netzwerk und zu den Essgewohnheiten, einige andere wurden neu aufgenommen, so z. B. zu Veränderungen im Viertel zwischen 2004 und 2006 (der Fragebogen ist im Anhang des Buches wiedergegeben).

Der Fragebogen wurde für beide Erhebungsjahre ins Türkische übersetzt. Bei der vorangegangenen Studie haben wir festgestellt, dass die Verweigerungsquote bei türkischen Frauen stieg, wenn die Befragung von männlichen Interviewern durchgeführt wurde. Um die Anzahl der Verweigerungen möglichst gering zu halten, wurde darauf geachtet, dass zu weiblichen Zielpersonen ausschließlich Interviewerinnen geschickt wurden. Die Befragungen der deutschen und der türkischen Bewohner dauerten in der ersten Erhebungswelle im Durchschnitt etwa 50 Minuten, in der zweiten nur noch gut 30 Minuten.

4.3 Qualitative Umfrage

Am Ende des ersten standardisierten Interviews wurden die Personen gefragt, ob sie sich für eine weitere Befragung zur Verfügung stehen würden, die dann in einem „offenen Gespräch" durchgeführt werden sollte. Aus dem Pool derjenigen, die ihr Einverständnis gaben, wurden Personen ausgewählt, die aus unterschiedlichen Gründen für die Untersuchung interessant waren, z.B. für eine vertiefende Interpretation der (erwarteten) statistischen Befunde (Lazarsfeld 1972). Mit diesen Personen sollten Tiefeninterviews durchgeführt werden, die Aufschluss über den individuellen Umgang mit Armut und Arbeitslosigkeit sowie über Bewältigungsstrategien innerhalb der Familien geben sollten. Die Gespräche wurden mittels eines Leitfadens geführt, der u.a. Fragen zur Arbeitsbiographie, zur psychischen und finanziellen Bewältigung von Arbeitslosigkeit – auch innerhalb der Familien –, zu Zukunftswünschen und Ängsten, zu finanziellen Einschränkungen und deren Wahrnehmung durch die Kinder enthielt. Die Gespräche dauerten im Durchschnitt etwa 45 Minuten. Es wurden 18 solcher Interviews mit deutschen und neun mit türkischen Befragten geführt, sie wurden mit einem Diktiergerät aufgezeichnet und anschließend transkribiert. In einigen Kapiteln dieses Buches werden Aussagen der Befragten wiedergegeben, um die zu zeigenden Zusammenhänge an ausgewählten Beispielen besser dokumentieren zu können.

4.4 Soziodemographische Merkmale der Befragten

In den Tabellen 4.2 und 4.3 sind die zentralen soziodemographischen Merkmale der Befragten im Untersuchungsgebiet dargestellt, unterschieden nach deutschen und türkischen Bewohnern sowie nach den beiden Stadtteilen und für beide Befragungszeitpunkte. Dabei wurde die Kategorie „Schüler" aufgrund der kleinen Fallzahl für die nachfolgenden Darstellungen ausgeschlossen, weiterhin wurden die Kategorien Haupt- und Grundschulabschluss für die türkischen Befragten zusammengefasst, und der Bildungsabschluss Abitur umfasst für beide Bevölkerungsgruppen auch die Hochschulabsolventen. Beim Äquivalenzeinkommen handelt es sich um das gewichtete bedarfsgerechte Netto-Einkommen eines Haushaltes, welches nach der neuen OECD-Skala berechnet wurde: Die erste erwachsene Person erhält das Gewicht 1,0, die weiteren erwachsenen Personen und Kinder über 14 Jahre ein Gewicht von 0,5 und die Kinder bis 14 Jahre ein Gewicht von 0,3. Die Berechnung erfolgt, indem das Haushaltsnettoeinkommen aller Haushaltsmitglieder durch die Anzahl der Äquivalenzpersonen dividiert wird.

Werden die beiden Stadtteile Vingst und Höhenberg nach den deutschen Bewohnern (Tabelle 4.2) verglichen, so gibt es nur geringfügige Unterschiede auf der Ebene der Stadtteile: Im Jahr 2004 sind sowohl die Jüngeren (bis 35 Jahre) als auch die Älteren (65 Jahre und älter) in Höhenberg etwas überrepräsentiert. Werden die Daten der beiden Befragungszeitpunkte verglichen, so steigt beim Haushaltstyp der Anteil der Verheirateten ohne Kinder im Haushalt ebenso wie jener der Verwitweten leicht, der Anteil der Verheirateten mit Kindern und jener der Zusammenlebenden nimmt etwas ab. Auffällig ist die Veränderung beim Alter, hier nimmt der Anteil der Jüngeren (16 bis 25 und 26 bis 35 Jahre) um jeweils etwa fünf Prozentpunkte ab, jener der Älteren (über 65 Jahre) steigt um etwa zehn Prozentpunkte. Diese Veränderungen können zum Einen auf das Altern der Befragten zurückgeführt werden, zum Anderen darauf, dass mehr Jüngere als Ältere das Gebiet verlassen haben. Keine nennenswerten Veränderungen gibt es beim höchsten Bildungsabschluss und beim Äquivalenzeinkommen.

Der deutliche Rückgang der Sozialhilfe ist durch das Zusammenlegen von Sozial- und Arbeitslosenhilfe zum Arbeitslosengeld II zu erklären (wenn zudem berücksichtigt wird, dass 2004 ein Haushalt sowohl Bezieher von Arbeitslosen- als auch Sozialhilfe sein konnte, dann ist der Anteil beider Kategorien in etwa konstant), nicht aber der deutliche Rückgang bei den Anteilen der Bezieher von Wohn- bzw. Arbeitslosengeld (2006 ALG I). Inwieweit hier die neuen gesetzlichen Regelungen dafür sorgten, dass ehemalige Bezieher von Transferzahlungen nicht mehr bezugsberechtigt waren, ob diese eine Arbeitsstelle gefunden haben oder fortgezogen sind, kann anhand unserer Daten nicht geklärt werden.

Tabelle 4.2: Soziodemographische Merkmale der deutschen Befragten, in Prozent

	2004			2006		
	Vingst	H'berg	Gesamt	Vingst	H'berg	Gesamt
Haushaltstyp						
Verheiratet + Kinder	22,6	18,3	20,6	20,2	13,7	17,1
Verheiratet	36,7	30,8	33,9	40,4	36,3	38,5
Alleinerziehend	12,1	9,6	10,9	10,6	8,9	9,8
Alleinlebend	17,8	25,7	21,6	18,1	23,2	20,5
Zusammenlebend + Kinder	1,9	1,5	1,7	2,1	1,8	2,0
Zusammenlebend	3,2	6,9	5,0	2,7	4,2	3,4
Verwitwet	5,7	7,2	6,4	6,4	11,9	9,0
Alter in Jahren						
16 – 25	10,2	15,0	12,5	8,5	7,1	7,8
26 – 35	11,3	13,8	12,5	6,9	8,9	7,8
36 – 45	16,4	15,9	16,2	15,4	12,4	14,0
46 – 55	23,5	15,6	19,7	19,7	16,6	18,2
56 – 64	15,9	12,9	14,5	14,9	17,8	16,2
65 +	22,6	26,7	24,6	34,6	37,3	35,9
Bildungsabschluss						
Hauptschule	54,9	45,8	50,6	47,7	51,8	49,7
Mittlere Reife	17,3	28,2	22,5	18,4	20,7	19,5
Abitur	27,7	26,0	26,9	33,9	27,4	30,8
Äquivalenzeinkommen in €						
– unter 500,-	9,2	13,4	11,1	7,5	8,3	7,9
500,- – 749,-	15,8	11,9	14,0	13,8	8,9	11,5
750,- – 999,-	20,9	16,4	18,8	21,3	22,3	21,8
1.000,- – 1.249,-	16,5	14,6	15,6	14,9	14,6	14,8
1.250,- – 1.499,-	19,3	21,6	20,4	21,3	22,9	22,1
1.500,- +	18,4	22,0	20,0	21,3	22,9	22,1
Transferzahlungen						
a) Arbeitslosengeld / ALG I	14,1	9,3	11,8	6,9	4,8	5,9
b) Arbeitslosenhilfe / ALG II	6,8	5,6	6,2	10,6	7,1	9,0
c) Sozialhilfe	5,8	6,5	6,2	1,6	0,6	1,1
Transferleistungen (a – c)	23,4	17,8	20,8	18,1	11,3	14,9
Kindergeld	38,4	30,9	34,9	33,9	23,7	32,2
Wohngeld	11,5	8,6	10,2	6,9	4,1	5,6
Unterhalt	8,0	5,9	7,0	6,9	5,3	6,2
Wohnstatus						
Eigentümer	20,4	21,8	21,1	26,5	28,9	27,7
Mieter	44,8	61,6	52,8	43,1	56,0	49,2
Sozialmieter	34,8	16,6	26,1	30,4	15,1	23,1
N (max)	371	334	705	188	169	357

Tabelle 4.3: Soziodemographische Merkmale der türkischen Befragten, in Prozent

	2004			2006		
	Vingst	H'berg	Gesamt	Vingst	H'berg	Gesamt
Haushaltstyp						
Verheiratet + Kinder	58,5	46,9	53,0	58,2	33,3	46,2
Verheiratet	16,3	23,9	19,9	19,4	30,2	24,6
Alleinerziehend	15,4	19,5	17,4	11,9	14,3	13,1
Alleinlebend	6,5	8,0	7,2	10,4	17,5	13,8
Verwitwet	3,3	1,8	2,5	0,0	4,8	2,3
Alter in Jahren						
16 – 25	19,5	20,0	19,7	16,4	17,5	16,9
26 – 35	29,3	32,7	30,9	23,9	27,0	25,4
36 – 45	17,1	16,4	16,7	25,4	15,9	20,8
46 – 55	10,6	10,9	10,7	9,0	14,3	11,5
56 – 64	15,4	13,6	14,6	16,4	12,7	14,6
65 +	8,1	6,4	7,3	9,0	12,7	10,8
Bildungsabschluss						
Hauptschule	29,2	21,8	26,0	29,8	33,3	31,5
Mittlere Reife	37,5	30,9	34,6	19,3	14,8	17,1
Abitur	33,3	47,3	39,4	50,9	51,9	51,4
Äquivalenzeinkommen in €						
– unter 500,-	28,6	20,8	24,9	19,7	22,6	21,1
500,- – 749,-	25,7	29,2	27,4	27,3	25,8	26,6
750,- – 999,-	22,9	33,3	27,9	36,4	30,6	33,6
1.000,- – 1.249,-	9,5	4,2	7,0	12,1	12,9	12,5
1.250,- – 1.499,-	8,6	8,3	8,5	4,5	4,8	4,7
1.500,- +	4,8	4,2	4,5	0,0	3,2	1,6
Transferzahlungen						
a) Arbeitslosengeld / ALG I	15,5	11,1	13,4	9,0	7,9	8,5
b) Arbeitslosenhilfe / ALG II	13,3	8,4	10,9	20,9	20,6	20,8
c) Sozialhilfe	9,5	7,1	8,4	0,0	1,9	0,8
Transferleistungen (a – c)	28,7	24,5	26,8	28,8	27,0	27,9
Kindergeld	71,9	69,1	70,6	77,6	58,7	68,5
Wohngeld	19,0	20,6	19,7	19,4	15,9	17,7
Unterhalt	0,0	1,0	0,5	1,5	0,0	0,8
Wohnstatus						
Eigentümer	13,7	29,0	21,0	20,0	28,3	24,0
Mieter	29,1	33,6	31,3	20,0	36,7	28,0
Sozialmieter	57,3	37,4	47,8	60,0	35,0	48,0
N (max)	123	113	236	67	63	130

Insgesamt erhalten in Vingst zu beiden Zeitpunkten mehr Menschen staatliche Leistungen als in Höhenberg. Überdurchschnittlich oft sind die Wohnungseigentümer im Stadtteil geblieben; ihr Anteil an den Befragten stieg um 6,5 Prozentpunkte.

Werden die beiden Stadtteile Vingst und Höhenberg nach den türkischen Befragten verglichen (Tabelle 4.3), so sind im Jahr 2004 nur sehr geringe Unterschiede festzustellen: In Höhenberg ist der Anteil der Empfänger von Transferzahlungen etwas geringer, der Anteil der Abiturienten und Wohnungseigentümer etwas höher. Werden die Daten mit denen der deutschen Bewohner dieser beiden Stadtteile verglichen, so fällt auf, dass es bei der türkischen Bevölkerung keine unverheiratet Zusammenlebenden gibt, wohl aber einen relativ hohen Anteil von Alleinerziehenden, der sogar noch über dem der Deutschen liegt.

Das Durchschnittsalter der türkischen Bevölkerung ist deutlich niedriger als jenes der Deutschen. Der Anteil der Abiturienten ist zwar höher, dies ist aber auch eine Folge vieler fehlende Angaben bei dieser Frage (fast 50 %). Aufgrund weiterführender Analysen (vgl. insbesondere Kapitel 9) gehen wir davon aus, dass es sich bei diesen Befragten überwiegend um Personen handelt, deren Schulabschluss noch unterhalb der Hauptschule liegt. Die türkischen Befragten haben relativ oft Kinder im Haushalt, was u.a. eine Folge des niedrigeren Alters ist. Das durchschnittliche Äquivalenzeinkommen ist jedoch deutlich niedriger und es beziehen mehr türkische Bewohner Transferzahlungen (2004: Arbeitslosengeld und -hilfe, Sozialhilfe; 2006: ALG I und II) als deutsche. Auch mit diesen Ergebnissen kann der Befund von Friedrichs und Blasius (2000) bestätigt werden, wonach die türkischen Bewohner immer noch nicht die gleichen Chancen im Beschäftigungssystem haben wie die Deutschen, die strukturelle Integration (Esser 1980: 209-235, 2000: 272-279) ist noch nicht abgeschlossen. Es sei an dieser Stelle darauf hingewiesen, dass für die nachfolgenden Analysen aufgrund kleiner Fallzahlen für die türkische Bevölkerung folgende Kategorien zusammengefasst wurden: Alter: 46 Jahre und älter, Äquivalenzeinkommen: 1.000,- € und mehr, Wohndauer: 10 Jahre und mehr, beim Haushaltstyp entfallen die Ausprägungen verwitwet und zusammenlebend (mit und ohne Kinder).

4.5 Soziodemographie von Mietern und Eigentümern

Die Kosten für Wohnungs- bzw. Hauseigentum sind in beiden Stadtteilen vergleichsweise niedrig: Laut einer Umfrage des Statistischen Amtes der Stadt Köln liegt der durchschnittliche Preis für private Immobilien bei 1.350 Euro pro Quadratmeter. Der Durchschnittspreis für ganz Köln liegt bei 1.900 Euro und in "besseren" Wohngebieten müssen mindestens 2.250 Euro pro Quadratmeter gezahlt werden (Feldgen 2006).

In Tabelle 4.4 werden für das Jahr 2004 die soziodemographischen Merkmale der Befragten nach Mieter, Sozialmieter und Eigentümer unterschieden, wiederum getrennt für die deutschen und türkischen Bewohner. Mit jeweils gut 20 % ist die Eigentümerquote bei den deutschen und türkischen Befragten identisch, allerdings unterscheiden sich die beiden Gruppen bezüglich der Art des Mietverhältnisses: Bei den Deutschen gehört nur etwa jede/r Dritte zu den Sozialmietern, bei den Türken sind es etwa drei von fünf. Im Durchschnitt sind die deutschen Eigentümer etwas älter als die Mieter, vor allem in den Altersgruppen 46 bis 55 und 56 bis 64 sind die Eigentümer überdurchschnittlich stark vertreten. Darüber hinaus erhalten Wohnungs- und Hauseigentümer erwartungsgemäß seltener Transferzahlungen, sie haben einen höheren Schulabschluss und sie haben höhere Äquivalenzeinkommen – und sie äußern nur relativ selten Umzugsabsichten.

Tabelle 4.4: Merkmale der deutschen und türkischen Eigentümer (E), Mieter auf dem freien Wohnungsmarkt (M) und Mieter von Sozialwohnungen (SM), in Prozent

	Deutsche				Türken			
	E	M	SM	Statistik	E	M	SM	Statistik
Alter in Jahren								
16 – 25	8,2	14,5	8,3	χ^2= 25,3	26,1	20,6	14,3	χ^2=5,3
26 – 35	8,9	14,0	12,7	p<0,01	32,6	32,4	29,5	n.s.
36 – 45	14,4	16,4	17,1	CV=0,14	15,2	19,1	17,1	
46 – 55	24,0	15,3	26,0		26,1	27,9	39,0	
56 – 64	22,6	13,2	12,2		-	-	-	
65 +	21,9	26,6	23,8		-	-	-	
Bildungsabschluss								
Hauptschule	36,4	49,7	66,0	χ^2= 29,3	20,0	34,2	24,1	χ^2=2,2
Mittlere Reife	24,3	23,6	17,0	p<0,001	36,0	34,2	34,5	n.s.
Abitur	39,3	26,7	17,0	CV=0,15	44,0	31,6	41,4	
Haushaltstyp								
Verh. + Kinder	26,0	14,8	28,9	χ^2= 41,2	54,3	56,1	55,2	χ^2=10,3
Verheiratet	34,2	32,5	37,2	p<0,001	15,2	18,2	24,8	n.s.
Alleinerziehend	11,0	8,7	12,2	CV=0,17	28,3	13,6	14,3	
Alleinlebend	16,4	26,8	16,1		2,2	12,1	5,7	
Zusl.+ Kinder	0,0	2,5	1,1		-	-	-	
Zusammenlebend	5,5	6,8	1,1		-	-	-	
Verwitwet	6,8	7,9	3,3		-	-	-	
Äquivalenzeinkommen in €								
– unter 500,-	0,9	13,1	14,3	χ^2= 41,3	17,5	25,8	24,4	χ^2=10,1
500,- – 749,-	10,7	12,8	18,6	p<0,001	12,5	33,9	30,0	n.s.
750,- – 999,-	13,4	18,3	23,6	CV=0,18	42,5	24,2	25,6	
1.000,- – 1.249,-	17,0	14,7	16,8		27,5	16,1	20,0	
1.250,- – 1.499,-	24,1	21,2	16,1		-	-	-	
1.500,- +	33,9	19,9	10,6		-	-	-	
Transferleistungsbezug				χ^2= 50,6				χ^2=6,5
Ja	3,5	20,2	35,8	p<0,001	10,3	27,0	31,3	p<0,05
Nein	96,5	79,8	64,2	CV=0,27	89,7	73,0	68,7	CV=0,18
Wohndauer in Jahren								
unter 4	17,1	33,2	17,7	χ^2= 34,7	50,0	27,1	24,8	χ^2=16,5
4 – 9	18,5	24,7	25,4	p<0,001	37,0	42,9	33,3	p<0,01
10 – 24	37,7	23,0	26,0	CV=0,16	13,0	30,0	41,9	CV=0,19
25 +	26,7	19,2	30,9		-	-	-	
Fortzugsabsicht								
Nein	66,7	47,8	42,0	χ^2= 27,1	63,8	37,1	51,9	χ^2=12,7
Ohne Aktivität	25,2	29,8	30,9	p<0,001	23,4	24,3	26,4	p<0,05
Mit Aktivität	8,2	22,4	27,1	CV=0,14	12,8	38,6	21,7	CV=0,17
N (max)	147	366	181		47	70	106	

Werden die Mieter unterschieden nach Mietern von Sozialwohnungen und solchen, die ihre Wohnung auf dem freien Wohnungsmarkt fanden, so haben die deutschen Sozialmieter den schlechteren Schulabschluss und das niedrigere Einkommen. Deutsche und türkische Sozialmieter beziehen häufiger Transferleistungen. Deutsche Mieter staatlich finanzierter Wohnungen haben öfter den Wunsch umzuziehen; bei den türkischen Befragten sind es die Mieter des freien Wohnungsmarktes, die häufiger umziehen möchten als andere. Bezogen auf das Alter scheinen die Unterschiede zwischen den beiden Gruppen der Mieter eher zufällig zu sein, zumindest ist keine klare Struktur zu erkennen. Bei den deutschen Bewohnern sind vier der fünf genannten Indikatoren hochsignifikant, die Unterschiede beim Alter sind auf dem 1 %-Niveau signifikant; bei den türkischen Bewohnern können die drei Statusgruppen lediglich an dem Anteil der Empfänger von Transferleistungen unterschieden werden.

Die Ergebnisse unserer Auswertungen der sozioökonomischen Unterschiede innerhalb der deutschen Bevölkerung werden durch diverse internationale Studien bestätigt (z.B. Forrest, Murie und Williams 1990, Rohe und Stewart 1996, DiPasquale und Glaeser 1999, Harkness und Newman 2003). Zwischen den drei Bewohnergruppen gibt es des Weiteren hochsignifikante Unterschiede nach dem Haushaltstyp und der Wohndauer. Erwartungsgemäß leben die Eigentümer am längsten in ihren Wohnungen, die Mieter auf dem freien Wohnungsmarkt am kürzesten. Zu erwarten war auch, dass Alleinlebende ihre Wohnungen überdurchschnittlich oft auf dem freien Wohnungsmarkt fanden.

4.6 Skalenkonstruktion

Um unterschiedliche Einstellungen zu sozialen Normen, zu sozialen Kontrollmechanismen, zu Beobachtungen von abweichendem Verhalten als auch zu Essgewohnheiten zu untersuchen und um dabei unsere Ergebnisse mit denen eigener sowie insbesondere mit denen anderer Studien vergleichen zu können, haben wir eine Reihe von Fragebatterien aus anderen Arbeiten übernommen. Die Fragen sind drei-, vier- bzw. fünfstufig skaliert, z. B. von „trifft voll zu" bis „trifft gar nicht zu". Um im weiteren Verlauf dieser Studie nicht mit einer Vielzahl von Fragen arbeiten zu müssen, haben wir die einzelnen Fragebatterien mit Hilfe eines faktorenanalytischen Verfahrens zusammengefasst. Wir erläutern bereits in diesem Kapitel die Konstruktion der Skalen, da wir sie an verschiedenen Stellen als erklärende Variablen benötigen. Die genauen Frageninhalte und die Verteilung der Ausprägungen diskutieren wir in den jeweiligen Kapiteln.

Um die ordinale Struktur von drei- und auch höherstufigen Fragen, wie sie z.B. mit den Kategorien „stark", „etwas" und „nicht" vorgegeben werden, angemessen zu berücksichtigen, verwenden wir die kategoriale (oder nicht-lineare) Hauptkomponentenanalyse (de Leeuw 2006, Gifi 1990, Michailidis und de Leeuw 1998). Während bei der klassischen Hauptkomponentenanalyse davon ausgegangen wird, dass die Abstände zwischen den Kategorien identisch sind und diese identischen Abstände auch auf allen Dimensionen eines latenten Raums bestehen bleiben, wird bei der kategorialen Hauptkomponentenanalyse (Categorical Principal Component Analysis, kurz CatPCA) lediglich unterstellt, dass die Reihenfolge der Kategorien in einem r-dimensionalen Projektionsraum bestehen bleibt (sehr oft mit r = 2) – und ist selbst dieses nicht gegeben, werden die entsprechenden Kategorien als identisch betrachtet, sie erhalten dann im Projektionsraum (auf den einzelnen

Dimensionen) den gleichen Wert (Ties). Anders als bei der klassischen Hauptkomponentenanalyse (Principal Component Analysis, PCA) sind bei der CatPCA die r-dimensionalen Lösungen nicht verschachtelt („nested"), das heißt, die Zahl der Dimensionen der Lösung muss im Vorfeld der Analyse bestimmt werden.

Es sei angemerkt, dass in faktoranalytischen Untersuchungen, wozu auch die CatPCA zählt, die Dimensionen so geordnet sind, dass mit der ersten Dimension der größte Anteil der Gesamtvarianz der Daten erklärt wird, mit der zweiten der größte Anteil der dann verbleibenden Varianz usw. In der Praxis kommt es oft vor, dass mit dem ersten Faktor häufig eine generelle Einstellung zum Einstellungsobjekt gemessen wird; in der psychologischen Forschung ist insbesondere der g-Faktor bekannt, ein genereller Intelligenzfaktor, der bereits von Spearman (1904) beschrieben wurde (zu einer neueren Arbeit auf diesem Gebiet siehe Rindermann 2007). Friedrichs und Blasius (2000, 2003) beschreiben auf der Basis von acht Fragen zur Einstellung zu abweichenden Verhaltensweisen mit der ersten Dimension eine dem g-Faktor in der Intelligenzforschung technisch gesehen ähnliche „generelle Einstellung zu abweichendem Verhalten"; mit diesem ersten Faktor sind alle Variablen positiv assoziiert. Obwohl der erste Faktor per Definition die meiste Varianz erklärt, ist er nicht automatisch der Faktor, der am meisten interessiert; in dem gegebenen Beispiel von Friedrichs und Blasius hätte es auch die zweite Dimension sein können, mit welchem der Gegensatz von gewalttätigen zu gewaltfreien Verhaltensweisen gemessen wurde. In anderen Fällen spiegelt der erste Faktor lediglich methodologische Artefakte wider, dann hat er inhaltlich keine Bedeutung und kann für die Interpretation ausgeschlossen werden (z.B. Blasius und Thiessen 2006a, 2006b).

Der Unterschied zwischen der PCA und der CatPCA liegt darin, dass bei der CatPCA zuerst mit einem iterativen Algorithmus die „optimalen Werte" der Kategorien bestimmt werden. Sind diese bekannt und mit den ursprünglichen Werten (z.B. 1, 2, 3) ausgetauscht, kann der Algorithmus der PCA angewendet werden. Die CatPCA liefert wie die PCA Faktorladungen für die Variablen (also die Korrelationen zwischen manifesten und latenten Variablen), Faktorwerte für die Objekte (hier die Ausprägungen der Befragten auf den latenten Variablen; jeweils mit dem Mittelwert Null und der Standardabweichung Eins) sowie Eigenwerte und erklärte Varianzen für die latenten Variablen (Dimensionen). Die Lösungen können damit wie jene der PCA interpretiert werden[1]. In Tabelle 4.5 sind die nachfolgend beschriebenen Skalen in einer Übersicht aufgelistet.

Mit insgesamt elf Fragen soll das Ausmaß der Verwahrlosung des Wohngebietes beschrieben werden. Diese Fragen wurden von Ross, Mirowsky und Pribesh (2001) übernommen. Wird die CatPCA getrennt für die deutsche und die türkische Bevölkerung auf die elf von uns übersetzten vierstufigen Variablen angewendet (zur Verteilung der Antworten vgl. Tabelle 9.1), so ergibt sich in beiden Fällen eine eindimensionale Lösung. Im Fall der Deutschen erklärt diese 35,4 % der Varianz, im Fall der Türken 42,3 %. In beiden Analysen laden alle Items in der gleichen Richtung auf der ersten Dimension die drei positiv formulierten Items wurden „umgedreht" (vgl. Tabelle A2 im Anhang)[2]. Für die resultierende

---

[1] Zum direkten Vergleich von PCA und CatPCA: Blasius und Gower 2005, Blasius und Thiessen 2006a. Algorithmen für CatPCA gibt es im SPSS-Modul CATEGORIES (Heiser und Meulman 1999) und in R (http://gifi.stat.ucla.edu/psychoR/).
[2] Da wir auch für diese Skalen allen Befragten, die mindestens eine der Fragen beantwortet haben, einen Wert zuweisen wollten, haben wir die in der Prozedur vorhandene Imputationsmöglichkeit bei fehlenden Werten verwendet (Heiser und Meulman 1999). Dies führt dazu, dass es zu leichten Abweichungen bei den Mittelwerten und Standardabweichungen kommen kann, die sich jedoch nur auf der zweiten, oft auch nur auf der dritten Nachkom-

latente Variable, die wir als DISORDER bezeichnen, gilt: je höher der Faktorwert, desto höher die wahrgenommene Verwahrlosung im Wohngebiet. Ein Wert nahe Null besagt, dass die Bewertung im Durchschnitt aller Befragten liegt.

Während für die Beschreibung der Wahrnehmung der Verwahrlosung des Wohngebietes für die deutschen und türkischen Befragten eindimensionale Skalen ausreichen, sind für die Skalierung der acht Fragen zu den Einstellungen zu deviantem Verhalten zwei Dimensionen (sowohl bei deutschen als auch bei türkischen Befragten) zu unterscheiden (zu den Verteilungen der Antworten, vgl. Tabelle 9.2). Mit der ersten Dimension wird die Einstellung zu devianten Verhalten im Allgemeinen gemessen, also dessen generelle Billigung oder Missbilligung; auf dieser Skala laden alle Items positiv (Tabelle A3 im Tabellenanhang, Spalte „Dim. 1"). Wir bezeichnen diese Skala als DEVIANZ; je höher der Wert ist, desto stärker billigt eine Person die acht Formen abweichenden Verhaltens.

Mit der zweiten Dimension, die wir als GEWTOL bezeichnen, wird die Höhe der Zustimmung/der Ablehnung der beiden unterschiedlichen Arten abweichenden Verhaltens unterschieden (Tabelle A3 im Tabellenanhang, Spalte „Dim. 2"). Aufgrund der insgesamt weniger ablehnenden Einstellung gegenüber Normenverletzungen bei den Deutschen noch deutlicher als bei den Türken (Tabelle 9.2). Mit Hilfe dieser Dimension kann zwischen jenen Personen unterschieden werden, die eher etwas Verständnis für die ältere Frau haben, die Käse im Supermarkt stiehlt, und jenen, die es nicht ganz so schlimm finden, wenn der Nachbar die Kinder beschimpft bzw. seine Kinder schlägt. Damit erfassen wir mit GEWTOL den Gegensatz zwischen Personen, die dem „gewalttätigen Verhalten" weniger ablehnend gegenüber stehen, und jenen Personen, die eher Verständnis für „gewaltfreie Normenverletzungen" haben. Dabei gilt: Je stärker zwischen den beiden Normverletzungen unterschieden wird, desto näher liegt der Faktorwert am jeweiligen Extremwert der Skala. Bei den türkischen Befragten sind noch die beiden Items „ein 15-jähriges Mädchen ist schwanger" und „ein/e Nachbar/in steht öfters betrunken am Kiosk" auffällig; diese beiden Items laden gar nicht auf der zweiten Dimension. Zusätzlich zu der diagnostizierten Differenzierung zwischen gewalttätigen und gewaltfreien abweichenden Verhaltensweisen könnte es weitere Differenzierungsgründe geben, die jenseits der „Art von Gewalt" liegen, z.B. religiös motivierte Einstellungen. Sowohl für die deutschen als auch für die türkischen Befragten bedeuten positive GEWTOL-Werte, dass gewalttätige Handlungsweisen vergleichsweise weniger schlimm bewertet werden als gewaltfreie. Bei der Interpretation von GEWTOL ist noch zu beachten, dass hiermit nur das Verhältnis der Einstellungen zu den beiden Arten von Devianz gemessen wird. Die Höhe dieser Werte wird mit der Skala DEVIANZ bestimmt.

Eine weitere Skala bezieht sich auf das abweichende Verhalten von Jugendlichen. Da dieser Gruppe in benachteiligten Wohngebieten häufig abweichendes Verhalten zugeschrieben wird, haben wir drei entsprechende vierstufige Fragen von Oberwittler (2003a) übernommen (zur Verteilung der Antworten, Tabelle 9.5). Alle drei Fragen laden erwartungsgemäß positiv auf der ersten Dimension (Tabelle A4 im Tabellenanhang), den resultierenden Faktor nennen wir JUGEND. Da mit dieser Dimension sowohl für die deutschen als auch für die türkischen Befragten lediglich etwa 35 % bzw. 42 % der Varianz erklärt werden, kann davon ausgegangen werden, dass die Befragten zwischen Schlägereien mit

---

mastelle bemerkbar machen. Auf eine nachträgliche Korrektur dieser minimalen Abweichungen wurde verzichtet, sie hätten auch keinerlei Einfluss auf die Interpretation der Ergebnisse.

Verletzten, Randalieren und dem Verunsichern der Anwohner unterscheiden. Für den Faktor JUGEND gilt: dass, je höher der Faktorwert ist, desto stärker ist die Akzeptanz devianten Verhaltens.

Zusätzlich zu den Einstellungen zu abweichenden Verhaltensweisen im Allgemeinen und zu abweichenden Verhaltensweisen von Jugendlichen wurde mit Hilfe von acht bzw. drei dreistufigen Variablen erhoben, wie oft diese zuvor geschilderten Verhaltensweisen im Wohngebiet schon beobachtet wurden (zu den Randauszählungen vgl. Tabellen 9.3 und 9.6). Werden die Beobachtungen der acht devianten Verhaltensweisen und der drei devianten Verhaltensweisen Jugendlicher mit Hilfe der CatPCA skaliert, so ergeben sich in allen vier Fällen eindimensionale Lösungen (Tabellen A5 und A6 im Tabellenanhang); diese bezeichnen wir als DEVBEO und JUGBEO. Für alle vier Dimensionen gilt: dass, je höher der Faktorwert ist, desto öfter wurden die entsprechenden devianten Verhaltensweisen beobachtet.

Um das Ausmaß der sozialen Kohäsion im Untersuchungsgebiet zu erfassen, verwenden wir die von Sampson u.a. (1997) entwickelten Skalen zur kollektiven Wirksamkeit und zu den intergenerationalen Beziehungen. Für beide Skalen haben wir die jeweils fünf vierstufigen Fragen in der deutschen Fassung von Oberwittler (2003a) übernommen. Als Ergebnis der vier separat durchgeführten Skalierungen für die Variablen zur kollektiven Wirksamkeit (zu den Randverteilungen Tabelle 9.7) und zum intergenerationalen Zusammenhalt (zu den Randverteilungen Tabelle 9.8) erhalten wir vier eindimensionale Skalen, die zwischen knapp 50 % und gut 60 % der jeweiligen Varianz erklären (vgl. Tabellen A7 und A8 im Tabellenanhang); wir bezeichnen diese Skalen mit COLLEFF und INTCLOS. Alle vier Skalen sind so normiert, dass, höhere Faktorwerte auf bessere nachbarschaftliche bzw. intergenerationale Beziehungen verweisen.

Schließlich verwenden wir noch einen von Ross, Mirowsky und Pribesh (2001) entwickelten Satz von acht fünfstufigen Fragen, mit denen wir das Ausmaß der Selbst- und Fremdkontrolle messen wollen (zu den Randverteilungen Tabellen 9.11 und 9.12). Sowohl für die deutschen als auch für die türkischen Befragten ist die Lösung zweidimensional. In beiden Fällen spiegelt die erste Dimension die Summe der Kontrollüberzeugungen wider, also der internen und externen Kontrolle, während mit der zweiten Dimension der Gegensatz dieser beiden Arten von Kontrollüberzeugungen gemessen wird. Diese zweite Dimension, die wir im Folgenden als KONTROLL bezeichnen (vgl. Tabelle A9 im Tabellenanhang, Spalten „Dim. 2"), erklärt in beiden Analysen etwas weniger als 20 Prozent der Variation der Daten. Obgleich Cronbach's α mit knapp über 0,30 ebenfalls sehr niedrig ist, verwenden wir diese Skala, da sie im Sinn unserer Hypothesen zu interpretieren ist – wir wollen zwischen Fremd- und Selbstkontrolle unterscheiden, uns interessiert nicht, wie stark die Summe der Kontrollüberzeugungen ist. Die Faktoren wurden für die deutschen und türkischen Befragten so normiert, dass bei positiven Werten die Selbstkontrolle höher als die Fremdkontrolle ist. Bei Werten um den Nullpunkt sind Fremd- und Selbstkontrolle ausgeglichen.

Zusätzlich zu diesen Skalen sind in der Tabelle 4.5 noch drei weitere Skalen aufgeführt, die wir zum Testen unserer Hypothesen benötigen. Die erste basiert auf sechs vom Robert-Koch-Institut (2002) übernommenen fünfstufigen Fragen zur Messung von Ernährungsgewohnheiten. Hier wurde gefragt, wie oft die Befragten frisches Obst, Knabberartikel, fast food, frisches Gemüse, Vollkornbrot und Süßwaren essen (zu den Randauszählungen Tabelle 7.3). Mit der ersten Dimension, die wir als GESUND bezeichnen, werden die gesunden Lebensmittel (frisches Obst, frisches Gemüse und Vollkornbrot) von den ungesunden unterschieden (Tabelle A1 im Tabellenanhang).Je höher der Faktorwert ist, desto gesünder ist die Ernährung. Des Weiteren haben wir vier vierstufige Fragen formuliert, mit denen wir messen wollen, wie häufig die Haushaltsmitglieder zu unterschiedlichen Tagen und Zeiten gemeinsam essen (zu den Randauszählungen Tabelle 7.5). Die Ergebnisse sind auch hier eindimensionale Skalen, wir bezeichnen sie als MAHLZEIT, auf denen allen Variablen positiv laden (Tabelle A10 im Tabellenanhang). Auch hier gilt: Je höher der Faktorwert ist, desto häufiger essen die Haushaltsmitglieder gemeinsam. Die letzte von uns konstruierte Skala basiert auf Beobachtungen der Interviewer. Nach dem Verlassen der Wohnung sollten die Interviewer auf der Basis von fünf fünfstufigen Itempaaren u.a. angeben, wie sauber/dreckig und wie luxuriös/ärmlich eingerichtet die Wohnung war (zu den Randauszählungen Tabelle 7.6). Diese Beobachtungsfragen wurden von Blasius (1993) erstmalig verwendet und in unserer vorangegangenen Studie (Friedrichs und Blasius 2000) erfolgreich repliziert. Die resultierenden Skalen, die wir als ZUSTAND bezeichnen, waren eindimensional (Tabelle A9 im Tabellenanhang). Diese Variable wurde so normiert, dass hohe positive Werte einen sehr guten Zustand der Wohnung widerspiegeln.

Tabelle 4.5: Skalen zur Messung von Devianz, sozialer Kontrolle, Gesundheit und Zustand der Wohnung

Name	Faktor	Interpretation	Quelle
DISORDER	Ausmaß der wahrgenommenen Verwahrlosung im Wohngebiet	Je höher der Wert, desto mehr Verwahrlosung wird wahrgenommen.	Ross, Mirowsky und Pribesh (2001), übersetzt von Blasius und Friedrichs (2000), Frage 21
DEVIANZ	Einstellungen zur Devianz	Je höher der Wert, desto positiver die Einstellung zur Devianz.	Friedrichs und Blasius (2000), Frage 17
GEWTOL	Billigung /Missbilligung von abweichendem Verhalten mit und ohne Gewalt	Positive Werte indizieren eine positive Bewertung von Gewalt, negative Werte eine positive Bewertung gewaltfreier Normenabweichungen.	Friedrichs und Blasius (2000), Frage 17
DEVBEO	Beobachtung abweichenden Verhaltens im Wohngebiet	Je höher der Wert, desto mehr abweichendes Verhalten wird im Gebiet beobachtet.	Friedrichs und Blasius (2000), Frage 17
JUGEND	Einstellungen zur Gewalt von Jugendlichen	Je höher der Wert, desto positiver die Einstellung zu abweichenden Verhaltensweisen von Jugendlichen.	Oberwittler (2003a), Frage 18
JUGBEO	Ausmaß beobachteten abweichenden Verhaltens von Jugendlichen	Je höher der Wert, desto häufiger wird abweichendes Verhalten von Jugendlichen beobachtet.	Oberwittler (2003), Frage 18
COLLEFF	Bewertung des Wohngebietes seitens Bewohner, Bereitschaft, sich für das Wohngebiet einzusetzen.	Je höher der Wert, desto stärker helfen sich die Bewohner untereinander (soziales Kapital). Diese Skala wird als „collective efficacy" bezeichnet.	Sampson u.a. (1997), Raudenbush & Sampson (1999), übersetzt von Oberwittler (2001), Frage 19
INTCLOS	Ausmaß, wie gut man die Kinder im Wohngebiet kennt.	Je höher der Wert, desto besser kennt man die Kinder im Wohngebiet. Diese Skala wird als „intergenerational closure" bezeichnet.	Sampson u.a. (1999), übersetzt von Oberwittler (2001), Frage 20

Fortsetzung Tabelle 4.5: Skalen zur Messung von Devianz, sozialer Kontrolle, Gesundheit und Zustand der Wohnung

Name	Faktor	Interpretation	Quelle
KONTROLL	Verhältnis von Selbst- und Fremdkontrolle	Positive Werte indizieren eine hohe Selbstkontrolle, negative Werte eine hohe Fremdkontrolle.	Ross, Mirowsky und Pribesh (2001), übersetzt, Frage 28
GESUND	Gesunde Ernährung	Je höher der Wert, desto gesünder die Ernährung (Instrument DISHES).	Angelehnt an das Bundes-Gesundheitssurvey (1998), Robert-Koch-Institut (2002) Frage 34
MAHLZEIT	Gemeinsames Einnehmen von Mahlzeiten	Je höher der Wert, desto häufiger wird gemeinsam gegessen.	Frage 31
ZUSTAND	Zustand der Wohnung	Je höher der Wert, desto besser ist der Zustand der Wohnung.	Blasius (1993), Friedrichs und Blasius (2000), Frage B3

5 Interne Differenzierung

In der Literatur zu benachteiligten Wohngebieten oder Armutsgebieten wird – erstaunlicherweise – nicht untersucht, ob die jeweils untersuchten Gebiete, z.B. census tracts oder Stadtteile, in sich homogen sind (vgl. für Deutschland Herlyn, Lakemann und Lettko 1991, Hess und Mächler 1973, Keller 1999, Klagge 2003, Tobias und Boettner 1992, für die USA z.B. Jargowsky 1997, Wilson 1987). Die implizite Annahme, die jeweils untersuchten Gebiete seien homogen, ist jedoch keineswegs zwingend, zumindest sollte sie geprüft werden.

Homogenität bzw. Heterogenität läßt sich für unsere Zwecke auf zwei Ebenen untersuchen: einer sozialen und einer räumlichen. Unter sozialer Homogenität wird eine schiefe Verteilung der Bewohner nach Alter, Schulbildung, Einkommen, ethnischer Gruppe oder Wohnstatus (Mieter, Eigentümer) verstanden, wobei als Maßstab die Verteilung der Bevölkerung nach diesen Merkmalen in der gesamten Stadt verwendet wird. Unter räumlicher Heterogenität werden Unterschiede in der Sozialstruktur von Teilgebieten verstanden.

Wir können berechnen, wie stark einzelne Merkmale in den Wohngebieten streuen, und untersuchen, in welche Richtung sie von anderen Gebieten oder dem städtischen Durchschnitt abweichen, z.B. im Anteil der Sozialhilfeempfänger, der Wahlbeteiligung oder der Verteilung der Schulabschlüsse – und in welchen und wie vielen Merkmalen dies der Fall ist. So sind benachteiligte Wohngebiete im Vergleich zu anderen Gebieten in der Stadt relativ homogen, weil sie u.a. einen höheren Anteil von Arbeitslosen, Sozialhilfeempfängern und Bewohner/innen mit niedrigen Schulabschlüssen aufweisen. Die geringe Varianz dieser Merkmale im Vergleich zur Stadt insgesamt besagt noch nicht, dass die Bevölkerung relativ homogen ist. Für unsere Frage ist entscheidend, ob die – wiewohl geringere – Varianz sich räumlich in Teilgebieten mit einer unterschiedlichen Sozialstruktur niederschlägt, nun verglichen mit dem gesamten Untersuchungsgebiet. Wir wissen allerdings, dass sozial benachteiligte Gebiete dennoch in sich heterogen sind (u.a. Herlyn, Lakemann und Lettko 1991, Keim und Neef 2000, Tobias und Boettner 1992). Wenn wir von der Hypothese der Chicagoer Schule (Park 1926) ausgehen, soziale Distanz werde in räumliche übersetzt, dann gilt: Wenn ein Gebiet sozial heterogen ist, dann ist es auch auf einer räumlich niedrigeren oder kleinräumigeren Ebene heterogen; es lassen sich Teilgebiete relativ unterschiedlicher Sozialstruktur, z.B. mehr Eigentümer-Haushalte, nachweisen. Diese Annahme teilräumlicher Homogenität wird durch Ergebnisse aus der Netzwerk-Forschung gestützt: Personen (hier: Haushalte) haben eine Präferenz, mit Personen zusammen zu leben, die ihnen in einigen wichtigen Merkmalen ähnlich sind, z.B. der Bildung oder der Religion.

Könnten wir in HöVi Teilgebiete sinnvoll abgrenzen und wiesen diese eine signifikant unterschiedliche Sozialstruktur auf, dann wäre zuerst einmal der Beweis erbracht, dass benachteiligte Wohngebiete wirklich heterogen sind. Das aber bedeutet: die Teilgebiete weisen eine unterschiedliche Sozialstruktur auf, unter Umständen einen jeweils anderen „social mix". Dann eröffnet sich die Möglichkeit, die Teilgebiete als Kontexte unterschiedlicher Sozialstruktur einzuteilen und deren Effekte auf die Einstellung und das Verhalten der Bewohner/innen zu untersuchen[1]. Nun kann man einwenden, die Frage nach der internen Differenzierung sei von der Größe (Fläche, Einwohnerzahl) des Untersuchungsgebietes abhängig: Je größer das Gebiet, desto wahrscheinlicher und desto stärker sei die interne Differenzierung. Diese Annahme ist zweifellos zutreffend, deshalb sollte unser Untersuchungsgebiet HöVi auch in mehrere Teilgebiete zu differenzieren sein, um von Heterogenität sprechen zu können.

Eine erste interne Gliederung, beruhend auf den Urteilen der Experten, haben wir im Kapitel 3 (Abbildung 3.2) vorgestellt. Sie belegt, dass es wahrscheinlich unterschiedliche Teilräume gibt, doch umfasst die Klassifikation der Experten nicht alle Gebiete von HöVi. Wir haben daher zwei weitere Verfahren gewählt, um die Homogenitäts-These zu testen: ein objektives und ein subjektive*s*.

Das *objektive* Vorgehen beruht auf einer Klassifikation, die das Geographische Institut der Universität zu Köln in Kooperation mit dem Amt für Statistik der Stadt Köln erstellt hat: die 85 Stadtteile wurden in 269 Viertel unterteilt, dazu wurden Merkmale wie die Sozial- und Gebäudestruktur verwendet. (Warmelink und Zehner 1996). Die Abgrenzungen sollen annähernd „natural areas" im Sinne der Chicagoer Schule entsprechen. Wir werden sie im Folgenden als „Viertel" bezeichnen. Der Abbildung 3.1 sind die Lage und Namen der Viertel zu entnehmen.

Tabelle 5.1: Strukturdaten der sechs Viertel

	SV	GS	HO	VI	HS	SW
Einwohner 2004	3.190	4.058	5.016	5.956	2.986	1.577
Einwohner 2006	3.433	4.066	4.941	5.947	2.883	1.473
Anteil Sozialhilfe-empfänger 2004 in %	7,1	9,1	10,5	13,5	15,8	19,0
Fluktuationsquote 2004, in %	4,2	6,9	15,4	7,6	10,5	8,3
Anteil Migranten 2004, in %	22,0	22,2	27,4	32,9	48,9	32,4

Quelle: Stadt Köln 2004, 2007

Tabelle 5.1 zeigt zunächst die wichtigsten Strukturdaten der Amtlichen Statistik der sechs Viertel. Die Reihenfolge der Viertel in den folgenden Tabellen entspricht der Höhe des Anteils von Sozialhilfeempfängern (SV = wenig Sozialhilfeempfänger bis SW = viele Sozialhilfeempfänger). Die benachteiligtsten Gebiete sind demnach Höhenberg-Süd und die Schweden Siedlung mit Sozialhilfeempfängerquoten von über 15 %. Der Migrantenanteil liegt zwischen knapp einem Viertel in der Siedlung Vingst (SV) bis hin zu fast 50 % in Höhenberg-Süd (HS).

Die zweite Klassifikation beruht auf den *subjektiven* Wahrnehmungen der Befragten.

---

[1] Eine entsprechende Untersuchung kann mit Hilfe der Mehrebenanalyse durchgeführt werden. Sie erfordert jedoch eine Fallzahl von mindestens 26 oder 30 Einheiten auf der zweiten Ebene, hier: der Teilgebiete (Raudenbush und Simpson 1999, Snijders und Bosker 1999). Da wir nicht so viele Teilgebiete in HöVi haben, können wir auch keine Mehrebenanalyse berechnen. Wir werden jedoch mit Varianz- und Regressionsanalysen die Effekte der Mischung statistisch untersuchen.

Auf die Frage „Gibt es in Vingst/Höhenberg irgendeine Gegend, in die Sie in der Dunkelheit nicht alleine gehen mögen?" konnten die Befragten mehrere (oder keine) Orte nennen.
Die Antworten auf diese Fragen haben wir in vier Kategorien zusammengefasst: Wenn eine
Straße, ein Straßenabschnitt oder ein Platz seltener als vier Mal genannt wurde, wurde
dieser als ungefährliches Gebiet (0 = „gar nicht") kodiert, wenn es vier bis zehn Nennungen
gab, „weniger stark" (1), bei 11 bis 30 Nennungen als „stark" (2) und bei 30 oder mehr
Nennungen als „sehr stark" gefährlich eingeschätztes Gebiet (3).

Die Ergebnisse dieser Klassifikation sind in den Tabellen 5.2 und 5.3 dargestellt. In der
Tat unterscheiden sich diese Teilgebiete in der Bevölkerungsstruktur deutlich voneinander,
was als Hinweis auf valide Antworten interpretiert werden kann.

Die deutschen und die türkischen Befragten zählen Höhenberg-Süd (HS) und Vingst
(V) zu den Gebieten, die eine signifikant höhere Kriminalitätsbelastung aufweisen als andere Viertel. Die Siedlung Vingst und (SV) die Germania-Siedlung (GS) sind die am wenigsten durch Kriminalität belasteten Gebiete laut Einschätzung der Befragten.

Tabelle 5.2: "Gefährliches Gebiet", nach Viertel, Deutsche, in Prozent

| | Viertel | | | | | | N |
	SV	GS	HO	VI	HS	SW	
sehr stark	0,0	0,0	0,0	17,2	4,1	16,1	44
stark	4,1	19,4	46,3	75,0	71,4	30,4	302
weniger stark	38,0	27,6	53,7	7,8	24,5	53,6	225
gar nicht	57,9	53,1	0,0	0,0	0,0	0,0	122
N	121	98	177	192	49	56	693

$\chi^2 = 516,3$, $p < 0,001$, Cramer's V = 0,50

Tabelle 5.3: "Gefährliches Gebiet", nach Viertel, Türken, in Prozent

| | Viertel | | | | | | N |
	SV	GS	HO	VI	HS	SW	
sehr stark	0,0	0,0	0,0	53,9	24,0	23,8	58
stark	0,0	20,0	59,4	38,2	54,0	28,6	87
weniger stark	28,6	33,3	40,6	7,9	22,0	47,6	58
gar nicht	71,4	46,7	0,0	0,0	0,0	0,0	34
N	28	30	32	76	50	21	237

$\chi^2 = 199,5$, $p < 0,001$, Cramer's V = 0,53

In den Teilgebieten der Siedlung Vingst (SV), Germania Siedlung (GS) und Höhenberg
(HO) gibt es keine sehr stark belasteten Gebiete (Tabelle 5.2 und 5.3).Während in der Siedlung Vingst nahezu ausschließlich kaum und gar nicht belastete Teilgebiete ausgewiesen
sind, ist die Kriminalitätsbelastung in den beiden folgenden Vierteln schon deutlich höher:

Abbildung 5.1: Kriminalitätsbelastung der Sozialräume:

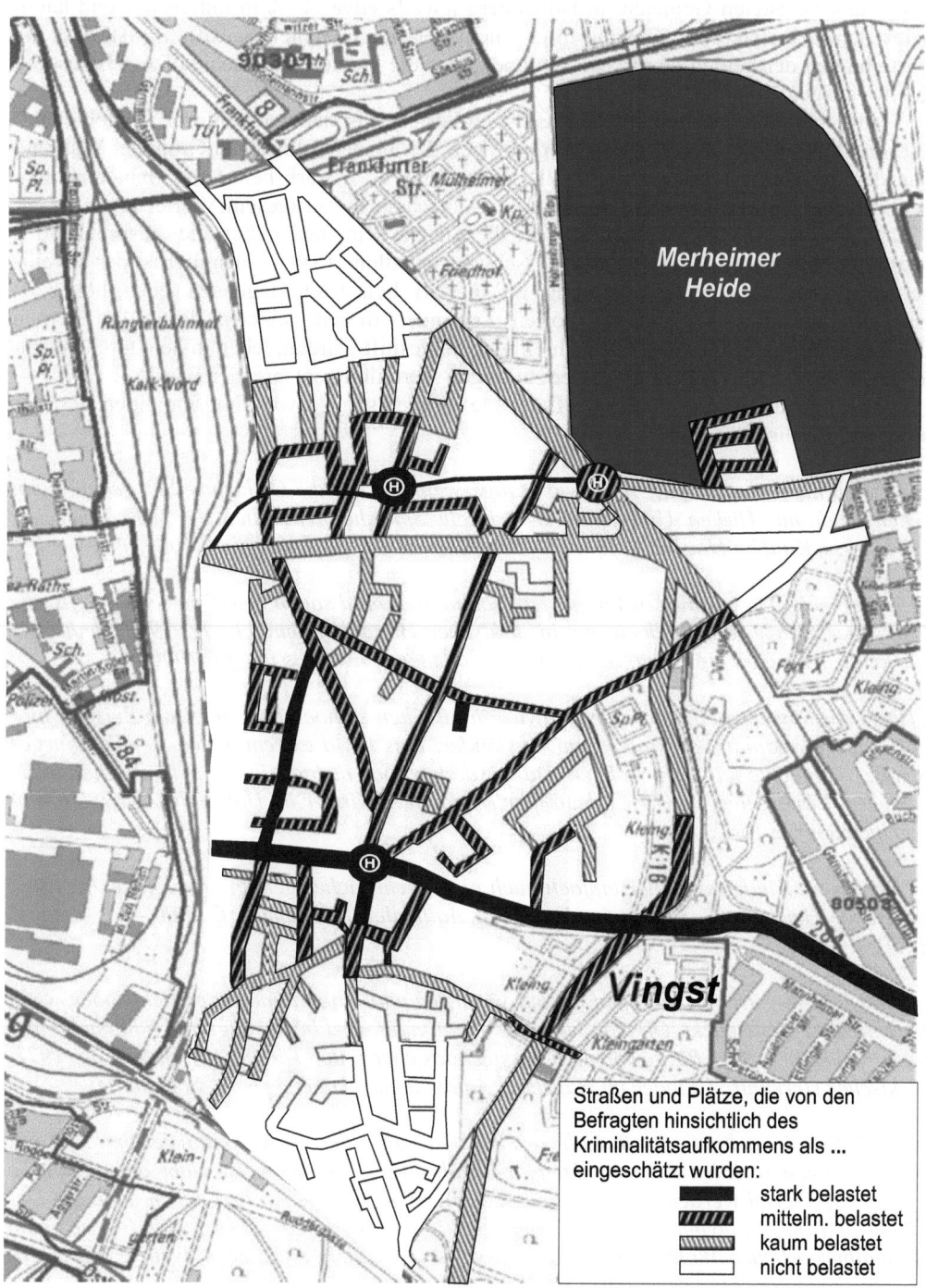

Straßen und Plätze, die von den
Befragten hinsichtlich des
Kriminalitätsaufkommens als ...
eingeschätzt wurden:

■■■	stark belastet
/////	mittelm. belastet
\\\\\	kaum belastet
☐	nicht belastet

In der Germania-Siedlung (GS) leben jeweils etwa 20 % beider Bevölkerungsgruppen in mittelstark belasteten Gebieten, in Höhenberg jeweils etwa 50 % in mittelstark und kaum belasteten Gebieten, aber niemand in gar nicht belasteten Gebieten. Auffällig ist, dass die Verteilungen der beiden ethnischen Gruppen über die Gebiete unterschiedlicher Belastung in etwa ausgeglichen ist.

Deutliche höhere Kriminalitätsbelastungen bestehen in den anderen drei Teilgebieten – und hier gibt es auch eine Differenzierung nach den beiden ethnischen Gruppen. Während von den 76 Türken, die in Vingst (VI) leben, 53,9 % in stark belasteten Gebieten ihren Wohnstandort haben, sind es von den 192 Deutschen, die in diesem Viertel leben, „nur" 17,2 %. Nicht ganz so deutlich, aber in die gleiche Richtung gehen die entsprechenden Werte für Höhenberg Süd (HS) und die Schwedensiedlung (SW): Auch hier ist der jeweilige Anteil der türkischen Bevölkerung, die in stark belasteten Gegenden leben, höher als jener der deutschen. Mit anderen Worten: Zumindest in den Gebieten, die in der internen Differenzierung als die stärker benachteiligten eingestuft wurden, leben in den dort schlechteren Gebieten mehr Türken als es der zufälligen Verteilung entsprechen würde.

Die folgenden Fallstudien sind Beispiele einiger subjektiven Empfindungen der Bewohner bezüglich der Viertel.

„Ich kann nicht klagen. [...] Aber wie gesagt, wenn sie auf die Ostheimer Str. gehen, dann sehen sie da nur Türken. Und dann nur türkische Sprache." (weiblich, Jg. 1945, deutscher Herkunft, 1 Kind im Haushalt, Äquivalenzeinkommen € 750,- bis unter € 1000,-).

„Es sind mehr Türken hier in Vingst, ich möchte mal bald sagen, wie Deutsche, ja z.B. die Ostheimer Straße, die ist doch nur in türkischer Hand." (männlich, Jg. 1953, deutscher Herkunft, 1 Kind im Haushalt, Äquivalenzeinkommen € 750,- bis unter € 1000,-).

„[Der] Ausländeranteil, der ist irgendwie ein bisschen zu hoch hier. Wie zum Beispiel hier vorne am Marktplatz, da sind ja nur Ausländer. Das ist ja extrem. Oder die Würzburger Straße, da möchte ich nicht wohnen. Da würde ich doch meine Kinder nicht auf die Straße schicken." (männlich, Jg. 1962, deutscher Herkunft, 2 Kinder im Haushalt, Äquivalenzeinkommen über € 1500,-).

„Und unsere Kinder sind hier einfach auch nicht mehr sicher genug." (weiblich, Jg. 1961, deutscher Herkunft, 2 Kinder im Haushalt, Äquivalenzeinkommen € 1000,- bis unter € 1250,-)

„Natürlich, Angst raus zu gehen, – und wenn jemand einen anderen ersticht, oder wenn jemand die Pistole zückt. Ob man will oder nicht, man wird beunruhigt und fühlt sich nicht mehr sicher (...), aber für gewöhnlich passiert das eher unter Türken." (weiblich, Jg. 1972, türkischer Herkunft, 2 Kinder im Haushalt, Äquivalenzeinkommen k. A., Sozialhilfe).

„Ich fühl mich nach wie vor in Köln wohl. Es ist halt nur [...] die Gettoisierung. [...] mit den deutschen sozialen Brennpunkten in Berührung zu kommen, ist nicht angenehm. Je größer die Viertel werden, desto mehr lassen sie sich auch gehen und haben auch die Deckung und die Anonymität in ihrem eigenen Viertel. Während, wenn jemand in so 'nem normalbürgerlichen Wohngebiet wohnt, lässt der sich nicht so hängen, weil es die Nach-

barn mitkriegen. Das könnte also vielleicht auch ein bisschen durch Nachbarschaftshilfe aufgefangen werde. Ja, somit hängen sie in ihrem Loch, genau wie die verschiedenen Ausländergruppen, das find ich genauso schade. (männlich, Jg. 1957, deutscher Herkunft, keine Kinder, Äquivalenzeinkommen € 1000,- bis unter € 1250,-).

Zu der Frage nach empfundener Ausgrenzung: *„Na ja, die reden dann zum Beispiel nur in ihrer Sprache und lassen die anderen dann links liegen. Kartoffelkopf. Das find ich nicht so schön. Das ist das, was mich so stört, wenn die Kinder hier so aufwachsen. Ich weiß nicht, es gibt ja andere Wohnviertel, da sind kaum Ausländer. Vielleicht sollte man das mal ein bisschen aufteilen." (männlich, Jg. 1962, deutscher Herkunft, 2 Kinder im Haushalt, Äquivalenzeinkommen über € 1500,-).*

Wie fruchtbar ist eine solche auf subjektiver Wahrnehmung beruhende Klassifikation? Um dies zu prüfen, haben wir die subjektive Klassifikation mit der objektiven verglichen. Es besteht ein hochsignifikanter Zusammenhang zwischen beiden Klassifikationen. Demzufolge ist auch eine auf subjektiver Wahrnehmung beruhende Beurteilung von Räumen valide. Werden Kriminalitätsbelastung und Gebietstypisierung miteinander verglichen, so sind beide Indikatoren mit Cramer's V-Werten von 0,50 und mehr hoch positiv assoziiert: je stärker ein Gebiet als benachteiligt eingestuft wurde, desto mehr Gegenden gibt es, die von der HöVi-Wohnbevölkerung bei Dunkelheit gemieden werden. Obwohl sich beide Indikatoren prinzipiell zur Differenzierung des gesamten Untersuchungsgebietes eignen, können Blasius und Friedrichs (2007a) zeigen, dass die Gebietstypisierung nach den sechs Sozialräumen das bessere Klassifikationsmerkmal ist.

In Abbildung 5.1 wird die kumulierte Einschätzung der Kriminalitätsbelastung durch die deutschen Befragten wiedergegeben. Diese Karte ist auch Grundlage für die Zuordnung der Befragten zu den Gebieten entsprechend ihrer von den Anwohnern zugeschriebenen Kriminalitätsbelastung (für deutsche und türkische Bewohner).

Eine solche auf subjektiver Wahrnehmung beruhende Klassifikation von räumlichen Einheiten ist nach diesen Ergebnissen ein wissenschaftlich fruchtbares Vorgehen, denn, wenn viele Befragte ein Gebiet – sei es auch nur ein Straßenabschnitt – als gefährlich ansehen, dann beeinflusst das auch ihr Verhalten (Thomas-Theorem). Wir können – in unserem Fall – vermuten, dass die Bewohner/innen die als sehr gefährlich eingestuften Teilgebiete meiden werden; wahrscheinlich ziehen aus solchen Teilgebieten auch überproportional viele Bewohner aus.

Um die Homogenität *innerhalb* der Viertel zu untersuchen, haben wir ein Heterogenitätsmaß berechnet. Verwendet wurde der Index der Diversität D nach Simpson (1949). Er ist folgendermaßen definiert:

$$D = 1 - \sum_{i=1}^{s} \frac{n_i(n_i - 1)}{N(N-1)},$$

wobei n_i = die Zahl der Bewohner in der Gruppe i (mit i = 1, 2, 3 Kategorien im Fall der Schulbildung) im Viertel und N = die Zahl der Bewohner in dem Viertel ist. Hohe Werte zeigen eine hohe Heterogenität an; die Spanne der Werte reicht von 0 (keine Heterogenität) bis 1 (höchste Heterogenität).

Wir können die sechs Viertel mit Hilfe der Merkmale in den Tabellen 5.4 und 5.5 gut charakterisieren.

Tabelle 5.4: Erhebungsdaten der Deutschen der sechs Viertel, in Prozent

	Viertel						Signifikanz
	SV	GS	HO	VI	HS	SW	
Bildungsabschluss							
Hauptschule	43,1	47,0	42,2	55,7	54,8	78,2	χ^2=35,5
Mittlere Reife	21,6	24,0	31,9	16,7	26,2	10,9	p<0,001
Abitur	35,3	29,0	25,9	27,6	19,0	10,9	CV=0,17
Heterogenität	0,648	0,644	0,657	0,589	0,600	0,372	
Äquivalenzeinkommen in €							
– unter 500,-	8,8	9,1	15,2	9,3	17,9	5,9	χ^2=33,8
500,- – 749,-	12,7	17,0	8,0	17,9	15,4	15,7	n.s.
750,- – 999,-	18,6	12,5	14,5	22,2	30,8	19,6	
1.000,- – 1.249,-	21,6	15,9	15,9	12,3	7,7	21,6	
1.250,- – 1.499,-	19,6	25,0	20,3	17,9	15,4	25,5	
1.500,- +	18,6	20,5	26,1	20,4	12,8	11,8	
Heterogenität	0,849	0,825	0,818	0,826	0,825	0,824	
Alter in Jahren							
16 – 25	11,5	18,3	14,2	10,4	10,2	7,1	χ^2=43,9
26 – 35	13,1	9,6	17,0	12,0	12,2	5,4	p<0,05
36 – 45	21,3	13,5	17,0	16,7	18,4	5,4	CV=0,11
46 – 55	23,8	17,3	13,1	21,9	18,4	26,8	
56 – 64	15,6	13,5	11,9	17,7	16,3	10,7	
65 +	14,8	27,9	26,7	21,4	24,5	44,6	
Heterogenität	0,828	0,821	0,824	0,827	0,838	0,719	

Fortsetzung Tabelle 5.4: Erhebungsdaten der Deutschen der sechs Viertel, in Prozent

	Viertel						Signifikanz
	SV	GS	HO	VI	HS	SW	
Wohnstatus							
Sozialmieter	28,5	18,3	7,9	28,3	46,9	69,6	χ^2=145,5
Privatmieter	31,7	56,7	71,8	59,2	36,7	28,6	p<0,001
Eigentümer	39,8	25,0	20,3	12,6	16,3	1,8	CV=0,32
Heterogenität	0,664	0,588	0,44	0,557	0,631	0,441	
Haushaltstypologie							
Verheiratet + Kinder	34,4	20,6	15,5	17,6	24,5	15,1	χ^2=58,5
Verheiratet	29,5	29,4	31,6	36,4	34,7	58,5	p<0,001
Alleinerziehend	16,4	10,8	8,0	9,6	12,2	13,2	CV=0,13
Alleinlebend	13,1	25,5	29,3	24,1	18,4	9,4	
Zusammenlebend	4,1	5,9	8,6	3,7	4,1	0,0	
Verwitwet	2,5	7,8	6,9	8,6	6,1	3,8	
Heterogenität	0,754	0,793	0,776	0,765	0,781	0,619	
Transferleistungsbezug							
Ja	17,6	13,9	15,8	26,5	32,7	21,4	χ^2=14,3
Nein	82,4	86,1	84,2	73,5	67,3	78,6	p<0,05
							CV=0,14
Fortzugsabsicht							
Nein	54,5	57,7	48,6	52,1	22,4	48,2	χ^2=21,3
Ohne Aktivität	26,8	26,0	30,5	25,5	51,0	30,4	p<0,05
Mit Aktivität	18,7	16,3	20,9	22,4	26,5	21,4	CV=0,12
Heterogenität	0,601	0,579	0,631	0,617	0,632	0,641	
N (max)	123	104	177	192	49	56	

Tabelle 5.5: Erhebungsdaten der türkischen Befragten in den sechs Vierteln, Türken, in Prozent

	Viertel						Signifikanz
	SV	GS	HO	VI	HS	SW	
Bildungsabschluss							
Hauptschule	20,0	26,7	28,6	31,9	16,0	30,0	χ^2=10,5
Mittlere Reife	49,7	6,7	28,6	36,2	44,0	30,0	n.s.
Abitur	33,3	66,7	42,9	31,9	40,0	40,0	
Heterogenität	0,676	0,514	0,703	0,68	0,647	0,733	
Äquivalenzeinkommen in €							
– unter 500,-	29,6	15,4	13,0	31,7	28,3	16,7	χ^2=12,6
500,- – 749,-	29,6	23,1	43,5	21,7	23,9	33,3	n.s.
750,- – 999,-	22,2	42,3	30,4	21,7	30,4	27,8	
1.000,- +	18,5	19,2	13,0	25,0	17,4	22,2	
Heterogenität	0,849	0,727	0,727	0,853	0,754	0,797	
Haushaltstypologie							
Verheiratet +Kinder	64,0	53,6	67,9	67,6	42,2	55,6	χ^2=18,7
Verheiratet	20,0	21,4	10,7	11,8	37,8	38,9	p<0,05
Alleinerziehend	16,0	25,0	21,4	20,6	20,0	5,6	CV=0,21
Heterogenität	0,547	0,627	0,500	0,493	0,654	0,569	
Alter in Jahren							
16 – 25	17,9	31,0	16,1	23,0	16,3	9,5	χ^2=19,3
26 – 35	35,7	31,0	38,7	28,4	30,6	23,8	n.s.
36 – 45	21,4	27,6	19,4	14,9	8,2	19,0	
46 +	25,0	10,3	25,8	33,8	44,9	47,6	
Heterogenität	0,786	0,835	0,766	0,791	0,709	0,710	

Fortsetzung Tabelle 5.5: Erhebungsdaten der türkischen Befragten in den sechs Vierteln, Türken, in Prozent

				Viertel			
	SV	GS	HO	VI	HS	SW	Signifikanz
Wohnstatus							
Eigentümer	21,4	17,9	40,0	14,3	29,8	0,0	χ^2=28,2
Mieter	17,9	32,1	43,3	35,7	29,8	21,1	p<0,01
Sozialmieter	60,7	50,0	16,7	50,0	40,4	78,9	CV=0,25
Heterogenität	0,351	0,638	0,646	0,611	0,673	0,574	
Transferleistungsbezug							
Ja	18,5	26,7	19,4	32,4	27,0	30,0	χ^2=3,0
Nein	81,5	73,3	80,6	67,6	73,0	70,0	n.s.
Fortzugsabsicht							
Nein	75,0	40,0	50,0	50,0	38,8	61,9	χ^2=12,6
Ohne Aktivität	14,3	26,7	21,9	23,7	32,7	19,0	n.s.
Mit Aktivität	10,7	33,3	28,1	26,3	28,6	19,0	
Heterogenität	0,421	0,680	0,643	0,633	0,675	0,571	
N (max)	28	30	32	76	50	21	

Die Siedlung Vingst (SV) hat relativ wenige Empfänger von Sozialhilfe, den höchsten Anteil von Abiturienten, einen relativ niedrigen Anteil von über 46-Jährigen und bei den Deutschen einen hohen Anteil von Wohnungseigentümern. Es ist das statushöchste der sechs Viertel, aus dem auch nur relativ wenige fortziehen wollen. Allerdings gibt es unter den türkischen Befragten in der Siedlung Vingst deutlich mehr Sozialmieter und weniger Eigentümer als unter den deutschen Befragten. Gemessen am Diversitätsindex für deutsche Befragte ist es im Mittel das heterogenste aller Viertel, für die türkischen Befragten berechnet, ist das Viertel das homogenste.

Die Schweden-Siedlung (SW) bildet in mehrfacher Hinsicht den Gegenpol, es weist die höchste Quote von Sozialhilfeempfängern auf, einen hohen Anteil von Bewohnern mit niedrigem Schulabschluss (auch unter den türkischen Bewohnern) und einen sehr hohen Anteil von Sozialmietern. Es ist das statusniedrigste Viertel, jedoch das im Mittel homogenste.

Das Viertel Höhenberg-Süd (HS) hat die zweithöchste Quote von Sozialhilfeempfängern, den höchsten Anteil von Migranten und Beziehern von Transferleistungen, niedrige Einkommen, ein hohes Kriminalitätsrisiko sowie den höchsten Anteil von Bewohnern, die fortziehen wollen. Es ist der Schweden-Siedlung ähnlicher als anderen Vierteln und deshalb das Viertel mit dem zweitschlechtesten sozialen Status.

Dem Viertel Siedlung Vingst (SV) kommt die Germania-Siedlung (GS) am nächsten, weil beide einen niedrigen Anteil von Sozialhilfeempfängern aufweisen, sie haben viele Bewohner mit hohem Schulabschluss – darunter den höchsten Anteil von türkischen Bewohnern mit Abitur –, hohe Einkommen und die zweithöchste Quote von deutschen Eigentümern. Es ist demnach das zweitbeste Gebiet nach dem sozialen Status.

Die restlichen beiden Viertel, Höhenberg (HO) und Vingst (V), sind zwar unterschiedlich, aber nicht klar zu charakterisieren. Auffällig ist der hohe Anteil türkischer Eigentümer. Wir kennzeichnen sie als Gebiete mit mittlerem sozialen Status. Vingst ist, gemessen an den türkischen Befragten, das heterogenste Viertel.

Die Siedlung Vingst weist eine deutliche Zunahme der Bewohnerzahl zwischen 2004 und 2006 auf, hingegen verlieren die Schweden-Siedlung und Höhenberg-Süd leicht an Einwohnern. Erstaunlich – und für uns nicht zu erklären – ist der Rückgang des Ausländeranteils in der Schweden-Siedlung von 32,4 % auf 25,3 % in nur zwei Jahren – während in allen anderen Vierteln die Werte praktisch konstant blieben (Stadt Köln 2004, 2007).

Die Analysen zeigen, dass sich das Untersuchungsgebiet sehr wohl intern differenzieren lässt. Es sind unterschiedliche Klassifikationen möglich: aufgrund von Expertenurteilen, nach objektiven Merkmalen, um zu „natural areas" oder Vierteln zu gelangen, schließlich nach dem vermuteten Kriminalitätsrisiko. Die Klassifikationen nach Vierteln und nach Risiko weisen einen relativ hohen Zusammenhang auf. Die Viertel unterscheiden sich deutlich in ihrer Sozialstruktur der Bewohner; sie sind zugleich in mehreren Merkmalen ebenfalls *in sich* heterogen. Es ist demnach sehr wahrscheinlich verfehlt, davon auszugehen, benachteiligte Gebiete seien homogen. Das Gegenteil ist der Fall: Sie sind sowohl in der Bevölkerungsstruktur als auch in den Teilräumen heterogen.

Wir kommen in den folgenden Kapiteln auf diese interne Differenzierung des Untersuchungsgebietes zurück. Welche der beiden Klassifikationen, die objektive oder die subjektive, fruchtbarer ist, also mehr Varianz erklärt, erörtern wir im Kapitel 9.

6 Wohnzufriedenheit und Umzüge

In diesem Kapitel untersuchen wir die Zusammenhänge von Zufriedenheit mit dem Wohngebiet, der Wohndauer und der Absicht, fortzuziehen. Als Orientierung dient uns die klassische Studie von Kasarda und Janowitz (1974), in der folgendes Modell spezifiziert wird: Individuelle Merkmale (Alter, Status) einerseits und die Wohndauer andererseits beeinflussen die Netzwerke und die Partizipation, diese wiederum die Bindung an das Wohngebiet. Dieses Modell hat sich nicht nur in der Studie von Kasarda und Janowitz, sondern auch in der umfangreicheren britischen Studie von Sampson (1988) bewährt. Zu einem ähnlichen Modell, das sich ebenfalls empirisch belegen lässt, gelangt auch Treinen (1965).

Wir verwenden statt der Partizipation die Zufriedenheit mit den sozialen Netzwerken, sodann statt der Bindung deren Gegenteil: die Fortzugsabsicht. Wir führen die Einflüsse der individuellen Merkmale und der Wohndauer nicht nur auf die Zufriedenheit und Netzwerke zurück, sondern auch die auf Fortzugsabsicht. Das Modell hat dann folgende Form:

Abbildung 6.1: Determinanten der Fortzugsabsicht

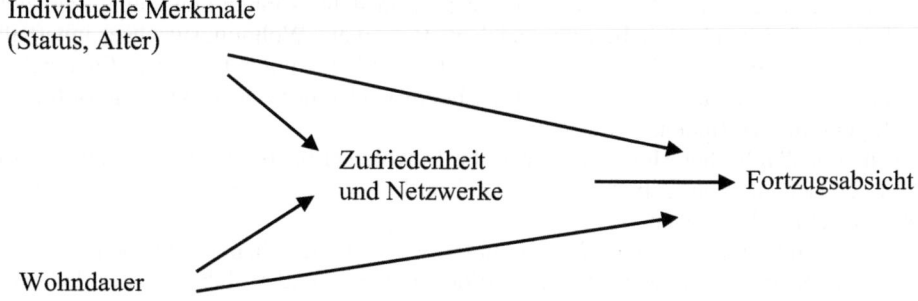

Dies ist ein noch sehr einfaches Modell, denn man kann die Zufriedenheit oder die Fortzugsabsichten auch in einem komplexen Modell spezifizieren, wie es Parkes, Kearns und Atkinson (2002: 2416f.) getan haben. Neben den Individualvariablen schlagen sie drei Moderatorvariablen vor: a) das Ausmaß, in dem Bewohner den Problemen des Wohngebietes ausgesetzt sind (z.B. Verwahrlosung oder Lärm), b) die soziale Interaktion (von der sie annehmen, sie nähme mit der Wohndauer zu), c) das Ausmaß, in dem das Wohngebiet die individuellen Erwartungen erfüllt.

Schließlich gibt es eine umfangreiche Literatur, die einen engen Zusammenhang von Wohnstatus und Zufriedenheit mit der Nachbarschaft oder dem Wohngebiet belegt (u.a. Dietz und Haurin 2003, DiPasquale und Glaeser 1999, Harkness und Newman 2002, Haurin, Dietz und Weinberg 2003, Rohe und Stewart 1996, Rossi und Weber 1996). Um den Wohnstatus zu messen, wird zumeist die Dichotomie Eigentümer – Mieter verwendet, seltener die von uns verwendete Unterteilung in Sozialmieter – Privatmieter – Eigentümer. Die zentralen und empirisch bewährten Annahmen sind (Friedrichs und Blasius 2006):

1. Je höher der Anteil der Eigentümer ist, die selbst in ihrer Wohnung oder ihrem Haus leben, desto größer ist die Stabilität eines Wohngebietes. Weil Eigentümer daran interessiert sind, den Wert ihres Eigenheims oder der Eigentumswohnung mindestens zu erhalten, investieren sie auch in das Wohngebiet, weil dessen „Zustand" einen Effekt auf die Hauspreise und Mieten hat. Es besteht eine primäre Investition in das Eigentum, die eine sekundäre Investition in das Wohngebiet nach sich zieht.

2. Die Stabilität kann über die niedrige Fluktuationsrate, das Ausmaß der Partizipation an lokalen Veranstaltungen oder das Ausmaß der sozialen Kontrolle gemessen werden.

3. Haus- und Wohnungseigentümer (im Vergleich zu Privat- und Sozialmietern) a) bewerten die Nachbarschaft/das Wohngebiet positiver, b) nehmen weniger Devianz im Gebiet wahr und c) sind ablehnender gegenüber abweichendem Verhalten.

Wir gehen weiter von folgenden Annahmen aus:

4. Die Mängel und Probleme, die in einem benachteiligten Wohngebiet bestehen, werden von den Bewohnern wahrgenommen. Es werden mehr unterschiedliche Mängel als positive Merkmale angeführt.

5. Da sich weniger Migranten als deutsche Bewohner das Gebiet aussuchen konnten (vgl. die Ergebnisse bei Drever und Clark 2002), sind die Bewohner ausländischer Herkunft unzufriedener als die deutscher Herkunft. Es wollen auch mehr Migranten (türkische Bewohner) fortziehen.

In den 1970er Jahren wurden vornehmlich türkische Haushalte in damals neu geschaffenen Sozialwohnungen angesiedelt (Kaboth 2006). Weiterhin steht es ihnen nicht ohne finanzielle Restriktionen frei, nach Belieben umzuziehen. Bei einem Wohnungswechsel innerhalb von zwei Jahren stellt das Wohnungsamt der Stadt Köln keine unterstützenden finanziellen Leistungen für den Umzug zur Verfügung[1]. Zudem sind unter den türkischen Befragten weniger Eigentümer zu finden.

6. Personen ausländischer Herkunft (türkische Bewohner) bevorzugen es, in einem ethnisch gemischten Wohngebiet zu leben (Zubrinsky Charles 2005, Kecskes und Knäble 1988, Schelling 1978: Kap. 4).

Bereits in der Studie aus dem Jahr 2000 konnten wir einen deutlichen Unterschied in der Bewertung der Kölner Wohngebiete Kalk, Bilderstöckchen und Kölnberg unter den zwei verschiedenen Bevölkerungsgruppen zeigen. Die Einschätzung des Wohngebietes fiel bei den türkischen Befragten deutlich positiver aus als bei den deutschen Befragten (Friedrichs und Blasius 2000: 54). Ferner konnte ein Zusammenhang zwischen der Kritik am Wohngebiet, der Fortzugsabsicht und der Wohndauer beobachtet werden (vgl. die Hypothesen oben). Diese Zusammenhänge untersuchen wir nun für HöVi.

Wie man die Absicht, fortzuziehen, messen sollte, hat bereits Rossi (1955) eingehend erörtert. Er weist darauf hin, viele hätten die Absicht, irgendwann einmal umzuziehen, weshalb es nicht reiche, die bloße Absicht zu erheben. Sinnvoller sei es, nur jene zu berücksichtigen, die neben der Absicht auch schon etwas unternommen hätten, z.B. eine Zeitungsannonce aufgegeben oder einen Makler aufgesucht hätten. Wie schon in der früheren Studie messen wir daher die Fortzugsabsicht in einer ordinalen Skala: keine Absicht – Absicht, aber keine Aktivität – Absicht mit Aktivität.

---

[1] Telefonische Auskunft des Wohnungsamts der Stadt Köln, 09.05.2008.

6.1 Beurteilung des Wohngebietes

Tabelle 6.1 zeigt für beide Befragungszeitpunkte diejenigen Merkmale des Wohngebietes, die die Bewohner als positiv bewertet haben, unterschieden nach Deutschen und Türken, und für die Jahre 2004 und 2006. Allem voran werden von deutschen Bewohnern 2004 die gute Verkehrsanbindung und die zentrale Lage (39,7 %) ihres Wohngebietes gelobt, ebenso wie die Grünflächen und Sportplätze (34,4 %), die Wohnung und Wohngegend (27,1 %) sowie die netten Leute und Nachbarn (22,6 %). Sehr selten dagegen werden Kinderfreundlichkeit und Spielplätze (3,7 %), niedrige Mieten (2,6 %) sowie die kulturelle Vielfalt der Bewohner (2,4 %) genannt. Mir gefällt „nichts" geben 16,9 % der deutschen Befragten an.

Die türkischen Befragten nennen 2004 besonders zahlreich die guten Einkaufsmöglichkeiten (40,4 %), die gute Verkehrsanbindung und zentrale Lage (23,9 %) sowie die Ruhe im Wohngebiet (22,6 %), Nachbarn und Leute (22,6 %). Auch hierfür zwei Beispiele:

„Hier ist es schön ruhig. Man kennt sich und fühlt sich eben wohl. Es gibt nichts Fremdes und auch nichts, was zu beanstanden wäre." (weiblich, Jg. 1975, türkischer Herkunft, 3 Kinder im Haushalt, Äquivalenzeinkommen über € 1500,-).

„Im Vergleich zu Kalk ist es hier sauberer, ruhiger. Wir sind zufrieden hier." (weiblich, Jg. 1959 geboren, türkischer Herkunft, 2 Kinder im Haushalt, Äquivalenzeinkommen über € 1500,-).

Tabelle 6.1: Was den Befragten an ihrem Wohngebiet gefällt, in Prozent (Mehrfachnennungen)

	2004		2006	
	Deutsche	Türken	Deutsche	Türken
Wohnung, Wohngegend/Lage	27,1	6,5	25,4	5,4
Zentrale Lage, Verkehrsanbindung	39,7	23,9	42,7	29,2
Nachbarn, Leute	22,6	22,6	18,6	15,4
Grünflächen, Sportplätze	34,4	7,4	32,5	5,4
Kinderfreundlichkeit, Spielplätze	3,7	1,3	2,5	2,3
Ruhe	11,9	22,6	10,7	31,5
Niedrige Mieten	2,6	1,3	1,7	-
Gute Infrastruktur (Schulen etc.)	9,9	13,9	6,8	5,4
Gute Freizeitmöglichkeiten	5,4	1,3	16,4	2,3
Gute Einkaufsmöglichkeiten	20,1	40,4	20,9	30,8
Ausländische Geschäfte	-	-	-	4,6
Kulturelle Vielfalt, Ausländer	2,4	7,8	2,3	0,8
Gemeindearbeit, HöVi-Land	10,3	-	9,0	-
Alles	2,6	-	0,8	-
Sonstiges	0,6	1,3	4,0	7,7
Nichts	16,9	13,5	17,2	21,5
N (max)	698	230	354	130

Besonders selten werden sowohl von den türkischen als auch von den deutschen Befragten die Kinderfreundlichkeit und Spielplätze, gute Freizeitmöglichkeiten und ebenfalls die niedrigen Mieten (jeweils 1,3 %) genannt. Von den türkischen Befragten wird auch die Gemeindearbeit nicht erwähnt, was – trotz der christlich-islamischen Zusammenarbeit – in den unterschiedlichen Glaubensbekenntnissen der Deutschen und Türken begründet liegt, ferner erstaunlicherweise die ausländischen Geschäfte. Im zweiten Befragungsjahr 2006 veränderten sich die Einschätzungen dessen, was im Wohngebiet gefällt, bei den Deutschen nur wenig.

Tabelle 6.2:   Was den Befragten an ihrem Wohngebiet nicht gefällt, in Prozent (Mehr-
                fachnennungen)

	2004		2006	
	Deutsche	Türken	Deutsche	Türken
Merkmale der Wohnung	2,9	4,7	4,2	-
Türkische Männercafés	-	9,0	-	9,5
Schmutz, Dreck	33,1	16,3	28,5	17,5
Vandalismus	3,7	1,3	3,7	-
Keine Grünflächen	1,4	0,4	2,3	-
Kinderfeindlichkeit, Gefahr für Kinder	7,7	4,3	6,2	2,4
Lärm, Verkehr	18,7	11,6	18,1	8,7
Niedrige Mieten	1,0	2,6	0,6	-
Fehlende Infrastruktur	14,1	11,2	4,5	7,1
Gefahr, Kriminalität	16,5	10,7	15,5	7,9
Schlechte Einkaufsmöglichkeiten	22,1	14,2	16,7	12,7
Fehlende Parkplätze	3,6	7,7	0,8	2,4
Leute, Arbeitslose, Sozialhilfeempfänger	19,3	20,2	28,8	17,5
Asoziale (wörtlich)	1,4	3,0	1,4	2,4
Ausländer	29,5	4,7	26,8	2,4
Drogen	5,8	10,3	2,0	8,7
Fehlende Verkehrsanbindung	1,7	1,3	1,1	2,4
Umgebung, Umfeld	12,3	7,7	14,4	5,6
Schlechter Ruf, sozialer Brennpunkt	9,1	9,4	9,9	1,6
„Alles", generell unzufrieden	1,9	0,4	1,1	-
Zu viele ausl. Geschäfte	7,4	-	5,6	-
Zigeuner, Übergangsheime	4,1	4,7	-	2,4
Integrationsprobleme	6,3	0,9	4,8	-
„Früher war alles besser"	2,9	0,9	1,1	-
Diskriminierung	1,0	1,7	-	1,6
Schlechtes Verhalten der Jugendlichen	6,3	9,9	-	4,8
Gar nichts	8,8	17,2	10,5	24,6
N (max)	701	233	354	126

Lediglich der Anteil derer, die die Freizeitmöglichkeiten für gut befanden, hat stark zugenommen von 5,4 % auf 16,4 %.

Bei den türkischen Befragten stieg der Anteil derer, die sich über die Ruhe im Wohngebiet freute, um 8,9 Prozentpunkte. Niedriger wurde der Anteil der Türken, der die gute Infrastruktur (8,5 Prozentpunkte) und die Einkaufsmöglichkeiten (10,4 Prozentpunkte) lobte. Der Anteil der Türken, die „nichts" gut finden, stieg in den zwei Jahren von 13,5 % auf 21,5 %. Aufgrund der kleinen Fallzahl der türkischen Befragten sollten diese Veränderungen nur als Tendenzen interpretiert werden

Was den Befragten in ihrem Wohngebiet nicht gefällt, ist in Tabelle 6.2 dargestellt. Dabei fällt als Erstes auf, das mehr negative Eigenschaften als positive genannt werden – ebenso wie in der früheren Studie über vier benachteiligte Wohngebiete (Friedrichs und Blasius 2000). Deutsche Befragte nannten 2004 vornehmlich den Schmutz und Dreck (33,1 %), was aber nur halb so viele türkische Befragte angaben (16,3 %); auch dieses Ergebnis erhielten wir in der früheren Studie. Ferner werden angeführt: „die Ausländer" (29,5 %), die Einkaufsmöglichkeiten (22,1 %) und die Arbeitslosen sowie Sozialhilfeempfänger (19,3 %), besonders selten wurde Diskriminierung (1,0 %) und die Miete (1,0 %) genannt. Hier einige Aussagen der Bewohner von HöVi:

„Hier auf unserem Abenteuerspielplatz haben die Kinder schon Spritzen gefunden. Da sitzen abends die Jugendlichen [...] oder die Alkoholiker und trinken sich ihr Bier da." (weiblich, Jg. 1961, deutscher Herkunft, 2 Kinder im Haushalt, Äquivalenzeinkommen € 1000,- bis unter € 1250,-).

„Was mir hier gefällt? Gar nichts. Da bin ich ehrlich." (weiblich, Jg. 1968, deutscher Herkunft, 2 Kinder im Haushalt, Äquivalenzeinkommen unter € 500,-).

„Wir haben nun mal halt jetzt das Pech, sag ich mal, dass wir ein Großteil Ausländer hier haben. Also ich sag mittlerweile schon, wir Deutschen sind hier nicht mehr in Deutschland, wir sind mittlerweile schon in der Türkei." (weiblich, Jg. 1961, deutscher Herkunft, 2 Kinder im Haushalt, Äquivalenzeinkommen € 1000,- bis unter € 1250,-).

„Mittlerweile wohnen ja da, sag ich mal, 2 Deutsche, 1 Türke, 1 Spätaussiedler, 1 Russe vielleicht noch ein Inder oder so was. Das heißt jetzt nicht, dass ich was gegen Ausländer habe, nur die Entwicklung, verstehen Sie, und das dann heute ist, wie es ist. Das ist halt der Nachteil davon. Das find ich persönlich traurig." (weiblich, Jg. 1961, deutscher Herkunft, 2 Kinder im Haushalt, Äquivalenzeinkommen über € 1500,-).

„Man will ja keine Ausländer, nur weil sie Ausländer sind, irgendwo wegschmeißen oder wegschieben und das macht man ja auch nicht." (weiblich, Jg. 1961, deutscher Herkunft, 1 Kind im Haushalt, Äquivalenzeinkommen über € 1500,-).

„Wir sind von Anfang an hier hingezogen, haben uns hier an alles gewöhnt, an die Wohnsiedlung und die Umgebung. Und möchten auch nicht wo anders hingehen." (männlich, Jg. 1976, türkischer Herkunft, 2 Kinder im Haushalt, Äquivalenzeinkommen € 1000,- bis unter € 1250,-).

„Die Einkaufsmöglichkeiten sind sehr gut. Türkische Supermärkte, davon gibt es hier drei Stück." (männlich, Jg. 1969, türkischer Herkunft, 3 Kinder im Haushalt, Äquivalenzeinkommen über € 1500,-).

„Ja, [dass] viele deutsche Supermärkte zugemacht [haben] und halt, dass hier viele Türken dann aufmachen. Das find ich halt nicht so zum Vorteil". (weiblich, Jg. 1961, deutscher Herkunft, zusammen, 2 Kinder im Haushalt, Äquivalenzeinkommen über € 1500,-).

„Normalerweise gibt es ja auch schon Streit unter Türken. Aber hier streiten sich eher die Deutschen untereinander. Manchmal kommt eben die Polizei. Hauptsächlich gibt's hier Streit unter Deutschen. Meinungsverschiedenheiten gibt es ja auch schon mal unter Türken. Aber die können das meist untereinander regeln. Aber die Deutschen nicht. Die rufen sofort die Polizei." (männlich, Jg. 1971, türkischer Herkunft, 1 Kind im Haushalt, Äquivalenzeinkommen über € 1500,-).

Von den türkischen Befragten wurden als Mängel insbesondere die Arbeitslosen und Sozialhilfeempfänger (20,2 %), gefolgt von Schmutz und Dreck (16,3 %) und den schlechten Einkaufsmöglichkeiten (14,2 %) genannt. Erheblich mehr türkische als deutsche Befragte finden „gar nichts" im Wohngebiet schlecht. Besonders wenige Türken nannten Integrationsprobleme (0,9 %), fehlende Grünflächen und „alles" (jeweils 0,4 %). „Früher war alles besser" sagten 0,9 %. Während die deutschen Befragten die türkischen Männercafés überhaupt nicht erwähnen, werden sie von 9,0 % der türkischen Befragten nur im Zusammenhang mit Missfallen genannt.

2006 veränderte sich bei den deutschen Bewohnern die Bewertung zum Positiven bezüglich der fehlenden Infrastruktur (9,6 Prozentpunkte) und mehr Deutsche bewerteten die Arbeitslosen und Sozialhilfeempfänger (9,5 Prozentpunkte) negativ. Die Übergangsheime, Diskriminierung und schlechtes Verhalten Jugendlicher wurden 2006 von keinem der deutschen Befragten mehr genannt. Sehr wahrscheinlich geht dies auf den Abriss der Übergangsheime zurück.

Unter den türkischen Befragten verringerte sich der Anteil derer, die angaben, dass ihr Wohngebiet einen schlechten Ruf besäße und ein sozialer Brennpunkt sei (7,8 Prozentpunkte). Diese Tatsache ist für die Bewohner sozial benachteiligter Wohngebiete äußerst wichtig, denn eine positive Bewertung des Wohngebietes und dessen Ruf wirkt sich wiederum positiv auf das Verhalten der Bewohner aus (vgl. Friedrichs und Blasius 2000). Bei den deutschen Befragten veränderte sich an der Einschätzung des Wohngebietes als sozialer Brennpunkt fast nichts, es bleibt bei einem Anteil von knapp 10,0 %.

Betrachtet man die Anzahl der Äußerungen zusammen, trafen deutsche Bewohner in Vingst und Höhenberg zu beiden Befragungszeitpunkten durchschnittlich seltener positive Aussagen über ihr Wohngebiet als türkische. Diese trafen 2004 etwas öfter negative Aussagen über ihr Wohngebiet als in der Folgebefragung. 2006 überwiegt die Häufigkeit der positiven Einschätzungen jedoch vor den negativen. Die Deutschen scheint also in Höhenberg und Vingst deutlich mehr zu stören als die Türken.

Was zur leicht positiveren Bewertung des Gebietes im Jahr 2006 beigetragen hat, ist nicht nur der Abriss der beiden Übergangsheime für Asylanten. Weiterhin fand durch Initiativen der verschiedenen Fördervereine und der Kirche eine Aufwertung des Gebietes statt, beispielsweise durch die Stiftung und Förderverein Pro HöVi (vgl. Kapitel 3). Nicht zuletzt auch durch die starke Bautätigkeit der GAG, ihre Modernisierung der teilweise stark heruntergekommenen Wohngebäude und das Projekt „Mieter werden Eigentümer" erfuhr das Gebiet eine Aufwertung, die sich in den Einschätzungen der Bewohner widerspiegelt (vgl. Kapitel 3).

6.2 Wohndauer und Fortzugsabsicht

Die türkischen Bewohner sind mit dem Wohngebiet zufriedener als die deutschen. Entsprechend unserer Hypothese sollte dann die Absicht, fortzuziehen, bei den Deutschen höher sein als bei den Türken. Die Ergebnisse der Tabelle 6.3 zeigen, dass das nicht zutrifft, denn ein höherer Anteil der Türken hat schon eine Umzugsabsicht mit Aktivität. Wenn man jedoch Äußerungen zur Zufriedenheit mit dem Wohngebiet heranzieht und hiervon den Anteil derer, die angeben, mit nichts zufrieden zu sein, besteht ein hochsignifikanter Zusammenhang mit der Fortzugsabsicht. Je zufriedener die Deutschen mit ihrem Wohngebiet sind (Zahl der getroffenen Äußerungen), desto seltener haben diese Fortzugsabsichten und umgekehrt[1]. Hingegen besteht bei den türkischen Befragten kein Zusammenhang zwischen der Fortzugsabsicht und der Anzahl positiver und negativer Bewertungen ihres Wohngebietes.

Tabelle 6.3: Fortzugsabsichten der Befragten, in Prozent

	2004	
	Deutsche	Türken
Nein	50,1	50,0
Ohne Aktivität	29,4	24,8
Mit Aktivität	20,5	25,2
N	707	238

Untersucht man unabhängig von der Zufriedenheit die Fortzugsabsichten, dann unterscheiden sich beide Gruppen nur geringfügig; jeder Zweite möchte gerne fortziehen. Betrachtet man nur jene, die schon aktiv geworden sind – es also ernst meinen – so sind es etwas mehr türkische als deutsche Bewohner/innen (im Jahr 2006 sind es gleich viele deutsche und türkische Befragte, die einen Fortzug aktiv planen).

Die Fortzugsabsichten können jedoch auch damit zusammenhängen, ob sich die Bewohner die Wohnung aussuchen konnten. Die Haushalte sind aus unterschiedlichen Gründen und Restriktionen, in das Gebiet gezogen. Mieter von Sozialwohnungen haben eine sehr geringe Auswahl an Wohnungen und sind meist in die jetzige Wohnung eingewiesen worden. Sie dürften am ehesten unzufrieden sein und fortziehen wollen – was auch zutrifft (vgl. Tabelle 6.6).

---

[1] $\chi^2=40,6$ p<0,001, CV=0,17; $\chi^2=33,7$, p<0,001, CV=0,15

Tabelle 6.4: Wohndauer der Befragten in Jahren, in Prozent

	2004	
	Deutsche	Türken
– unter 4	26,0	29,6
4 – 9	23,3	36,9
10 – 24	27,1	28,3
25 +	23,6	5,2
N	704	233

Eine weitere Hypothese war, mit steigender Wohndauer verringere sich die Absicht, fortzuziehen. Aus Tabelle 6.4 ist zu ersehen, dass die deutschen Befragten länger im Gebiet wohnen als die türkischen; knapp ein Viertel seit 25 Jahren oder noch länger. Das wird auch
noch einmal aus Abbildung 6.2 erkennbar; sie zeigt auch die höhere Zuwanderung der
Türken zwischen 1984 und 1994, sodann Mitte der 1990er Jahre und um das Jahr 2001. Für
die folgenden Analysen werden die Kategorien „10 – 24 Jahre" und „25 Jahre +" für die
türkischen Befragten aufgrund der niedrigen Fallzahl zusammengefasst.

Die folgende Tabelle 6.5 zeigt einige soziodemographischen Merkmale der Bewohner,
differenziert nach der Wohndauer. Unter deutschen Befragten ist ein Zusammenhang mit
der Schulbildung festzustellen. Da sich jedoch in der Gruppe derjenigen, die länger als 25
Jahre in ihrer Wohnung leben, vornehmlich ältere Menschen befinden und in dieser Altersgruppe wiederum seltener höhere Bildungsabschlüsse vorliegen, ist dieser Zusammenhang
zu erwarten.

Unter den deutschen Bewohnern ist ein signifikanter Zusammenhang mit den Transferleistungen festzustellen: Deutsche Transferleistungsbeziehende wohnen seit kürzerer Zeit
im Gebiet als die Bewohner ohne staatliche Leistungsbezüge. Bei den türkischen Befragten
ist der Zusammenhang umgekehrt, aber auch knapp signifikant.

Einen entscheidenden Einfluss auf die Wohndauer hat die Tatsache, ob es sich um eine
Mietwohnung oder eine Eigentumswohnung handelt: Eigentümer und Sozialmieter wohnen
länger im Gebiet als Mieter. Der Zusammenhang ist für beide Befragungsgruppen hochsignifikant. Es ist einleuchtend, dass die Entscheidung, eine Wohnung zu kaufen, auch mit
einer langfristigen Absicht einhergeht, in dieser Wohnung zu leben. Bei den türkischen
Bewohnern ist das anders. Hier sind vor allem jene, die zwischen fünf und neun und über
zehn Jahre in ihrer Wohnung leben, Sozialmieter. Die Fortzugsabsicht und die Wohndauer
stehen in engem Zusammenhang. Vor allem die Personen, die zwischen fünf und neun
Jahren und zwischen 10 und 24 Jahren im Wohngebiet leben, haben deutlich häufiger Fortzugsabsichten. Auch bei den türkischen Befragten ist die mittlere Wohndauerkategorie
diejenige mit den meisten Bewohnern mit Fortzugsabsichten.

Die Fortzugsabsicht, aufgeschlüsselt nach soziodemographischen Merkmalen, wird in
Tabelle 6.6 dargestellt. Die Ergebnisse für die deutschen Befragten entsprechen größtenteils
den Annahmen. Je älter die Befragten sind, desto seltener besteht eine Fortzugsabsicht. Der
Zusammenhang zum Einkommen ist nicht signifikant. Weiterhin besteht ein signifikanter
Zusammenhang zwischen den Bildungsklassen bei der Fortzugsabsicht. Je niedriger die
Bildung der Deutschen im Wohngebiet ist, desto seltener haben diese Fortzugsgedanken.
Das ist nicht unbedingt zu erwarten, wenn man davon ausgeht, dass niedrige eine Bildung

mit einem niedrigen Einkommen korreliert und daher diese Gruppe den gleichen Restriktionen unterliegt, wie diejenigen, die Transferleistungen beziehen. Deutsche Befragte, die Transferleistungen erhalten, haben signifikant häufiger die Absicht, fortzuziehen. Dies mag daran liegen, dass Transferleistungsbeziehende aufgrund der finanziellen Situation weniger Auswahlmöglichkeiten bezüglich des Wohngebietes haben, in welches sie ziehen und auch der Größe und Ausstattung der Wohnung. Zudem sind ihre Mittel begrenzt, die Wohnung und das Umfeld nach ihren Wünschen zu gestalten. Dies macht die Bewohner unzufrieden und führt zu Fortzugsabsichten.

Der Gedanke der Stabilität des Wohngebietes lässt sich für die Eigentümer nachweisen. Die Eigentümer haben deutlich weniger Fortzugsabsichten als andere Befragte, die Investitionen in Eigentum und Wohngebiet bewirk offensichtlich eine niedrige Fluktuationsrate. Wie bereits erwähnt, ist auch hier die U-förmige Verteilung des Zusammenhangs von Fortzugsabsicht und Wohndauer zu beobachten. Vor allem die Gruppe der Bewohner, die zwischen vier und neun Jahren im Gebiet leben, zeigt eine deutliche Fortzugsabsicht. Bei den türkischen Befragten gibt es keinen Zusammenhang zwischen Merkmalen des sozialen Status und der Fortzugsabsicht (wohl aber mit dem Wohnstatus). Ein niedriger sozioökonomischer Status unter türkischen Befragten scheint also nicht zu den gleichen Effekten zu führen wie bei deutschen Befragten. Das Fehlen finanzieller Ressourcen führt bei den türkischen Bewohnern nicht zu einer stärkeren Unzufriedenheit mit dem Wohngebiet und auch nicht zu häufigeren Fortzugsabsichten. Obwohl die türkischen Befragten deutlich häufiger Transferleistungen erhalten, deutlich weniger verdienen, häufiger Mieter von Sozialwohnungen sind und niedrigere Bildungsabschlüsse haben als die Deutschen, nennen sie insgesamt weniger und seltener Eigenschaften ihres Wohngebietes, die ihnen nicht gefallen. Dieser gravierende Unterschied zwischen deutschen und türkischen Bewohnern ist auf mehrere unterschiedliche Ursachen zurückzuführen.

Das Fehlen der finanziellen Mittel führt bei den Türken dazu, sich mit der Wohnsituation arrangieren zu müssen, weil die Chance auf dem freien Wohnungsmarkt für Sozialmieter geringer ist als für andere. Ein weiteres Hindernis für den Umzug kann die ausländische Herkunft sein. Wir nehmen an, dass es für ausländische Sozialmieter noch schwieriger sein mag, sich auf dem Wohnungsmarkt zu behaupten als für deutsche. Es bleibt einem großen Teil der Migrantenhaushalte nichts anderes übrig, als die von der Stadt zugewiesene Wohnung zu beziehen und dort wohnen zu bleiben. Wenn keine Wahl möglich ist, besteht auch keine aktive Fortzugsabsicht. Deutlich häufiger haben nur Privatmieter die Absicht, fortzuziehen; sie sind auch eher in der Lage, auf dem freien Wohnungsmarkt eine Wohnung zu finden. Hingegen haben türkische ebenso wie deutsche Eigentümer deutlich seltener Fortzugsabsichten.

Tabelle 6.5: Wohndauer der Befragten, nach soziodemographischen Merkmalen, 2004, Zeilenprozente

	Deutsche				Türken			Signifikanz	
	– u. 4	4 – 9	10 – 24	25 +	– u. 4	4 – 9	10 +	Deutsche	Türken
Äquivalenzeinkommen in €									
– unter 500,-	36,9	26,2	26,2	10,8	18,0	44,0	38,0	χ^2=17,0	χ^2=10,6
500,- – 749,-	30,5	23,2	28,0	18,3	32,7	27,3	40,0	n.s.	n.s.
750,- – 999,-	29,1	27,3	23,6	20,0	34,5	45,5	20,0		
1.000,- – 1.249,-	28,3	25,0	23,9	22,8	35,0	32,5	32,5		
1.250,- – 1.499,-	19,3	22,7	26,9	31,1	-	-	-		
1.500,- +	25,6	21,4	25,6	27,4	-	-	-		
Bildungsabschluss									
Hauptschulabschluss	19,8	16,5	27,6	36,0	21,2	54,5	24,2	χ^2=59,8	χ^2=8,5
Mittlere Reife	33,1	29,1	22,3	15,5	31,7	29,3	39,0	p<0,001	n.s.
Abitur	31,8	30,1	27,3	10,8	38,0	44,0	18,0	CV=0,21	
Transferleistungsbezug									
Ja	32,2	30,8	23,1	14,0	17,9	46,4	35,7	χ^2=15,0	χ^2=6,7
Nein	24,3	21,5	28,1	26,1	35,9	32,7	31,4	p<0,01	p<0,05
								CV=0,15	CV=0,18
Wohnstatus									
Eigentümer	17,1	18,5	37,7	26,7	50,0	37,0	13,0	χ^2=34,7	χ^2=16,5
Mieter	33,2	24,7	23,0	19,2	27,1	42,9	30,0	p<0,001	p<0,01
Sozialmieter	17,7	25,4	26,0	30,9	24,8	33,3	41,9	CV=0,16	CV=0,19
Fortzugsabsicht									
Nein	27,8	18,5	26,7	27,0	32,8	33,6	33,6	χ^2=13,6	χ^2=8,6
Ohne Aktivität	25,1	25,6	27,5	21,7	23,2	32,1	44,6	p<0,05	n.s.
Mit Aktivität	22,8	31,7	27,6	17,9	30,0	48,3	21,7	CV=0,10	
N (max)	183	164	191	166	69	86	77		

Tabelle 6.6: Fortzugsabsicht der Befragten, nach soziodemographischen Merkmalen, 2004, Zeilenprozente

	Deutsche			Türken			Signifikanz	
	Nein	- A.	+ A.	Nein	- A.	+ A.	Dt.	T.
Alter in Jahren								
16 – 25	31,8	42,0	26,1	45,7	21,7	32,6	χ^2=53,2	χ^2=9,7
26 – 35	36,4	35,2	28,4	43,1	25,0	31,9	p<0,001	n.s.
36 – 45	45,6	26,3	28,1	46,2	30,8	23,1	CV=0,19	
46 – 55	44,6	35,3	20,1	64,0	18,7	17,3		
56 – 64	56,3	26,2	17,5	-	-	-		
65 +	69,4	19,7	11,0	-	-	-		
Äquivalenzeinkommen in €								
– unter 500,-	32,3	35,4	32,3	52,0	22,0	26,0	χ^2=15,8	χ^2=2,8
500,- – 749,-	48,8	31,7	19,5	44,4	25,9	29,6	n.s.	n.s.
750,- – 999,-	48,2	31,8	20,0	53,6	26,8	19,6		
1.000,- – 1.249,-	60,9	25,0	14,1	45,0	22,5	32,5		
1.250,- – 1.499,-	52,9	27,7	19,3	-	-	-		
1.500,- +	50,4	25,6	23,9	-	-	-		
Bildungsabschluss								
Hauptschule	58,4	23,7	18,0	42,4	24,2	33,3	χ^2=17,1	χ^2=4,2
Mittlere Reife	47,3	35,1	17,6	50,0	34,1	15,9	p<0,01	n.s.
Abitur	41,2	33,9	24,9	42,0	26,0	32,0	CV=0,11	
Transferleistungsbezug								
Ja	35,0	39,9	25,2	42,9	23,2	33,9	χ^2=17,2	χ^2=2,5
Nein	54,3	26,7	19,0	50,0	26,9	23,1	p<0,001	n.s.
Wohnstatus							CV=0,16	
Eigentümer	66,7	25,2	8,2	63,8	23,4	12,8	χ^2=27,1	χ^2=12,7
Mieter	47,8	29,8	22,4	37,1	24,3	38,6	p<0,001	p<0,05
Sozialmieter	42,0	30,9	27,1	51,9	26,4	21,7	CV=0,14	CV=0,17
Wohndauer in Jahren								
– unter 4	53,6	28,4	18,0	55,1	18,8	26,1	χ^2=13,6	χ^2=8,6
4 – 9	39,6	32,3	28,0	45,3	20,9	33,7	p<0,05	n.s.
10 – 24	49,2	29,8	20,9	50,6	32,5	16,9	CV=0,10	
25 +	57,2	27,1	15,7	-	-	-		
N (max)	352	208	145	118	54	60		

– A. = Fortzugsabsicht ohne Aktivität; + A. = Fortzugsabsicht mit Aktivität

Für die türkischen Befragten gilt, dass die Eigentümer ebenfalls relativ selten Transferleistungen beziehen und nur vereinzelt eine Fortzugsabsicht geäußert haben. Auffällig ist die kurze Wohndauer der Eigentümer; anders als die deutschen Bewohner scheinen sie die für Köln preisgünstigen Wohnungsangebote zu nutzen, um sich dauerhaft in Köln zu etablieren. Diese Festlegung ist zudem unabhängig von der Lebenssituation, es gibt keine signifikanten Unterschiede zwischen den drei Bewohnergruppen bezüglich des Alters, des Bildungsabschlusses, des Haushaltstyps und des Äquivalenzeinkommens.

Die Bildung von Wohnungseigentum scheint bei den türkischen Bewohnern weniger eine Frage der Stellung im Lebenszyklus zu sein als eine der Einstellung zum Verbleib im Gastland – wenn sie ihre Zukunft in Deutschland sehen und wenn sie Chancen haben, die Wohnung irgendwie zu finanzieren, also wenn sie nicht gerade Transferleistungen beziehen, dann scheinen sie, anders als die deutschen Bewohner, die anscheinend mehr finanzielle Sicherheit benötigen, Eigentum zu bilden.

Weiterhin wird das Wohngebiet von den türkischen Befragten attraktiver bewertet als von den deutschen. Wie bereits erwähnt, nennen die Türken weniger und weniger oft Sachverhalte, die ihnen nicht gefallen. Dies liegt daran, dass HöVi einen großen Anteil von Türken aufweist und auch ihre Netzwerke sich zu einem großen Teil innerhalb des Wohngebietes lokalisieren lassen (vgl. Kapitel 8). Dies führt zu einer starken Bindung zum Stadtteil und ein Fortzug würde zu einer Gefährdung des eigenen Netzwerks führen, das ohnehin kleiner ist als das der Deutschen.

„Wenn wir Geld hätten, [...] da hätten wir doch schon längst eine eigene Wohnung. Dafür kämpfen wir doch die ganze Zeit. [...] Die haben eben gesagt, dass man das einfach abzahlen kann monatlich, so wie man Miete bezahlt. Und deshalb – nach zwanzig dreißig Jahren – können wir vielleicht sagen, das wir zumindest eine eigene Wohnung haben. [...] aber auch nur vielleicht." (männlich, Jg. 1966, deutscher Herkunft verheiratet, Äquivalenzeinkommen: keine Angabe)

Bei den Deutschen gehen die Netzwerkkontakte deutlich häufiger über die Grenzen des Wohngebietes hinaus, so dass Fortzüge geringere Auswirkungen auf ihr soziales Netz haben. Weiterhin ist wichtig, dass das Wohngebiet aufgrund des hohen Ausländeranteils von ca. 30,0 % für Deutsche weniger attraktiv ist. Dafür sprechen zwei Befunde: zum Einen gibt ein Drittel der befragten Deutschen an, dass ihnen „die Ausländer" im Wohngebiet nicht gefallen, und zum Zweiten befinden sich unter den Netzwerkpersonen Deutscher sehr wenige Ausländer. Weiterhin geht mit dem Begriff „Armutsgebiet" nicht selten auch ein hoher Ausländeranteil einher. Das ist zutreffend: In Köln betrug im Jahr 2005 über die 85 Stadtteile die Korrelation zwischen Ausländeranteil und dem Anteil der Sozialhilfeempfänger r=0,79. In den größten deutschen Städten mit insgesamt 855 Stadtteilen betrug die Korrelation r=0,51 (Friedrichs und Triemer 2008: Kap. 5).

Wie die Fallstudien zeigen, fühlen sich die Deutschen von „den Ausländern" bedroht, was sich auch aus der sozialpsychologischen Vorurteilsforschung erklären lässt, und wollen nicht gerne in Gebieten mit vielen Ausländern leben (Friedrichs 2008). Die Ausländer hingegen wollen im Gebiet wegen der sozialen Mischung wohnen bleiben, obgleich ein Drittel der deutschen Bewohner die Ausländer als ein negatives Merkmal des Gebietes ansehen (vgl. die empirischen Befunde zu Hypothese 6, Kapitel 8).

„Italiener, Russen, Muslime, hier ist alles vertreten, eigentlich. Zum Teil eine gesunde Mischung, zum Teil nicht so. Kommt immer drauf an. Da gibt es manche Häuser, da sind fünf ausländische Familien und eine deutsche. Das ist nicht so eine gesunde Mischung. Das ist mehr so wie hier, hier wohnen mehr Familien, Polen, zwei Türken und drei Deutsche."

(weiblich, Jg. 1968, deutscher Herkunft, 2 Kinder im Haushalt, Äquivalenzeinkommen €
1250,- bis unter € 1500,-).

Die Abbildung 6.3 veranschaulicht die Zusammenhänge der amtlichen Daten des Ausländeranteils, die Einschätzung der Kriminalitätsbelastung als „sehr stark" sowie den Anteil
derjenigen Bewohner, die angaben, dass ihnen „die Ausländer nicht gefallen, jeweils in den
sechs Stadtvierteln.

Abbildung 6.3: Ausländeranteil, Gefährliches Gebiet (sehr stark), „Was mir nicht gefällt:
die Ausländer", unterteilt in die sechs Stadtviertel, in Prozent

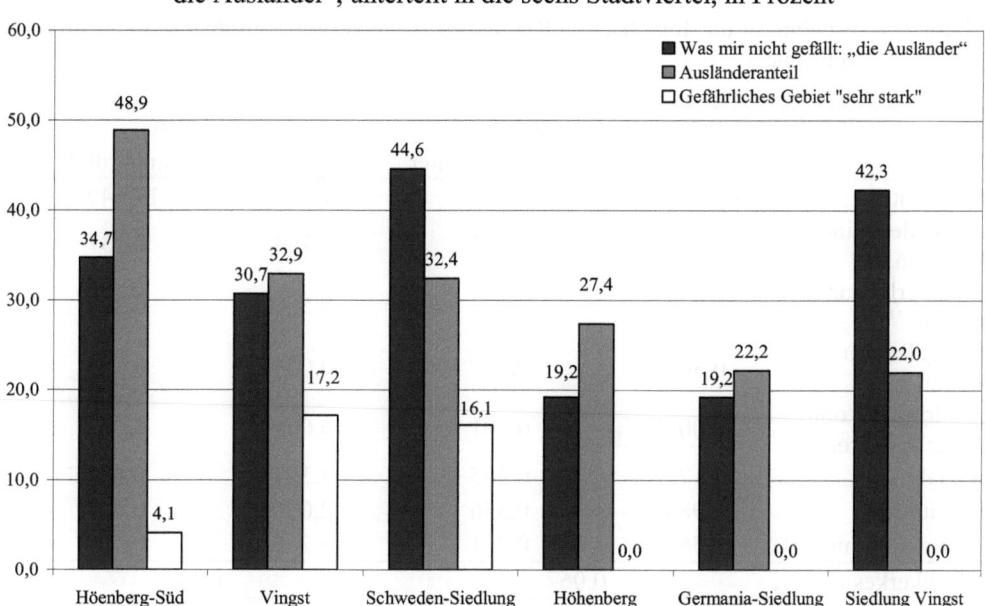

Die Werte zeigen deutlich, dass in Gebieten, in denen der Ausländeranteil hoch ist, sowohl
„die Ausländer" häufiger als störend empfunden werden als auch das Gebiet gefährlicher
eingestuft wird als andere. Der „Ausreißer" der Siedlung-Vingst entsteht vermutlich durch
das in direkter Nachbarschaft liegende Übergangsheim für Aussiedler. Da diese nicht in den
offiziellen Ausländerquoten integriert sind, weicht der wahrgenommene Ausländeranteil
vermutlich von den offiziellen Zahlen ab. Integriert man die Aussiedler in die Statistik, so
ist die Gesamtquote für das Jahr 2002 zwischen zwei und sieben Prozentpunkte höher
(Stadt Köln 2002a)[1].

Um die Einflussvariablen auf die Fortzugsabsicht in Abhängigkeit voneinander betrachten zu können, führen wir eine logistische Regressionsanalyse durch, deren Ergebnisse in

---

[1] Ein weiterer Beleg dafür, dass ein niedriger sozialer Status bei den türkischen Befragten andere Folgen hat als
bei den deutschen, zeigen wir im Kapitel 9: Der Bezug von Transferleistungen wirkt sich bei den türkischen
Haushalten weder auf die Sauberkeit und den Grad der Verwahrlosung der Wohnung, noch auf die Ernährung und
die gemeinsame Einnahme der Mahlzeiten aus.

Tabelle 6.7 dargestellt ist. Bei den deutschen Befragten hat die Tatsache, Sozialmieter zu sein, einen stärkeren Effekt auf die Fortzugsabsicht, als Privatmieter zu sein. Bei den Deutschen haben die Wohndauer und der Sachverhalt, ob jemandem „nichts" im Wohngebiet gefällt einen Effekt. Es ist erstaunlich, dass diese Angabe, es gefiele jemandem nichts im Wohngebiet, einen so viel höheren Effekt hat als das Äquivalenzeinkommen und der Bezug von Transferleistungen. Bei den türkischen Befragten hat nur der Wohnstatus signifikante Effekte, und hier sind es im Gegensatz zu den Deutschen die Privatmieter, die eher eine Fortzugsabsicht haben als die Sozialmieter. Ob ihnen im Gebiet nichts gefällt, hat bei den türkischen Bewohnern keinen Einfluss auf ihre Fortzugsabsicht.

Tabelle 6.7: Ergebnisse der logistischen Regressionsanalyse Fortzugsabsicht mit Aktivität, Deutsche

	Deutsche		Türken	
	b	Standardfehler	b	Standardfehler
Konstante	-15,313***	0,103	-1,475	17,149
Äquivalenzein-kommen	0,021	0,072	0,199	0,137
Transferleistungs-bezug	-0,038	0,277	-0,560	0,427
Wohndauer in Jahren	0,300*	0,127	-0,066	0,384
quadrierte Wohn-dauer in Jahren	-0,002*	0,001	0,001	0,002
Sozialmieter	1,175**	0,385	1,347*	0,681
Privatmieter	0,984**	0,356	2,090**	0,687
"mir gefällt nichts"	0,564*	0,261	-0,286	0,569
Nagelkerkes R^2	0,067		0,143	

*=p<0,05, **=p<0,01, ***=p<0,001

Abschließend untersuchen wir, wie viele Personen, die eine Fortzugsabsicht hatten, denn tatsächlich zwischen 2004 und 2006 fortgezogen sind. Das zeigt das Modell in Abbildung 6.4. Zunächst wurde in das Modell aufgenommen, wie viele Personen im Jahr 2004 befragt wurden, abzüglich jener, von denen wir im Jahr 2006 keine Informationen mehr erhalten haben. Personen, über die wir zu beiden Befragungszeitpunkten Informationen hatten, wurden im zweiten Schritt nach ihrer Fortzugsabsicht im Jahr 2004 unterteilt. Als letzter Schritt wurde unter diesen drei Gruppen nach jenen differenziert, die im Wohngebiet bis ins Jahr 2006 geblieben sind, und jenen, die bis zum Jahr 2006 fortgezogen sind. Die meisten der Befragten hatten im Jahr 2004 keine Fortzugsabsichten. Trotzdem sind von diesen 326 Personen knapp 15 % (47 Personen) verzogen. Von den 196 Personen im Jahr 2004, die angaben zwar Fortzugsgedanken zu haben, jedoch bisher einen Umzug noch nicht aktiv in Angriff genommen zu haben, leben im Jahr 2006 noch 81,6 % im Wohngebiet. Das bedeutet, dass nur vier Prozentpunkte mehr Personen aus dem Gebiet fortgezogen sind, die angaben eine Fortzugsabsicht ohne Aktivität zu haben im Vergleich zu Personen, die im Jahr 2004 noch keine Fortzugsabsicht hatten. Dieser Unterschied ist demnach gering.

Abbildung 6.4: Modell der Fortzugsabsicht und dessen tatsächlichen Auswirkungen auf den Fortzug der Bewohner

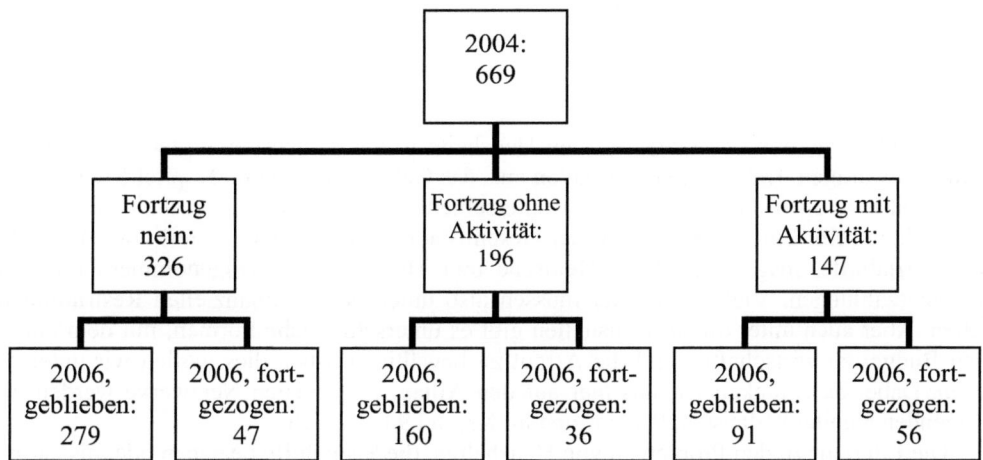

Für die Befragten, die eine aktive Fortzugsabsicht in der ersten Befragungswelle äußerten, ist der Unterschied jedoch – wie erwartet – sehr deutlich. 38,1 % von diesen Befragten leben nicht mehr im Wohngebiet. Es sind mehr Bewohner im Wohngebiet geblieben als erwartet.

7 Bewältigung des Alltags

Wir wenden uns nun der Frage zu, wie Haushalte in einem benachteiligten Gebiet ihren Alltag bewältigen. Dabei gehen wir davon aus, das Gebiet sei – wie im Kapitel 5 dargestellt – in sich heterogen, also werden auch unterschiedliche Formen der Haushaltsführung zu beobachten sein. Ein – gemessen an der Gesamtstadt – relativ hoher Anteil von 11 % lebt von Sozialhilfe, insgesamt 22 % (Deutsche und Türken zusammengenommen) erhalten Transferzahlungen. Viele Bewohner müssen also unter starken finanziellen Restriktionen leben. Aber auch unter diesen Haushalten gibt es unterschiedliche Formen, mit dem knappen Budget zu wirtschaften und die Armut zu bewältigen. Eben dies wollen wir untersuchen. Dabei beschränken wir uns hier auf den Alltag; die sozialen Netzwerke werden im folgenden Kapitel 8, die sozialen Normen im Kapitel 9 behandelt.

Die Literatur zu den Problemen von Haushalten, die Sozialhilfe beziehen oder als „arm" bezeichnet werden, weist eine Reihe von gemeinsamen Befunden auf. Ihr zufolge gibt es unterschiedliche Strategien, mit Armut fertig zu werden (Andreß 1999: 302ff.). An einem Ende befinden sich jene, die sich stark an den Normen der „mainstream-Gesellschaft" (Wilson 1987) orientieren; diese wurden z.B. von Tobias und Boettner (1992) als „Konsolidierte" und in der französischen Studie von Paugam (1991) als „Organisierte" bezeichnet. Am anderen Ende befinden sich jene Personen oder Haushalte, die „marginalisiert" oder „sozial isoliert" (Wilson 1987) sind; in Duisburg-Bruckhausen waren es die „Trinkhallen-Besucher" (Tobias und Boettner 1992), in der Giessener Studie die „verwalteten Armen" (Meier, Preuße und Sunnus 2003), in den Pariser Vororten waren es die „Verbannten" (Paugam 1991, 1993). Die Ergebnisse der drei zuletzt genannten Studien beruhen auf Leitfaden-gestützte Interviews und kleinen Stichproben, so dass unklar ist, in welchem Maße sie sich verallgemeinern lassen.

Wir wollen ferner wissen, ob ein Transfereinkommen mit schlechter Ernährung und Übergewicht zusammenhängt, ob, wie Lewis (1968) behauptete, eine „Kultur der Armut" besteht, oder vielmehr „Milieus der Armut", wie Schacht (1999) zeigt.

7.1 Einschränkungen im alltäglichen Leben

Die folgenden Tabellen 7.1 und 7.2 zeigen die Einschränkungen, die Befragte mit und ohne Empfang von Transferleistungen in Bezug auf verschiedene Lebensbereiche in Kauf nehmen müssen. Unter deutschen Befragten ist der Bezug von staatlicher Unterstützung signifikant mit Einschränkung in *allen* Bereichen verbunden. So müssen sich z.B. bei Ferien und Urlaubsreisen 62,1 % der Bezieher staatlicher Unterstützungen sehr einschränken, aber nur 25,5 % derjenigen, die keine Leistungen vom Staat erhalten. Bei den türkischen Befragten, die Transferleistungen beziehen, sind es ebenfalls Ferien und Urlaubsreisen, die Bereiche Freizeit und Kultur sowie Wohnung und Einrichtung, in denen sie sich stark einschränken müssen.

Tabelle 7.1: Grad der Einschränkungen Befragter in verschiedenen Alltagsbereichen nach Transferleistungsbezug, Deutsche

	ja			nein			
	sehr	etwas	nicht	sehr	etwas	nicht	
Ferien und Urlaubsreisen	62,1	17,1	20,7	25,5	25,3	49,2	χ^2=69,1 p<0,001 CV=0,32
Freizeit und Kultur	30,1	27,3	42,7	8,7	23,0	68,3	χ^2=51,9 p<0,001 CV=0,28
Wohnung und Einrichtung	23,8	33,6	42,7	9,6	24,5	65,9	χ^2=31,6 p<0,001 CV=0,22
Gesundheit	22,7	24,8	52,5	10,6	23,2	66,2	χ^2=15,9 p<0,001 CV=0,15
Kleidung und Schuhe	19,6	31,5	49,0	7,4	22,5	70,0	χ^2=28,0 p<0,001 CV=0,20
Auto und öffent. Verkehrsmittel	19,6	26,8	53,6	6,9	16,6	76,5	χ^2=32,8 p<0,001 CV=0,22
Lebensmittel und Getränke	10,5	20,3	69,2	2,0	12,2	85,7	χ^2=30,1 p<0,001 CV=0,22
N (max)		143			542		

Andreß (1999) zeigte in seiner Studie „Leben in Armut" mit Daten des Sozioökonomischen Panels ebenfalls, dass westdeutsche Sozialhilfeempfänger sich vor allem im Bereich Urlaub und Freizeitbeschäftigung eingeschränkt fühlen (80,7 %), gefolgt von Bekleidung (75,2 %) und Haushaltseinrichtung (53,4 %). Er stellte fest, dass Sozialhilfeempfänger seltener (13 Prozentpunkte) über die notwendigen Dinge des täglichen Lebens als andere verfügen, aber deutlich seltener (28 Prozentpunkte) über die entbehrlichen Dinge.

Auch in unserer Untersuchung sind diese Entbehrungen anscheinend eher auf der Ebene der Lebensqualität, wie Ferien und Urlaubsreisen festzustellen, als auf der Ebene lebensnotwendiger Dinge, wie Gesundheit, Lebensmittel und Getränke. Dies belegen auch die Äußerungen in den Fallstudien:

„Das Freizeitangebot ist sehr beschränkt, weil alles Geld heutzutage kostet. Gewisse Wünsche, die bleiben dann schon auf der Strecke. Man muss auch anders wirtschaften und haushalten mit dem Geld. [Einschränkungen?] Freizeitaktivitäten auf jeden Fall, auch Lebensmittel guck ich natürlich, wo sie am billigsten sind und muss da auch rechnen. Anschaffungen für die Wohnung, die dann auch im Moment auf der Strecke bleiben." (weiblich, Jg. 1962, deutscher Herkunft, keine Kinder, Äquivalenzeinkommen € 750,- unter € 1000,-).

„Ich kenne hier Leute, die arbeitslos sind und Sozialhilfe beziehen. Denen geht es sehr gut, weshalb sie sich auch gar nicht anstrengen, eine Arbeit zu finden. Die können viel gelassener mit dem Geld umgehen, brauchen gar nicht darüber nachzudenken. Und dann sagt die Stadt, sie hätte kein Geld mehr. Kein Wunder, wenn alles zu denen fließt. Soviel ich weiß,

wird das ja noch von unseren Löhnen bezahlt." (weiblich, Jg. 1975, türkischer Herkunft, 2 Kinder im Haushalt, Äquivalenzeinkommen über € 1500,-).

Tabelle 7.2:   Grad der Einschränkungen Befragter in verschiedenen Alltagsbereichen, nach Transferleistungsbezug, Türken

	ja			nein			
	sehr	etwas	nicht	sehr	etwas	nicht	
Ferien und Ur-laubsreisen	51,8	25,0	23,2	25,7	29,6	44,7	$\chi^2=13,7$ p<0,01 CV=0,26
Wohnung und Einrichtung	23,2	25,0	51,8	14,9	25,3	59,7	$\chi^2=8,7$ p<0,05 CV=0,19
Freizeit und Kultur	23,2	26,8	50,0	17,0	23,5	59,5	$\chi^2=1,7$ n.s.
Gesundheit	19,6	23,2	57,1	8,6	23,0	68,4	$\chi^2=5,2$ n. s.
Auto und öffent. Verkehrsmittel	19,6	26,8	53,6	6,5	13,6	79,9	$\chi^2=15,1$ p<0,001 CV=0,27
Kleidung und Schuhe	10,7	30,4	58,9	7,1	15,6	77,3	$\chi^2=7,2$ p<0,05 CV=0,18
Lebensmittel und Getränke	1,8	25,0	73,2	1,3	13,7	85,0	$\chi^2=3,9$ n.s.
N (max)	56			154			

7.2 Ernährung

Ernährungsstudien, wie die des Bundesministeriums für Ernährung, Landwirtschaft und Verbraucherschutz (BMELV 2008) oder des Bundesministeriums für Gesundheit und Soziales (BMGS 2005), belegen Zusammenhänge zwischen sozioökonomischen Merkmalen der Haushalte und deren Ernährungsverhalten. So konnte die Nationale Verzehrstudie II negative Zusammenhänge des Einkommens und der Bildung mit dem Übergewicht (Body Mass Index) und positive mit dem Grad gesunden Ernährungsverhaltens und des Ernährungswissens feststellen (BMELV 2008). Obwohl dieses Ergebnis den Erwartungen und den Aussagen von Experten entspricht, konnte es nicht in allen Studien bestätigt werden. Spergel (2004: 131) stellt anhand der Daten des Bundes-Gesundheitssurveys von 1998 mit N=2367 Befragten fest, dass es keine Unterschiede zwischen Sozialhilfeempfängern und anderen Personen bei dem Konsum von Vitaminen einerseits sowie Fleisch und Wurst andererseits gibt. Es bestehen auch nur sehr geringe Differenzen zwischen Männern und Frauen.
    Zu einem ähnlichen Ergebnis gelangt das Robert-Koch-Institut (RKI) in seiner Expertise zum zweiten Armuts- und Reichtumsbericht der Bundesregierung (RKI 2005). In einer Befragung von Jugendlichen im Alter von 11 bis 15 Jahren aus dem Jahre 2002 („Health Behavior in School-Aged Children 2002") finden sie nur geringe Unterschiede im Verzehr von Obst und Gemüse nach dem beruflichen Status der Eltern und nach dem familiären

Wohlstand (RKI 2005: 108). Am ehesten noch sind es Mädchen, die in geringem Wohlstand aufwachsen, die nicht täglich Obst essen.

Tabelle 7.3: Ernährung der Befragten, nach Transferleistungsbezug, in Prozent

| | Transferleistungsbezug | | | | | |
| | Deutsche | | Türken | | | |
	ja	nein	ja	nein	Deutsche	Türken
Frisches Obst						
Fast täglich / täglich	37,1	60,3	50,9	50,6	$\chi^2=32,7$	$\chi^2=1,1$
Mehrmals pro Woche	21,0	18,9	24,6	20,5	$p<0,001$	n.s.
Einmal pro Woche	11,9	7,1	5,3	9,0	CV=0,22	
Seltener	27,3	11,9	15,8	15,4		
Nie	2,8	1,8	3,5	4,5		
Knabberartikel						
Fast täglich / täglich	9,1	5,3	17,5	32,7	$\chi^2=9,2$	$\chi^2=7,3$
Mehrmals pro Woche	16,8	11,4	31,6	26,9	n.s.	n.s.
Einmal pro Woche	14,0	11,4	22,8	12,2		
Seltener	40,6	44,0	22,8	20,5		
Nie	19,6	27,9	5,3	7,7		
Fast Food						
Fast täglich / täglich	0,0	0,6	5,3	14,7	$\chi^2=15,1$	$\chi^2=8,1$
Mehrmals pro Woche	9,1	5,9	21,1	24,4	$p<0,01$	n.s.
Einmal pro Woche	23,1	17,6	22,8	25,0	CV=0,15	
Seltener	56,6	50,7	45,6	27,6		
Nie	11,2	25,2	5,3	8,3		
Frisches Gemüse						
Fast täglich / täglich	21,7	45,5	66,7	74,4	$\chi^2=29,7$	$\chi^2=7,6$
Mehrmals pro Woche	54,5	40,1	21,1	12,2	$p<0,001$	n.s.
Einmal pro Woche	13,3	8,5	3,5	10,3	CV=0,21	
Seltener	9,8	4,6	8,8	3,2		
Nie	0,7	1,3	-	-		
Vollkornbrot						
Fast täglich / täglich	42,7	58,1	35,1	23,1	$\chi^2=16,2$	$\chi^2=5,0$
Mehrmals pro Woche	26,6	22,5	7,0	15,4	$p<0,01$	n.s.
Einmal pro Woche	4,9	5,3	8,8	9,6	CV=0,15	
Seltener	15,4	9,5	12,3	16,0		
Nie	10,5	4,6	36,8	35,9		
Süßwaren						
Fast täglich / täglich	23,8	21,2	17,5	25,6	$\chi^2=3,4$	$\chi^2=15,1$
Mehrmals pro Woche	20,3	21,6	17,5	25,6	n.s.	$p<0,01$
Einmal pro Woche	14,0	13,4	14,0	20,5		CV=0,27
Seltener	35,7	32,6	42,1	16,7		
Nie	6,3	11,2	8,8	11,5		
N (max)	143	546	57	156		

In der vorliegenden Studie wurde die Ernährung der Befragten durch eine Skala der Häufigkeit des Essens von verschiedenen „gesunden" und „ungesunden" Lebensmitteln abgefragt und nach Transferleistungsbezug unterteilt (Tabelle 7.3). Deutsche ohne staatliche Unterstützung essen signifikant häufiger gesunde Lebensmittel, wie frisches Obst, Vollkornbrot oder Gemüse. Dieses Ergebnis stützt den Befund von Jungbauer-Gans (2002: 37), die (fehlenden) finanziellen Mittel schränkten den Konsum von „Bio-Produkten" ein. Obwohl fast food eher zu den teureren Lebensmitteln zählt, essen Transferleistungsbeziehende dieses signifikant häufiger. Über 30 % der Deutschen, die staatliche Unterstützung erhalten, ernähren sich mindestens einmal in der Woche von Currywurst, Pommes frites und ähnlichem. Von den Deutschen ohne staatliche Bezüge isst jeder Vierte niemals fast food, von den Transferleistungsbeziehern ist es nur jeder Zehnte. Diese Tatsache ist in den bereits zitierten Studien ebenfalls zu beobachten. Türkische Befragte essen noch häufiger fast food als deutsche, allerdings ist der Unterschied zwischen Transferleistungsbeziehenden und anderen nicht signifikant. Unter ihnen gibt es auch bei den anderen Items keinen Zusammenhang zwischen Ernährung und Transferleistungsbezug, außer in Bezug auf Süßigkeiten. Allerdings sind es hier diejenigen ohne Transferleistungen, die häufiger Süßes essen als andere.

Zwischen jenen, die im Bereich Lebensmittel und Getränke Einschränkungen empfinden, und anderen, lässt sich im Bereich von „gesunden Lebensmitteln" ein signifikanter Unterschied ausmachen. Die deutschen Befragten, die Entbehrungen im Bereich Lebensmittel empfinden, essen signifikant seltener Obst, Gemüse und Vollkornbrot. Bei Knabberartikeln, fast food und Süßwaren gibt es keinen signifikanten Unterschied in der Häufigkeit, mit der sie verzehrt werden, zwischen Personen, die sich eingeschränkt fühlen und anderen. Türkische Befragte, die sich gesundheitlich eingeschränkt fühlen, essen signifikant seltener Süßigkeiten. Bei denjenigen, die sich im Bereich der Lebensmittel und Getränke eingeschränkt fühlen, ist keine unterschiedliche Ernährung im Vergleich zu anderen festzustellen.

Weiterhin sind unsere Ergebnisse mit den Ergebnissen des Robert-Koch-Instituts vergleichbar, wonach Jungen und Mädchen aus Familien mit niedrigem Wohlstand fast doppelt so häufig ohne Frühstück aus dem Haus gehen wie Gleichaltrige aus Familien mit hohem Wohlstand (RKI 2005: 110). Dieser Sachverhalt wird anhand unserer qualitativen Befragungen ersichtlich, die mit den Beobachtungen und Aussagen der bereits zitierten Grundschuldirektorin übereinstimmen.

7.3 Kinder und Jugendliche

Das Aufwachsen in einem schwierigen familiären Umfeld hat in vielen Fällen auch für die Kinder erhebliche Folgen. So haben 58 % der Kinder in HöVi bei der Einschulungsuntersuchung schwere grob- und feinmotorische Störungen, die in erster Linie auf Fehlernährung und Bewegungsarmut zurückzuführen sind. Von Übergewicht sind am stärksten Kinder schlecht gebildeter Eltern in Ballungszentren der Großstädte bedroht (Mersmann 2000: 29). So wurde für HöVi festgestellt, dass 18 % der Kinder übergewichtig sind, d.h. sie haben einen Body Mass Index von mindestens 17,9 (Stand 1995-1999, Mersmann 2000: 28). Die Fettleibigkeit beginnt im Durchschnitt bereits mit 5,5 Jahren, und je früher ein Kind übergewichtig wird, desto schwieriger wird es als Erwachsener, die Pfunde wieder loszuwerden. Außerdem tritt Übergewicht signifikant häufiger bei ausländischen Kindern auf als bei deutschen (Mersmann 2000). Ein Grund dafür ist – laut Expertenaussagen –, dass ein Teil der Eltern nicht in der Lage ist, eine Mahlzeit aus frischen Zutaten zuzubereiten.

Dass Kinder vor Schulbeginn ein Frühstück zu sich genommen haben, ist in HöVi nicht selbstverständlich. Einige Kinder kommen mit nüchternem Magen in die Schule und verlieren dann schon am Ende der ersten Stunde die Konzentration. Oder sie kaufen sich auf dem Schulweg ein Mohrenkopfbrot oder ein Schokocroissant. Nudeln mit Ketchup sind bei vielen Kindern Hauptbestandteil des Speiseplans, da es ein billiges und leicht zubereitetes Essen ist (Experteninterview Ärztin des Gesundheitsamtes), für das man keine Kochkünste benötigt. Die Folge dieser unausgewogenen und ungesunden Ernährung ist ein deutlich erhöhtes Körpergewicht der betroffenen Kinder.

Nicht nur die Fehlernährung, sondern auch der Mangel an Bewegung steuern zu Übergewicht und motorischen Auffälligkeiten bei. Durch spezielle Angebote wie z.B. das Projekt „Bewegtes Lernen" wird versucht, die durch Bewegungsarmut entstandenen Defizite psychomotorischer Fähigkeiten zu beheben (Müller 2003). Allerdings fordern Experten, dass die Fördermaßnahmen viel früher einsetzen müssten, da der Zeitpunkt der Schuleingangsuntersuchung schon zu spät ist, um die genannten Defizite ganz zu beheben.

Einschränkungen der Motorik gehen bei vielen Kindern mit Sprachstörungen oder Verzögerungen in der Sprachentwicklung einher. Die Ursachen liegen auch hier meistens in der Familie. Die Eltern sprechen wenig mit den Kindern, es werden z.B. keine Geschichten zu Hause vorgelesen. Stattdessen läuft der Fernseher, der in vielen Kinderzimmern zu finden ist, und ersetzt die zur Entwicklung der Sprache notwendige Kommunikation der Familienmitglieder (Expertengespräch Schulleiterin). Durch den hohen Fernsehkonsum bereits im Grundschulalter verfügen die Kinder über einen zu kleinen und nicht altersgemäßen Wortschatz und fallen durch einen Mangel an Fantasie auf. Weitere Befunde sind der Mangel an Konzentrationsfähigkeit, Störungen in der visuellen Wahrnehmung und Schlafmangel durch unkontrolliertes Fernsehen im Kinderzimmer.

Die Erfahrungen der Schulleiterin zeigen auch, dass der erwartete Jubel bei der Ankündigung von „Hitzefrei" oder zum Ferienstart ausbleibt, da für viele Kinder der Aufenthalt in der Schule besser ist als nach Hause zu gehen. Deshalb wird Nachsitzen von vielen kaum als Strafe aufgefasst, und es finden sich immer Freiwillige, die dem „Nachsitzer" Gesellschaft leisten möchten oder eher unangenehme Aufgaben wie Aufräumen nach dem Unterricht übernehmen, nur um nicht nach Hause gehen zu müssen.

Unsere Ergebnisse entsprechen denen einer Studie über den Gesundheitszustand von Kindern, die Wesemann (2007) auf der Basis der Schuleingangsuntersuchungen 2002 des Gesundheitsamtes Köln durchgeführt hat (N = 8916). Türkische Jugendliche wiesen mehr Auffälligkeiten in Bereichen wie Feinmotorik, visuelle Wahrnehmung, Körperkoordination und Konzentration als deutsche auf. Sie haben – wie auch Kinder anderer Nationalitäten – nicht an allen Untersuchungen zur Früherkennung teilgenommen; ein höherer Anteil ist übergewichtig, ein kleinerer Anteil Mitglied in einem Sportverein (Tabelle 7.4). Zudem verbringen mehr Kinder mit Migrationshintergrund mehr als drei Stunden vor dem Fernseher oder PC. Sie sind seltener als deutsche Kinder in Therapien. Das ist nicht als positiv zu werten, denn hierbei handelt es sich um Sprachtherapien oder psychologische Beratung – mithin Hilfen, um Auffälligkeiten, die bei deutschen Kindern auch auftreten, zu vermindern. Sport zu treiben oder Mitglied in einem Sportverein zu sein, ist demnach nicht nur schichtspezifisch (Brinkhoff und Mansel 1998: 183), sondern variiert auch nach ethnischer Zugehörigkeit.

Tabelle 7.4: Gesundheitliche Ergebnisse, nach Migrationshintergrund

Gesundheitliche Ergebnisse	Deutsche	Türken	Andere
Auffälligkeiten	38,5	56,6	49,5
U1 bis U9 vollständig*	70,9	36,6	34,7
Übergewicht	4,1	10,3	5,2
Therapien	23,9	14,9	10,8
Sportverein	55,2	21,1	29,0
PC / TV / Playstation (über 3 Std. tägl.)	4,7	15,2	14,2

Quelle: Wesemann 2007: 78; *Voruntersuchungen des Kindes zwischen Geburt und Pubertät

„Ist schon traurig, dass die deutschen Kinder noch nicht mal mehr richtig deutsch können. Hört man überall. Warum? Wir hatten früher zwei, drei Ausländer in der Klasse, die haben wir mitgezogen, heute haben Sie 50 % Minimum." (weiblich, Jg. 1961, deutscher Herkunft, 2 Kinder im Haushalt, Äquivalenzeinkommen über € 1500,-).

„Ja, sie sollen es auf jeden Fall mal besser machen wie ich es gemacht habe und sollen auf jeden Fall die Schule zu Ende machen. Ich hab kein Abschluss, ich hab nichts gelernt, deswegen sag ich, die sollen es echt mal besser machen wie ich, auch wenn Schule manchmal scheiße ist." (weiblich, Jg. 1968, deutscher Herkunft, 2 Kinder im Haushalt, Äquivalenzeinkommen unter € 500,-).

„Ich hoffe jetzt erst mal, dass er wirklich auch diese Regelschule schafft, weil wenn er auf der Sprachheilschule bleiben muss, dann sehe ich schwarz für die Perspektiven. Das ist eine Art der Sonderschule, und wenn jemand von der Sonderschule kommt, der hat da schlecht Möglichkeiten, einen qualifizierten Schulabschluss zu machen und ein Studium oder so was anzufangen." (weiblich, Jg. 1968, deutscher Herkunft, 2 Kinder im Haushalt, Äquivalenzeinkommen € 1250,- bis unter € 1500,-).

„Meine Kinder, die können das selbst entscheiden, was sie lernen wollen, was sie später mal aus ihrem Leben machen wollen, da misch' ich mich als Mutter grundsätzlich nicht ein." (weiblich, Jg. 1961, deutscher Herkunft, 2 Kinder im Haushalt, Äquivalenzeinkommen über € 1500,-).

7.4 Schulsituation

Wie bereits in Kapitel 3 erläutert, gibt es in Vingst drei Grundschulen, in Höhenberg zwei Grundschulen, eine Hauptschule und eine Gesamtschule. Des Weiteren betreibt die Montessori-Grundschule Ferdinandstraße in Mühlheim eine Außenstelle in Höhenberg. Gymnasein befinden sich in Kalk oder Ostheim, Realschulen in Brück, Ostheim und Deutz (Stadt Köln 2006). Durch die guten Bus- und Bahnverbindungen können die Schulen in den meisten Fällen schnell erreicht werden. Einige Eltern sehen es allerdings nicht gerne, dass ihre Kinder den Schulweg mit öffentlichen Verkehrsmitteln zurücklegen, weil z.B. der Ausstieg an der Haltestelle „Kalk Post" an der offenen Drogen- und Trinkerszene vorbei führt. Dass die Nutzung von öffentlichen Verkehrsmitteln zusätzliche Kosten verursacht und damit ein finanzielles Problem für benachteiligte Haushalte ist, wurde in den Interviews von den Befragten nicht angesprochen.

In den Grundschulen lag der Anteil der ausländischen Kinder für das Jahr 2004 bei 63,5 % und 2006 bei 60,4 % (Höhenberg) bzw. 53,9 % (2004) und 45,2 % in Vingst (2006) (Stadt Köln 2005, 2007). Mangelnde Sprachkenntnisse sind auch bei deutschen Kindern keine Seltenheit (Expertengespräch Schulleiterin). Das hat dazu geführt, einen obligatorischen Sprachtest vor dem Besuch der ersten Klasse einzuführen. Bei Nichtbestehen kann das Kind zur Teilnahme an einem Sprachkurs verpflichtet werden. Zu Beginn der Schulkarrieren ihrer Kinder zeigen sich viele Eltern noch sehr interessiert und nehmen am Schulleben teil; mit zunehmendem Alter der Kinder schwindet allerdings das Interesse der Eltern an Aktivitäten der Schule. Elternabende ab der dritten Klasse sind nur noch spärlich besucht (Expertengespräch).

Bei den Leistungen der Grundschüler stellt man fest, dass türkische Mädchen häufig sehr gut in der Schule sind, unter anderem, weil sie von den Eltern zu Hausaufgaben gezwungen werden, weil sie häufiger zu Hause bleiben müssen und dann aus Langeweile Diktate üben, wohingegen türkische Jungen mehr Freiheiten genießen und bei der Erledigung der Schularbeiten kein Druck ausgeübt wird (Expertengespräch Schulleiterin).

Was die Ausstattung mit Lernmaterial betrifft, so stellen viele Lehrer fest, die Eltern hätten bei Anschaffungen falsche Prioritäten. Während für Schulbücher, die allgemeine Schulausrüstung und Ausflüge anscheinend kein Geld vorhanden ist und sogar kleine Beträge in Höhe von zwei Euro für einen Schulausflug schwer aufzutreiben sind, verfügen die meisten Kinder über einen Gameboy, eine Playstation, einen eigenen Fernseher im Zimmer, ein Handy und mindestens ein Fahrrad. Wie die Schulleiterin vermutet und sich auch in unseren Fallstudien bestätigt, setzen die oft Eltern alles daran, ihre Kinder die angespannte finanzielle Situation nicht spüren zu lassen und sie durch solche Anschaffungen zu verbergen. Um das eigene Kind vor Hänseleien zu schützen, werden die oben genannten, bei Kindern prestigeträchtigen Anschaffungen in jedem Fall getätigt, aber dieses Geld muss dann an anderer Stelle wieder eingespart werden. Das kann dann in vielen Fällen vor allem auf Kosten der Schulmaterialien geschehen.

Doch auch die Ausstattungen der Schulen und deren Gebäude sind mitunter mehr als renovierungsbedürftig. So klagte im Sommer 2007 die Elternschaft der Montessori Schule gegen die Unterbringung ihrer Kinder in Unterrichtsräumen, die durch Asbest und Pilzbefall beschädigt sind (KStA 2007). Die Klage wurde abgewiesen. Eine Initiative für die Zusammenlegung der Grund- und Hauptschulen in Köln-Vingst und Höhenberg plant jedoch in Zukunft einen Neubau. Die beiden Grundschulen Lustheider Straße und Schulstraße wurden bereits im August 2007 zusammengelegt und es soll in Zukunft mit der Montessori Schule sowie der Hauptschule Nürnberger Straße eine „regionale Bildungslandschaft" entstehen (KStA 2007, Auskunft Schulverwaltungsamt). Ebenfalls sollen die Kindertagesstätte Augsburger Straße und die Sozialhäuser der GAG (Nürnberger Straße) in das ehrgeizige Projekt einbezogen werden.

7.5 Gemeinsame Mahlzeiten

Die Äußerungen der Schulleiterin zeigen, welche Bedeutung den regelmäßigen Mahlzeiten zukommt. Deshalb untersuchen wir nun, ob Mahlzeiten gemeinsam eingenommen werden, und ob in Haushalten, die Transfereinkommen beziehen, weniger gemeinsam gegessen wird oder nicht.

Tabelle 7.5: Gemeinsames Essen, nach Transferleistungsbezug (ja/ nein), in Prozent

	Deutsche		Türken		Signifikanz	
	ja	nein	ja	nein	Deutsche	Türken
Frühstück werktags						
Immer	22,9	40,1	43,9	23,7	χ^2=13,5	χ^2=10,3
Meistens	11,5	7,9	12,3	15,4	p<0,01	p<0,05
Selten	25,2	20,8	33,3	35,9	CV=0,15	CV=0,22
Nie	40,5	31,2	10,5	25,0		
Frühstück sonntags						
Immer	55,0	68,0	77,2	69,9	χ^2=10,4	χ^2=3,8
Meistens	19,1	10,6	7,0	16,0	p<0,05	n.s.
Selten	12,2	8,4	8,8	10,3	CV=0,13	
Nie	13,7	13,1	7,0	3,8		
Abendessen werktags						
Immer	47,7	54,5	64,9	54,5	χ^2=8,5	χ^2=2,8
Meistens	25,4	18,4	14,0	23,7	p<0,05	n.s.
Selten	18,5	12,8	15,8	17,3	CV=0,12	
Nie	8,5	14,4	5,3	4,5		
Mittagessen sonntags						
Immer	55,0	67,4	47,4	45,5	χ^2=9,0	χ^2=1,2
Meistens	21,4	12,6	17,5	14,1	p<0,05	n.s.
Selten	12,2	9,2	12,3	17,9	CV=0,12	
Nie	11,5	10,8	22,8	22,4		
N (max)	130	494	57	156		

Tabelle 7.5 stellt die Ergebnisse für das gemeinsame Essen in der Familie oder mit dem Lebenspartner in Abhängigkeit vom Transferleistungsbezug dar. Die deutschen Befragten, die Transferleistungen erhalten, essen durchgehend seltener gemeinsam als jene ohne Bezug staatlicher Leistungen – obgleich die erste Gruppe durch häufigere Arbeitslosigkeit auch häufiger Zuhause sein und mehr Zeit haben sollte, um die Mahlzeiten gemeinsam einzunehmen. Ein gemeinsames Frühstück an einem Werktag gibt es nur bei 22,9 % derer, die Transferleistungen erhalten, aber bei 40,1 % derjenigen ohne soziale Unterstützung. Der entgegengesetzte Zusammenhang zeigt sich nur bei dem gemeinsamen Frühstück werktags unter türkischen Befragten. Die türkischen Befragten, die Transferleistungen erhalten, frühstücken im Gegensatz zu den Deutschen häufiger gemeinsam. Ferner sind keine weiteren Zusammenhänge zwischen dem Einnehmen gemeinsamer Mahlzeiten und dem Bezug

von Transferleistungen festzustellen. Wie unterschiedlich die Haushalte Mahlzeiten gemeinsam einnehmen, zeigen diese drei Zitate aus den Fallstudien:

„Sonntags gemeinsam frühstücken, aber sonst, nö. Mittagessen gemeinsam? Ja, hin und wieder. Die Kinder, die verziehen sich lieber dann in ihre Zimmer, weil dann will der eine dies gucken, der andere will dann das gucken." (weiblich, Jg. 1968, deutscher Herkunft, 2 Kinder im Haushalt, Äquivalenzeinkommen unter € 500,-).

„Gemeinsame Mahlzeiten, wenn die tagsüber nicht da sind, ist es das Abendessen. Da besteh ich auch drauf." (weiblich, Jg. 1968, deutscher Herkunft, 2 Kinder im Haushalt, Äquivalenzeinkommen € 1250,- bis unter € 1500,-).

„Es ist immer so, wenn er aus der Schule kommt, habe ich immer frisch gekocht [...]. Er isst oft nicht in der Schule. Ich packe immer was ein, aber er bringt es wieder zurück." (Ehefrau von männlich, Jg. 1953, deutscher Herkunft, 1 Kind im Haushalt, Äquivalenzeinkommen € 750,- bis unter € 1000,-).

7.6 Pflege der Wohnung

Wir untersuchen nun, ob sich die ökonomische Benachteiligung auch auf den Zustand der Wohnung auswirkt. Der Zustand der Wohnung wurde durch eine subjektive Beurteilung der Interviewer festgehalten. Sie trugen nach dem Interview auf fünfstufigen Skalen mit Gegensatzpaaren ein, wie sauber oder schmutzig, neuwertig oder abgenutzt, gepflegt oder vernachlässigt, heil oder beschädigt und luxuriös oder ärmlich sie die Wohnungen einschätzten.

Wenn sich die deutschen und türkischen Befragten bei der Wohnungseinrichtung einschränken mussten (Tabelle 7.1), dann war die Wohnung auch in einem schlechteren Zustand (Deutsche r = 0,36 und Türken r = 0,28). Wenn wir zwischen Haushalten mit und ohne Transferleistungsbezug unterscheiden, dann finden wir nur bei den Deutschen, signifikante Unterschiede: Die Wohnungen derjenigen, die keine staatliche Unterstützung erhalten, wurden als signifikant sauberer und gepflegter wahrgenommen. Nun ist es nicht zwingend, anzunehmen, Armut (hier: Bezug von Transferzahlungen) hinge mit geringer Sauberkeit zusammen. Dennoch finden wir für die deutschen Haushalte eben diese hochsignifikanten Zusammenhänge – aber für die türkischen Haushalte nicht.

Wenn arme Haushalte demnach ihre Wohnung vernachlässigen, so kann das an einer subjektiven Hilflosigkeit oder Perspektivlosigkeit liegen, also einer geringen Selbstkontrolle. Das Ausmaß wahrgenommener Selbst- oder Fremdkontrolle haben wir mit einer Skala gemessen (vgl. Kapitel 4.6 und 9.5). Wenn man zwischen Haushalten mit und ohne Transferleistungen unterscheidet, besteht bei den Haushalten mit Transferleistungen ein signifikanter Zusammenhang zwischen (schlechtem) Zustand der Wohnung und geringer Selbstkontrolle. Bei Befragten ohne Bezug von Transferleistungen besteht kein solcher Zusammenhang. Bei den türkischen Befragten unterscheiden sich Pflege und Sauberkeit der Wohnung *nicht* zwischen Beziehern und Nicht-Beziehern von Transferleistungen.

Tabelle 7.6: Zustand der Wohnung der Befragten, nach Transferleistungsbezug, in Prozent

	Deutsche		Türken		Signifikanz	
	ja	nein	ja	nein	Deutsche	Türken
sehr sauber	31,9	49,4	42,1	53,3		
sauber	35,5	35,7	40,4	33,3	χ^2=29,9	χ^2=2,7
mittelmäßig	22,5	11,8	12,3	8,7	p<0,001	n.s.
schmutzig	6,5	2,5	1,8	2,7	CV=0,21	
sehr schmutzig	3,6	0,6	3,5	2,0		
sehr neuwertig	13,0	15,6	14,0	14,7		
neuwertig	27,5	45,8	29,8	42,7	χ^2=48,0	χ^2=4,5
mittelmäßig	31,2	28,8	38,6	33,3	p<0,001	n.s.
abgenutzt	18,1	8,6	12,3	6,7	CV=0,27	
sehr abgenutzt	10,1	1,1	5,3	2,7		
sehr gepflegt	24,8	41,2	25,0	33,6		
gepflegt	30,7	38,7	37,5	38,3	χ^2=43,8	χ^2=4,8
mittelmäßig	25,5	15,1	23,2	20,8	p<0,001	n.s.
nachlässig	15,3	3,8	12,5	4,7	CV=0,26	
sehr nachlässig	3,6	1,1	1,8	2,7		
sehr heil	21,7	42,6	17,5	29,5		
heil	45,7	42,7	36,8	44,3	χ^2=43,3	χ^2=9,5
mittelmäßig	22,5	13,2	35,1	20,1	p<0,001	p<0,05
beschädigt	7,2	1,1	10,5	4,7	CV=0,26	CV=0,22
sehr beschädigt	2,9	0,4	0,0	1,3		
sehr luxuriös	3,6	7,4	3,5	2,7		
luxuriös	22,6	41,6	19,3	32,9	χ^2=74,0	χ^2=4,2
mittelmäßig	40,9	43,1	56,1	50,3	p<0,001	n.s.
ärmlich	20,4	6,7	14,0	9,4	CV=0,34	
sehr ärmlich	12,4	1,1	7,0	4,7		
N (max)	138	524	57	150		

Ein schlechter Zustand der Wohnung bedeutet auch, selten Gäste einzuladen. So finden wir sowohl bei den deutschen als auch bei den türkischen Befragten hochsignifikante Zusammenhänge zwischen dem Zustand der Wohnung und der Aussage, Freunde zum Essen bei sich einzuladen. So gaben von den deutschen Befragten, deren Wohnung als „sehr sauber" beurteilt wurde, 86,7 % an, sie würden Freunde einladen, von denen, deren Wohnung als „sehr schmutzig" eingeschätzt wurde, 75,9 % (türkische Befragte: 96,5 % vs. 75,0 %). Ist die Wohnung „sehr gepflegt", laden 87,4 % ein, ist hingegen sie „sehr nachlässig", sind es nur noch 66,7 % der deutschen Haushalte. Diese signifikanten Unterschiede gelten auch für die anderen drei Merkmale des Zustands der Wohnung. Offenbar scheuen sich Haushalte, deren Wohnung in einem schlechten Zustand ist, Personen einzuladen. Diesen (signifikanten) Zusammenhang konnten wir schon in der früheren Studie (Friedrichs und Blasius

2000: 151) feststellen. Und mehr noch: Wer nicht einlädt, wird auch selten eingeladen; mithin sind die Haushalte, deren Wohnung nicht akzeptabel ist, stärker sozial isoliert. Sie haben auch kleinere soziale Netzwerke (vgl. nächstes Kapitel).

7.7 Ein Matriarchat?

Es sind die Frauen, die in armen Familien dafür sorgen, dass die Familie einigermaßen „über die Runden" kommt. Ihnen obliegt es, das Budget zu verwalten und die bürgerlichen Standards aufrecht zu erhalten. Diese Hypothesen werden durch drei Quellen gestützt: die klassische Studie über die Arbeitslosen von Marienthal (Jahoda, Lazarsfeld und Zeisel 1933) und auch die neuere Studie von Tobias und Boettner (1992) in Duisburg-Bruckhausen. So fanden Tobias und Boettner (1992: 71) bei einem Teil der untersuchten Haushalte, dass die Frau das Budget kontrollierte und dem (arbeitslosen) Mann nur ein Taschengeld gab, damit er das Geld nicht in der „Trinkhallen-Szene" ließ. Die Frauen achteten aber auch auf den Umgang ihrer Kinder und erreichten so, wie die Autoren es nennen, einen „häuslich-konsolidierten" Lebensstil. Noch zugespitzter ist der Befund von Komarovsky (1942): Wenn in einer Familie der Unterschicht der Mann arbeitslos wird, dann übernimmt die Frau das Budget und die gesamte Hauhaltsführung, das vormalige Patriarchat wandelt sich zu einem Matriarchat.

Wir haben ebenfalls untersucht, wer das Budget in welchen Haushalten verwaltet. Es sind 47,3 % aller befragten Haushalte, in denen die Frau das Geld verwaltet, bei 21,6 % ist es der Mann, und bei den restlichen 31,1 % verwalten beide das Geld gemeinsam. Allerdings können wir nur ansatzweise einen Zusammenhang zwischen finanziellen Einschränkungen und der Tatsache feststellen, dass nur die Frau das Geld verwaltet; zumindest bei Familien mit einem relativ geringen Äquivalenzeinkommen verwaltet zumeist die Frau das gemeinsame Budget.

Die Verschiebung der Macht aufgrund der Arbeitslosigkeit kann prekäre Folgen haben: „Da sie aber die traditionelle Männerrolle als Haupternährer der Familie tief verinnerlicht haben, ohne sie aufgrund ihrer Arbeitslosigkeit ausfüllen zu können, sind sie immer versucht, das Stillhalteabkommen zu brechen und ihre Männlichkeit in einer Weise zu demonstrieren, die den Anstrengungen ihrer Frauen nicht eben förderlich ist", schreiben Tobias und Boettner (1992: 71). Dies wird im Einzelnen auch in unserer Fallstudie deutlich:

„Ich hatte eigentlich immer getrennte Kassen. Nicht aus Eigennutz, nur weil ich wusste, dass er nicht mit Geld umgehen kann. Da hat er mich auch immer anpumpen wollen um Geld." (weiblich, Jg. 1968, deutscher Herkunft, 2 Kinder im Haushalt, Äquivalenzeinkommen € 1250,- bis unter € 1500,-).

7.8 Multivariate Analyse

In der Varianzanalyse für die deutschen Befragten (Tabelle 7.7) zeigen sich für den Zustand der Wohnung Effekte des Gesundheitszustands, des Transferleistungsbezugs, des Äquivalenzeinkommens, des Familienstands und der Haushaltstypologie. Wie erwartet und durch die deskriptiven Auswertungen zum Teil schon belegt, beeinflusst der sozioökonomische Status der Befragten maßgeblich den Zustand der Wohnung. Ist das Einkommen gering und beziehen die Personen Transferleistungen, ist der Wohnungszustand signifikant schlechter. Der Bezug staatlicher Hilfen hat hier den stärksten Einfluss.

Tabelle 7.7: Zustand der Wohnung, Ernährung sowie gemeinsames Essen der deutschen Befragten, Ergebnisse der Varianzanalysen

Merkmal	N	ZUSTAND	GESUND	MAHLZEIT
Gesundheitszustand				
ausgezeichnet	69	0,031	-0,095	0,070
sehr gut	137	0,213	-0,238	-0,150
gut	306	0,043	0,004	0,044
weniger gut	139	-0,093	0,225	0,070
schlecht	55	-0,568	0,127	-0,181
Teststatistik		$F=6,4$ $p<0,001$ $\eta=0,04$	$F=4,1$ $p<0,01$ $\eta=0,02$	$F=1,5$ n.s.
Alter in Jahren				
16 – 25	88	-0,130	-0,725	-0,293
26 – 35	88	-0,040	-0,598	-0,062
36 – 45	114	0,204	-0,365	-0,401
46 – 55	138	-0,121	0,041	-0,190
56 – 64	103	0,032	0,239	0,115
65 +	173	0,146	0,740	0,546
Teststatistik		$F=1,4$ n.s.	$F=52,7$ $p<0,001$ $\eta=0,53$	$F=16,8$ $p<0,001$ $\eta=0,34$
Bildungsabschluss				
Hauptschule	333	-0,034	0,143	0,180
Mittlere Reife	148	0,053	-0,157	-0,048
Abitur	177	0,054	-0,013	-0,222
Teststatistik		$F=0,6$ n.s.	$F=4,8$ $p<0,01$ $\eta=0,12$	$F=9,1$ $p<0,001$ $\eta=0,17$
Transferleistungsbezug				
Ja	143	-0,548	-0,453	-0,189
Nein	546	0,152	0,127	0,058
Teststatistik		$F=58,0$ $p<0,001$ $\eta=0,28$	$F=40,5$ $p<0,001$ $\eta=0,24$	$F=6,3$ $p<0,05$ $\eta=0,10$

Ein schlechter Gesundheitszustand hängt mit einer schlechten Wohnsituation sowie die Tatsache, Single zu sein, alleinerziehend oder geschieden zu sein, zusammen. Bei den türkischen Befragten bestehen weniger starke Zusammenhänge zwischen den soziodemographischen Merkmalen und dem Zustand der Wohnung, dem gesunden und dem gemeinsamen Essen (Tabelle 7.8). Einzig der Zustand der Wohnung wird durch den Gesundheitszustand, die Bildung, das Alter und das Äquivalenzeinkommen der Befragten beeinflusst.

Die Ernährung zeigt sich von keinem der überprüften Merkmale abhängig. Vom Alter abhängig ist die Häufigkeit der gemeinsam eingenommenen Mahlzeiten unter den türkischen Befragten. Interessanterweise ist der Effekt verglichen mit den Deutschen genau gegensätzlich. Die jüngeren Generationen scheinen hier häufiger zusammen zu essen, als die älteren.

Fortsetzung Tabelle 7.7: Zustand der Wohnung, Ernährung sowie gemeinsames Essen der deutschen Befragten, Ergebnisse der Varianzanalysen

Merkmal	N	ZUSTAND	GESUND	MAHLZEIT
Äquivalenzeinkommen in €				
– unter 500,-	65	-0,818	-0,481	-0,366
500,- – 749,-	82	-0,242	-0,143	-0,253
750,- – 999,-	110	-0,218	0,040	0,114
1.000,- – 1.249,-	92	0,012	0,024	0,230
1.250,- – 1.499,-	119	0,295	0,192	0,156
1.500,- +	117	0,386	0,097	-0,028
Teststatistik		F=15,8 p<0,001 η=0,35	F=4,8 p<0,001 η=0,20	F=4,4 p<0,001 η=0,20
Haushaltstypologie				
Verheiratet + Kinder	145	0,045	-0,160	0,080
Verheiratet	239	0,140	0,414	0,542
Alleinerziehend	77	-0,094	-0,483	-0,365
Alleinlebende	151	-0,263	-0,319	-
Zusammenlebend	35	0,076	-0,509	-0,187
Verwitwet	45	0,105	0,838	-
Teststatistik		F=3,2 p<0,01 η=0,15	F=28,2 p<0,001 η=0,41	F=32,3 p<0,001 η=0,41

Alle abgefragten Merkmale haben einen Effekt auf die Häufigkeit der Ernährung mit gesunden Lebensmitteln. Vor allem das Alter und der Bezug von Transferleistungen nehmen hochsignifikanten Einfluss. Je jünger die Befragten sind, desto häufiger ernähren diese sich ungesund und auch hier zeigen Befragte, die staatliche Unterstützungen erhalten, ein schlechteres Ernährungsverhalten als andere.

Ähnlich beeinflusst zeigt sich die Häufigkeit der Einnahme gemeinsamer Mahlzeiten. Außer dem Gesundheitszustand nehmen alle Merkmale signifikanten Einfluss. Vor allem steigendes Alter und die Haushaltstypologie „Verheiratet" sind Determinanten für häufiges gemeinsames Essen. Der Familienstand und Haushaltstypen, die auf einen alleinlebenden Befragten hinwiesen, sind hier von der Berechnung ausgeschlossen worden. (Das gemeinsame Essen konnte bei den türkischen Befragten nicht nach dem Familienstand untersucht

werden, da die niedrige Fallzahl der Ausprägungen nur noch die Kategorie „verheiratet"
zuließ. Es konnte kein Vergleich mit anderen Gruppen vorgenommen werden.)

Tabelle 7.8: Zustand der Wohnung, Ernährung sowie gemeinsames Essen der türkischen
Befragten, Ergebnisse der Varianzanalysen

Merkmal	N	ZUSTAND	GESUND	MAHLZEIT
Gesundheitszustand				
ausgezeichnet	31	0,237	0,074	0,120
sehr gut	35	-0,135	0,096	-0,158
gut	111	0,148	-0,028	0,153
weniger gut / schlecht	60	-0,249	-0,032	-0,284
Teststatistik		F=3,1 p<0,05 η =0,20	F=0,2 n.s.	F=3,0 p<0,05 η=0,19
Alter in Jahren				
16 – 25	46	0,178	0,240	0,266
26 – 35	72	0,158	0,076	0,144
36 – 45	39	0,120	-0,050	0,252
46 +	76	-0,233	-0,237	-0,424
Teststatistik		F=2,8 p<0,05 η=0,19	F=2,5 n.s.	F=7,6 p<0,001 η=0,30
Bildungsabschluss				
Hauptschule	33	0,046	0,066	-0,213
Mittlere Reife	44	-0,064	0,178	0,453
Abitur	50	0,350	-0,038	0,004
Teststatistik		F=3,6 p<0,05 η=0,24	F=0,5 n.s.	F=2,9 n.s.
Transferleistungsbezug				
Ja	57	-0,157	0,058	-0,201
Nein	156	0,101	0,054	0,069
Teststatistik		F=2,9 n.s.	F=0,0 n.s.	F=3,0 n.s.
Äquivalenzeinkommen in €				
– unter 500,-	50	-0,092	-0,110	-0,163
500,- – 749,-	55	-0,316	0,035	0,079
750,- – 999,-	56	0,355	-0,107	0,001
1.000,- +	40	0,408	0,280	0,412
Teststatistik		F=8,0 p<0,001 η=0,33	F=1,4 n.s.	F=2,6 n.s.
Haushaltstypologie				
Verheiratet + Kinder	125	0,138	-0,061	-0,037
Verheiratet	47	-0,078	-0,185	-0,476
Alleinerziehend	41	-0,009	0,140	0,098
Teststatistik		F=1,3 n.s.	F=1,1 n.s.	F=4,9 p<0,01 η=0,21

7.9 Bewältigungsstrategien

Mit unseren Fallstudien wollten wir auch untersuchen, wie die Betroffenen die Armut bewältigen und welche Strategien sie hierfür entwickelt haben. Bei der Auswertung der Leitfaden-Interviews haben wir immer wieder festgestellt, dass das soziale Netzwerk – und hier besonders die Familie – den wichtigsten Rückhalt bildet. Nach dem Motto „Meine Familie ist immer für mich da" bewältigen mit ihrer Hilfe viele Betroffene sowohl finanzielle als auch psychische Probleme:

„Wenn es mir sehr schlecht geht, dann geh' ich zu meiner Tante. Die ist die einzige, wo ich auch so über richtige Probleme sprechen kann." (weiblich, Jg. 1968, deutscher Herkunft, 2 Kinder im Haushalt, Äquivalenzeinkommen unter € 500,-).

„Aber wenn irgendwie Not am Mann war, da hat meine Mutter direkt gesagt: `Wenn was ist, sag Bescheid, und wir helfen dir'." (männlich, Jg. 1972, deutscher Herkunft, keine Kinder im Haushalt, Äquivalenzeinkommen € 750,- bis unter € 1000,-).

Dennoch können Familie und Freunde nicht alle Probleme auffangen. So berichten viele Arbeitslose von Alkoholproblemen, Depressionen, Aggressivität, Antriebslosigkeit und Unzufriedenheit.

„Morgens aufstehen, einen hinter die Binde kippen, ins Bett gehen, schlafen, um das ganze Elend nicht mehr mitzukriegen." (männlich, Jg. 1959, deutscher Herkunft, keine Kinder im Haushalt, Äquivalenzeinkommen unter € 500,-).

„Durch die Arbeitslosigkeit kam dann halt der Alkohol dazu. Wir sind uns - nicht an die Wäsche gegangen, wie sagt man, wir haben uns quasi gekloppt, und da hab ich auch mehrmals gesagt, ich kann nicht mehr, ich will auch nicht mehr." (weiblich, Jg. 1968, deutscher Herkunft, 2 Kinder im Haushalt, Äquivalenzeinkommen unter € 500,-).

„Er lässt sich schnell unterkriegen. Ich sehe noch ein bisschen Licht. Manchmal hab ich auch Panik, heute hat zwar nichts geklappt, aber vielleicht kommt noch etwas. Aber er ist ganz anders. Das ist seine Unzufriedenheit und er lässt das raus mit Schreierei, mit Ärger, wenn Du ihn was fragst. Er explodiert und das stört mich sehr und das habe ich ihm auch gestern Abend gesagt, vielleicht liegt das auch daran, dass er keine Arbeit hat, wegen der Langeweile und da gibt es auch meistens zwischen uns Krach." (Ehefrau von männlich, Jg. 1953, deutscher Herkunft, 1 Kind im Haushalt, Äquivalenzeinkommen € 750,- bis unter € 1000,-).

„Ich persönlich [werde] so richtig aggressiv. [...] Weil man ist den ganzen Tag nur zu Hause, und man ist dann so richtig nervös. Der Ausgleich fehlt." (männlich, Jg. 1953, deutscher Herkunft, 1 Kind im Haushalt, Äquivalenzeinkommen € 750,- bis unter € 1000,-).

Sich bei Freunden oder bei der Familie Geld zu leihen, kommt anscheinend für viele Befragte nicht in Frage. Entweder wird es als den Stolz verletzend bzw. als unangenehm empfunden, weshalb man eher einen Bankkredit aufnehmen würde, oder die potenziellen Ansprechpartner befinden in der gleichen finanziellen Lage. Dem entgegen werden Sachleistungen anscheinend akzeptiert:

„Am Auto war jetzt aber was am Motor kaputt. Zum Glück mussten wir nur die Teile kaufen und Freunde von uns haben es dann repariert." (weiblich, Jg. 1956, rumänischer Herkunft, keine Kinder im Haushalt, Äquivalenzeinkommen € 1250,- bis unter € 1500,-)

„Ich habe gute Freundinnen und meine Tochter hat 'ne liebe Patentante, und so klappt das dann schon. Da kann man dann auch größere Wünsche erfüllen." (weiblich, Jg. 1968, deutscher Herkunft, 2 Kinder im Haushalt, Äquivalenzeinkommen € 1250,- bis unter € 1500,-)

„Geld leihen mach ich eigentlich nicht so gerne, dann fahr ich doch lieber mit der Person einkaufen." (weiblich, Jg. 1968, 2 Kinder im Haushalt, deutscher Herkunft, Äquivalenzeinkommen unter € 500,-).

„Wenn irgendwo was fehlt, dann helfen mir, wir sind zu 6 Jungs zu Hause und ein Mädchen, und das geht. Wir helfen uns sehr viel, unser Bekanntenkreis und natürlich Familie auch. Wir helfen uns meistens alle so untereinander. Was ich nicht habe, hat er vielleicht, was er nicht hat, hat vielleicht er. So geht das." (männlich, Jg. 1953, deutscher Herkunft, 1 Kind im Haushalt, Äquivalenzeinkommen € 750,- bis unter € 1000,-).

Generell sind es wiederum die Haushalte mit Kindern, die besonders kreativ in der Entwicklung von Bewältigungsstrategien sein müssen, um eine angespannte finanzielle Situation so gut wie möglich abzufedern und den Wünschen der Kinder nachzukommen:

„Ich bin ein Organisationstalent. Ich habe für meine Tochter letztes Jahr von einem bekannten Mädchen fast alles von Baby Born für 50 Euro abgekauft. [...] Ich stell mich dann hin und mach dass sauber, damit das auch aussieht wie neu. Und ich guck halt dann auch auf dem Flohmarkt, ob ich da nicht ein paar Sachen auf dem Flohmarkt finde. Spielsachen, die haben wirklich schöne Sachen für kleine Kinder." (weiblich, Jg. 1968, deutscher Herkunft, 2 Kinder im Haushalt, Äquivalenzeinkommen €1250,- bis unter € 1500,-).

„[Mein Sohn sagt:] 'Mama, ich möchte Nike-Schuhe'. Wir haben Bekannte in Jugoslawien, meine Schwester besorgt auch Nike-Turnschuhe oder Puma-Turnschuhe, die sind nicht original." (Frau von männlich, Jg. 1953, deutscher Herkunft, 1 Kind im Haushalt, Äquivalenzeinkommen € 750,- bis unter € 1000,-).

Wie auch aus anderen Untersuchungen bekannt ist, lässt sich der Haushalt so lange einigermaßen führen, wie es keine unerwarteten Ausgaben gibt. Neue Möbel, Reparaturen oder größere Ausgaben für die Kinder sind kaum zu bewältigen. Nur wenn es gelungen ist, trotz des geringen Einkommens regelmäßig etwas Geld zurückzulegen oder aber von Verwandten unterstützt zu werden, können derartige Probleme gelöst werden. Schulden zu machen scheint für die Befragten kein Ausweg zu sein; dies wird sogar häufig ausdrücklich abgelehnt. Ob hier allerdings eigene negative Erfahrungen aus der Vergangenheit, entsprechende Berichte von Freunden bzw. von Verwandten oder das Bemühen darum, den Anschein der Normalität zu erwecken (Tobias und Boettner 1992), zu diesen eindeutigen Aussagen führen, kann anhand unserer Aussagen nicht gesagt werden. Dass dieses Problem in vielen Fällen vermutlich dennoch vorhanden ist, kann sowohl aus der Liste der „starken Einschränkungen" als auch aus der Vielzahl der überschuldeten Haushalte in Deutschland abgeleitet werden.

„Ich bin im Moment arbeitslos gemeldet, normalerweise Verkäuferin. Ne, aber ich könnte einen Abschluss [als Verkäuferin] nachmachen [...] das würde es sich für mich nicht rechnen, den Abschluss jetzt noch dranzuhängen, wenn ich sowieso keine Arbeit finde." (weiblich, Jg. 1968, deutscher Herkunft, 2 Kinder im Haushalt, Äquivalenzeinkommen € 1250,- bis unter € 1500,-).

„Ich bin Arzthelferin, arbeite aber nicht mehr. Arbeitslos seit September. Was halt viel verlangt wird und was ich halt nicht kann, ist türkisch. Wenn dann mal was ist, wo man sich meldet aus der Zeitung oder was man halt findet, dann wird schon mal gefragt, ob man türkisch sprechen kann und wenn nicht, dann hat man Pech gehabt." (weiblich, Jg. 1961 deutscher Herkunft, 1 Kind im Haushalt, Äquivalenzeinkommen über € 1500,-).

„Wir leben von Sozialhilfe und von den 400 Euro, [...] ich darf nur 65 Euro bei Sozialhilfe dazu verdienen, also krieg ich alles abgezogen. Und da muss ich ganz ehrlich sagen, da bin ich etwas stinkig drüber, da ist man gewillt zu arbeiten, man geht arbeiten, und man kriegt trotzdem alles abgezogen." (weiblich, Jg. 1968, 2 Kinder im Haushalt, deutscher Herkunft, Äquivalenzeinkommen unter € 500,-).

8 Netzwerke

Soziale Netzwerke sind ein wichtiger Bestandteil individueller Handlungschancen. Verwandte, Freunde, Bekannte, Nachbarn und Kollegen können für den Einzelnen (Ego) in unterschiedlichen Situationen in unterschiedlichem Maße nützlich und hilfreich sein, z.B. durch finanzielle Unterstützung, im Krankheitsfalle und bei der Jobsuche. Das Institut für Arbeits- und Berufsforschung IAB fand heraus, dass sich bis zu 40 % der Befragten einer Studie zur Stellenbesetzung im Jahr 2007 aufgrund von persönlichen Kontakten auf Stellenangebote bewarben. Von denen, die eine Stelle erhielten, war diese Art des Suchwegs mit knapp 70 % die erfolgreichste aller beschrittenen Suchwege (IAB 2007). Die Personen in Egos Netzwerk, die Alteri, verfügen über Ressourcen, auf die Ego (sei es auch nur teilweise) zurückgreifen kann. Mit Hurlbert, Beggs und Haines (2001: 220) unterscheiden wir zwei Dimensionen der Netzwerke: die Netzwerkgröße und Dichte einerseits und die Ressourcen andererseits, die diese Netzwerke aufweisen oder die durch die Alteri zugänglich sind. Unter „Ressourcen" seien mit Lin (2001: 29) „material or symbolic goods" verstanden. Das Netzwerk stellt im Sinne von Bourdieu[1] (1983, Lin 2001[2]) ein soziales Kapital dar (vgl. die ausführliche Diskussion des Konzepts durch Franzen und Pointner 2007).

In einem Wohngebiet stellen daher die Netzwerke ein bedeutsames Merkmal der Individuen dar, wie Forrest und Kearns (2001: 2130) ausführen: „It is this residentially based network which performs an important function in the routines of everyday life and these routines are arguably the basic building-blocks of social cohesion – through them we learn tolerance, co-operation and acquire a sense of social order and belonging. Who and what we are surrounded by in a specific locality may also contribute in important ways to both choice and constraint and, less tangibly and more indirectly, to notions of well-being and social worth".

Neben der Größe ist ein zentrales Merkmal von Netzwerken deren Homophilie (Marsden 1988, McPherson, Smith-Lovin und Cook 2001[3], Verbrugge 1977, Wolf 1996). Personen haben eher zu anderen Personen engen Kontakt, die ihnen hinsichtlich mehrerer Merkmale ähnlich sind, z.B. dem Alter, der Bildung oder der Religionszugehörigkeit (Friedrichs, Kecskes und Wolf 2002: 71, 77). Je höher der soziale Status von Ego ist, desto größer ist das Netzwerk, desto weniger Verwandte enthält es und desto räumlich ausgedehnter ist es (u.a. Fischer 1982). Die Homophilie wird z.B. mit dem Index von Marsden (1981) berechnet, der auch die möglichen Verzerrungen durch die Randverteilungen berücksichtigt. Er

---

[1] „Das Sozialkapital ist die Gesamtheit der aktuellen und potentiellen Ressourcen, die mit dem Besitz eines dauerhaften Netzes von mehr oder weniger institutionalisierten *Beziehungen* gegenseitigen Kennens oder Anerkennens verbunden sind; oder, anders ausgedrückt, es handelt sich dabei um Ressourcen, die auf der *Zugehörigkeit zu einer Gruppe* beruhen" (Bourdieu 1983, 190ff, kursiv i. O.).

[2] „Investment in social relations by individuals through which the gain access to embedded resources to enhance expected returns of instrumental and expressive actions" (Lin (2001: 18f.).

[3] „Homophily implies that distance in terms of social characteristics translates into network distance, the number of relationships through which a piece of information must travel to connect two individuals" (McPherson, Smith-Lovin und Cook 2001: 416).

zeigt, wie stark die beobachtete Häufigkeit von einer Zufallsverteilung der einzelnen Merkmalsausprägungen abweicht. Die Formel lautet:

$$H_{ij} = f_{ij} * \frac{G}{G_i * G_j},$$

wobei f_{ij} die beobachtete Häufigkeit in Zelle i und j, G das geometrische Mittel aller Häufigkeiten, G_i das geometrische Mittel der Häufigkeiten in der i-ten Zeile und G_j das geometrische Mittel der Häufigkeiten in der j-ten Spalte repräsentiert.

Schließlich ist anzunehmen, dass Personen mit einem niedrigen sozialen Status – auf die sich unsere Stichprobe richtet – auch über ein geringeres soziales Kapital und eher homophile Netzwerke verfügen (Lin 2001: 51). Lin unterscheidet zwei Nutzen von Netzwerken: einen instrumentellen, soziale Zugewinne („added resources"), und einen expressiven, den Erhalt von Ressourcen („maintaining of possessed resources"). Die Netzwerke von statusniedrigen Personen und/oder Angehörigen einer Minorität haben häufiger (nur) einen expressiven und einen geringen instrumentellen Nutzen. Wir können ferner davon ausgehen, dass größere Netzwerke auch heterogener sind, also einen höheren Anteil von Personen unterschiedlichen sozialen Status aufweisen, zu denen Ego keine engen Kontakte hat. Diese schwachen Beziehungen („weak ties") sind es aber, die nach Granovetter (1973) erforderlich sind, um bei der Suche nach einem Job erfolgreicher zu sein, als wenn man nur auf die starken Beziehungen vertraut – die homophil und daher eher statusgleich sind –, denn durch sie erhält Ego kaum oder keine Informationen, die er nicht schon hätte (u.a. Granovetter 1973, 1982: 116f., Lin und Dumin 1986, Wegener 1989, 1991). Ähnlich interpretiert Kecskes (2003: 81) die Ergebnisse seiner Studie von 614 türkischen Jugendlichen in Köln: „Ethnisch homogene soziale Netzwerke türkischer Jugendlicher haben aufgrund ihrer Homogenität einen stärkeren expressiven Nutzen als ethnisch heterogene soziale Netzwerke, ihre soziale Reichweite und damit der instrumentelle Nutzen sind allerdings begrenzt."

Wenn also die Netzwerke mit steigender Größe heterogener sind, dann sollten Personen mit größeren Netzwerken auch höher bezahlte Positionen erlangen. Eben das zeigt die niederländische Studie von Boxman, de Graaf und Flap (1991) – und ist somit ein weiterer Beleg für die Hypothese von Granovetter. Henning und Lieberg (1996: 21) berichten eine signifikante Korrelation von $r = 0,31$ zwischen dem Umfang der starken und der schwachen Netzwerke. Sie finden auch, dass der berufliche Status und die Länge des Wohnens im Wohngebiet die stärksten positiven Effekte auf die Zahl der schwachen Beziehungen haben (ibid.: 19). Allerdings gilt nach Wegener (1989) für die statushöchsten Personen das sogenannte „Positionsbegrenzungsprinzip". Diese orientieren sich nicht nach unten auf Netzwerkpersonen tieferen Status, sondern verbessern ihre Ressourcen durch starke soziale Beziehungen zu ihren statusgleichen Alteri.

Lassen sich diese Ergebnisse auf die Netzwerke von Minoritäten übertragen? Nordamerikanische Studien zeigen, dass Schwarze und Hispanier ihre Jobs häufiger durch Netzwerke erlangen als Weiße. Da aber diese Netzwerke eher ethnisch homogen sind und in homogenen Netzwerken weniger nützliche oder „instrumentelle" Information zu erhalten ist, erhalten sie zwar Arbeitsplätze, jedoch schlechter bezahlte (Braddock und McPartland 1987, Elliott 1999, Green, Tigges and Diaz 1999, Reingold 1999, 1987)[1].

---

[1] Folgt man der Studie von Fernandez und Fernandez-Mateo (2006:66), so müssen die Ergebnisse zur Jobsuche differenziert werden: Sie finden heraus, dass Schwarze, Asiaten und Hispanier häufiger „weiße Netzwerkempfeh-

Eindringlich haben solche engen Netzwerke Gestring, Janssen und Polat (2006) beschrieben. In ihrer qualitativen Studie mit 55 Türken der zweiten Generation, die alle nur einen Hauptschulabschluss hatten, hatten 35 Befragte nur Verwandte als Netzwerkpersonen, die meisten Netzwerke waren lokal und status-homogen. Diejenigen, die über die Verwandtschaft hinausgehende Kontakte hatten, fanden auch eher Jobs durch das Netzwerk (Gestring, Janssen und Polat 2006: 53).

Ein mit der Größe verbundener Aspekt der Netzwerke ist, in welchem Maße die Alteri innerhalb oder außerhalb des Wohngebietes wohnen. Kontakte im Gebiet sind „bonding capital", hingegen solche, die über das Gebiet hinausführen, „bridging capital" (Woolcock und Narayan 2000; vgl. Bridge 2002, Gittel und Vidal 1998, Perkins u. a. 2002). Kreuzt man beide Formen oder Dimensionen (bonding hoch/niedrig, bridging hoch/niedrig), so erhält man vier Zellen, von denen ein Typ „hohes bonding, niedriges bridging" ist (vgl. ausführlich Friedrichs und Oberwittler 2007: 457). Im Falle unserer Studie, nämlich eines benachteiligten Gebietes, sollten die meisten der befragten Bewohner zu der Gruppe der „poor villagers" gehören. Über die Netzwerke solcher Personen schreiben Woolcock und Narayan (2000: 233): „Crudely put, the networks of the poor play defence, while those of the nonpoor play offense."

Ähnlich argumentiert Wilson (1987): Arme Bewohner haben (aufgrund der Homophilie) häufiger arbeitslose Alteri, und zudem im Wohngebiet weniger positive Rollenvorbilder. Allgemeiner wird der Kontexteffekt des Wohngebietes von ihm folgendermaßen formuliert: „The degree of exposure to culturally transmitted modes of behavior in any given milieu depends in large measure on the individual's involvement in or choice of social networks, including networks of friends and kin." (Wilson 1996: 71).

Gelten die aufgeführten Forschungsergebnisse auch für die Netzwerke von Bewohnern sozial benachteiligter Gebiete? Und weiter: Gelten sie auch für ethnische Minoritäten und für solche in benachteiligten Gebieten, wie es Johnston u.a. (2000: 392) vermuten: „White males typically have weak ties that bridge divergent social worlds more often than do women and minorities". Oder sind unsere Studien zu einseitig, wie Briggs (1998: 209) vermutet: „And it seems another aspect of ‚studying down' that we attribute to low-income people an extreme degree of network localism and local dependency that probably exists nowhere but in language-isolated ethnic enclaves. More network based approaches that explicitly conceive of partially bounded social units in larger residential areas are sorely needed in the effort to understand the effects of a range of neighborhoods on young people and adults". Hierzu kann unsere Studie einen Beitrag leisten.

Wie die Überlegungen Wilsons (1987, vgl. Friedrichs 1998, Friedrichs und Blasius 2001, Small und Newman 2001) über die räumlichen Kontexteffekte von Armut nahe legen, helfen starke und geschlossene soziale Bindungen in Wohngebieten konzentrierter Benachteiligung nicht nur durch die gegenseitige Unterstützung in Notlagen, um soziale Folgewirkungen von Armut abzufedern, sondern können sie im Gegenteil noch verstärken. Wilsons Theorie zufolge sind die Bewohner/innen solcher Gebiete sozial isoliert – wobei zu berücksichtigen ist, dass sich seine empirische Studie vor allem auf Wohngebiete armer Schwarzer in Chicago bezieht. Gilt dies auch für die türkische Minorität in einem benachteiligten Wohngebiet in Köln? Immerhin stützen die Befunde von Tobias und Boettner (1992) für Duisburg-Bruckhausen die Annahme, ein Teil der (armen) deutschen Bewohner

---

lungen" verwenden, wenn sie sich bewerben. Es gab aber nur Hinweise von Schwarzen darauf, dass die Arbeitgeber so empfohlene Kandidaten vorzogen.

seien isoliert, hätten einen kleinen und lokal gebundenen Verkehrskreis. Zudem verbringt ein hoher Anteil der Bewohner einen großen Teil ihrer Zeit im Wohngebiet.

Es geht uns im Folgenden darum zu untersuchen, ob die zitierten allgemeinen Befunde über Netzwerke sich auf die Netzwerke von Befragten in benachteiligten Wohngebieten und auf diejenigen einer ethnischen Minorität übertragen lassen. Es sollen folgende Probleme untersucht (und die aufgeführten Hypothesen getestet) werden:

1. Sind die Netzwerke der Bewohner/innen von HöVi kleiner und weisen sie mehr lokale Alteri auf als die Netzwerke von Bewohner/innen von statushöheren Wohngebieten in Köln?
2. Sind die Netzwerke Benachteiligter homogener als andere? Sind speziell die Türken sozial isoliert?
3. Da die sechs Teilgebiete sich in der Bewohnerstruktur unterscheiden – unterscheiden sich auch deren Netzwerke? Da die Zusammensetzung der Bewohnerschaft eine Opportunitätsstruktur darstellt, ist es nahe liegend anzunehmen, in einem Teilgebiet mit vielen Sozialhilfeempfängern wiesen auch die Netzwerke mehr Sozialhilfeempfänger auf.
4. Verbringen benachteiligte Personen mehr Zeit im Wohngebiet, und sind deshalb ihre Netzwerke kleiner? Haben sie mehr Netzwerkpersonen innerhalb des Wohngebietes und mehr Verwandte in ihr Netzwerk integriert?
5. Welchen Effekt haben die Netzwerkmerkmale auf die Wahrnehmung und Bewertung abweichenden Verhaltens?
6. Wie unterscheiden sich die Netzwerke Deutscher und Türken in einem Armutsgebiet und welche Effekte haben der Anteil der nicht-deutschen Alteri in den Netzwerken der Deutschen und der Anteil der deutschen Alteri in den Netzwerken der türkischen Bewohner auf die Wahrnehmung und Beurteilung von Kriminalität? Werden die Urteile türkischer Bewohner denen der Deutschen ähnlicher, je höher der Anteil der Deutschen am Netzwerk ist?

8.1 Die Struktur der deutschen und türkischen Netzwerke

Die 707 deutschen und 239 türkischen Befragten wurden nach den Personen gefragt, mit denen sie in den letzten 14 Tagen privaten Kontakt hatten. Dieser Namensgenerator entspricht eher dem von Fischer (Fischer 1982, McAllister und Fischer 1978) und nicht dem von Burt (1984), weil wir erfragt haben, mit wem man in den letzten 14 Tagen wichtige Angelegenheiten besprochen hat, wer sich an die Befragten gewandt hat, und mit wem man seine Freizeit verbracht hat. Unser Vorgehen entspricht dem in unserer früheren Studie, demjenigen in den Studien von Kecskes und Wolf (1996:36-43) und dem in der Euskirchen-Studie (Friedrichs, Kecskes und Wolf 2002). Die Befragten konnten auf jede Frage so viele Personen nennen, wie ihnen einfielen. Wir haben somit auch die Multiplexität des Netzwerkes erfasst, z.B. ob man mit einer Person sowohl die Freizeit verbringt als auch wichtige Dinge bespricht. Nachdem die Liste der Namen erstellt war, wählten die Interviewer nach einem Zufallsprinzip fünf Personen aus; für diese wurden dann mehrere Merkmale erfragt, u.a. das Geschlecht, die Schulbildung und die Nationalität. Unberücksichtigt blieben alle Personen unter 16 Jahren und jene, die im gleichen Haushalt wie die Befragten leben. Insgesamt haben wir Angaben über 3.335 Alteri der deutschen und 1.012 Alteri der türkischen Befragten.

Wir beschäftigen uns zuerst mit vier zentralen Merkmalen der Netzwerke von deutschen und türkischen Bewohnern: der Größe, dem Anteil der Verwandten, der räumlichen Ausdehnung und dem Anteil der Alteri anderer Nationalität als Ego. Unsere Ergebnisse, um es vorweg zu nehmen, entsprechen weitgehend denen in der Literatur.

Durchschnittlich nannten Deutsche 8,4 und Türken 6,4 Netzwerkpersonen (Alteri), also mehr als in der früheren Studie, dort waren es 4,6 bei den Deutschen und 1,8 bei den Türken (Friedrichs und Blasius 2000: 69, 75).

Beide haben demnach kleinere Netzwerke als die Bewohner anderer Gebiete, wie ein Vergleich mit den Kölner Studien von Kecskes und Wolf (1996: 92) zeigt. In ihrer repräsentativen Befragung in Köln-Niehl, einem Mittelschicht-Gebiet, hatten die Deutschen durchschnittlich 9,3 Alteri. Nauck, Kohlmann und Diefenbach (1997: 486) befragten eine Stichprobe von 405 türkischen Eltern und deren Kinder im Alter von 12 bis 15 Jahren; aus ihren Angaben lässt sich eine durchschnittliche Netzwerkgröße der Erwachsenen von 8,7 und deren Kindern von 9,8 Netzwerkpersonen errechnen. Selbstverständlich sind diese Ergebnisse nur begrenzt vergleichbar, weil die Netzwerkgeneratoren unterschiedlich sind. So wird z.B. einmal nach allen Personen gefragt, mit denen man in den letzten 14 Tagen Kontakt hatte, oder nur nach den fünf wichtigsten (vgl. die Diskussion der unterschiedlichen Generatoren bei Pfennig und Pfennig 1987, Staits 2000).

Die Netzwerke der Türken sind kleiner als die der Deutschen, weisen einen höheren Anteil von Verwandten auf und sind viel stärker auf das Wohngebiet konzentriert. Die türkischen Bewohner/innen haben – im Gegensatz zu den Deutschen – demnach mehr lokale Bindungen („bonding capital") als Brückenkapital („bridging capital").

Bei beiden Gruppen wird ein Anteil von über 30 % der Netzwerkpersonen als Freund oder Freundin bezeichnet. Fasst man die verschieden Verwandtschaftsformen zusammen, sind 59,1 % der von den Türken genannten Alteri und 53,2 % der von den Deutschen genannten Alteri Familienangehörige. In der früheren Studie waren rund 40 % der Alteri Verwandte (Friedrichs und Blasius 2000: 67).

Ein wichtiger Aspekt der Netzwerke ist, wie zahlreich interethnische Beziehungen sind, denn soziale Kontakte zur Majorität stellen nach der sprachlichen und beruflichen (strukturellen) Assimilation die dritte Stufe der Integration von ethnischen Minoritäten dar (Esser 1980: 209-235, 2000: 272-279). Die deutschen Bewohner/innen haben zu 14,8 % nicht-deutsche Alteri; davon stammt gut ein Drittel aus der Türkei und der Rest aus anderen Ländern. Dagegen haben die Türken 33,3 % nicht-türkische Alteri, von ihnen sind die allermeisten Deutsche. Nur 66,7 % der Alteri der türkischen Befragten sind ebenfalls aus der Türkei.

In der früheren Studie von vier benachteiligten Wohngebieten waren bei den Deutschen 8,5 % nicht-deutsch (2,1 % waren Türken), bei den Türken waren es 6,5 % Deutsche (Friedrichs und Blasius 2000: 73). Aus seiner Kölner Studie mit 614 befragten türkischen Jugendlichen im Alter von 15-21 Jahren berichtet Kecskes (2003) von, je nach Anteil der Türken im Wohngebiet, zwischen 15,2 % und 24,7 % deutschen Alteri bei den türkischen Befragten. Nauck, Kohlmann und Diefenbach (1997: 487) berichten, in ihrer Studie, hatten 8,2 % der befragten türkischen Eltern nicht-türkische Alteri, deren Kindern hatten jedoch zu 39,6 % Alteri anderer Herkunft. Diese gegenüber den Befragten aller Altersgruppen geringere ethnische Schließung geht vermutlich auf die besseren Sprachkenntnisse und Kontakte – u.a. in der Schule – zurück.

Hierfür sprechen auch die Befunde von Haug (2003: 726). Sowohl in dem Integrationssurvey des Bundesinstituts für Bevölkerungsforschung als auch dem Sozioökonomischen Panel gab es beträchtliche Unterschiede in der Homogenität der Netzwerke zwischen verschiedenen Nationalitäten und Generationen. So zeigt der Integrationssurvey, dass die Netzwerke der Deutschen zu 71,2 % homogen sind[1], die der eingebürgerten Türken der ersten Generation zu 25,4 %, der zweiten zu 16,2 % und diejenigen der nicht eingebürgerten Türken der ersten Generation zu 32,2 %, die der zweiten 22,3 %. Es ist demnach wahrscheinlich, dass die ethnische Homogenität der Netzwerke (Esser 1990: 187, Wimmer 2002: 17) geringer geworden ist.

41,7 % der von den Deutschen und etwas mehr als 50 % der von den Türken genannten Alteri leben im selben Stadtteil oder in der Nachbarschaft der Befragten. Netzwerkpersonen, die außerhalb Kölns leben, machen bei den Deutschen einen Anteil von knapp 20 % aus, bei den türkischen Befragten sind es nur 5 %.

In den folgenden Tabellen 8.1 und 8.2 werden die Merkmale der Netzwerke für die deutschen und türkischen Befragten dargestellt. Es kann weder für die Größe des Netzwerks noch für den Anteil der Netzwerkpersonen im Wohngebiet ein Zusammenhang mit dem Geschlecht der Befragten festgestellt werden. Unter deutschen Befragten ist jedoch der Anteil der Verwandten unter den Netzwerkpersonen bei Frauen signifikant höher. Je älter die Befragten sind, desto kleiner ist ihr Netzwerk. Das Netzwerk wird mit dem Alter kontinuierlich kleiner. Der Alterseffekt auf den Anteil der Familienmitglieder am Netzwerk der türkischen Bewohner nimmt bis zum 35. Lebensjahr zu und sinkt danach wieder ab. Hierfür zwei Beispiele aus den Fallstudien:

„Das einzige ist, man hat dann eben - das sagte mal auch so ein Kollege von mir, der auch Schichtdienst hat, [...] wenn Du Schichtdienst machst, hast Du keine Freunde. " (männlich, Jg. 1949, deutscher Herkunft, keine Kinder, Äquivalenzeinkommen über € 1500,-).

„[Freunde] Wir haben keine, wir haben gar keine. Bekannte, so lose, sieht man mal, dann sieht man sie wieder lange Zeit nicht. " (weiblich, Jg. 1962, deutscher Herkunft, keine Kinder, Äquivalenzeinkommen € 750,- bis unter € 1000,-).

Bei den deutschen Befragten steigt der Anteil der Netzwerkpersonen, die im Wohngebiet wohnen, ebenfalls mit dem Alter an, und in der Altersgruppe der Über-65-Jährigen nehmen diese wieder leicht ab. Unter türkischen Befragten hat die Altersgruppe der 36- bis 45-Jährigen die wenigsten Alteri im Wohngebiet.

Den stärksten Zusammenhang zum Alter zeigt der Anteil der Ausländer bzw. Deutschen an den Netzwerkpersonen. Bei den deutschen Befragten steigt bis zur Altersgruppe der 36- bis 45-Jährigen der Anteil der ausländischen Netzwerkpersonen auf 11,2 % an und sinkt dann wieder auf 1,3 % bei den Über-65-Jährigen. Der Anteil deutscher Alteri der türkischen Befragten liegt durchschnittlich bei 31,7 %. Vor allem Jugendliche und junge Erwachsene haben einen hohen Anteil deutscher Netzwerkpersonen. Mehr als 50 % der Netzwerkpersonen von den 16- bis 25-Jährigen sind Deutsche. Mit steigendem Alter sinkt auch bei den türkischen Befragten der Anteil Deutscher an den Netzwerkpersonen. Wir vermuten, mit steigendem Alter werden die Individuen intoleranter und haben deshalb eine geringere

---

[1] Gemessen werden die Anteile der Freunde mit einer Staatsangehörigkeit, die gleich der ethnischen Abstammung des Befragten ist.

Neigung, überhaupt Kontakte zu pflegen, schon gar nicht zu Personen außerhalb der eigenen Ethnie.

Tabelle 8.1: Merkmale der Netzwerke deutscher Befragter, Ergebnisse der Varianzanalysen

Merkmal	N	Netzwerk-größe	NWP-Anteil Verwandter	NWP-Anteil im Wohngebiet	Ausländeran-teil an NWP
Geschlecht					
Männlich	327	8,3	41,6	28,4	5,7
Weiblich	380	8,5	45,3	28,7	5,6
Insgesamt	707	8,4	43,7	28,6	5,6
		F= 0,3 n.s.	F=5,5	F=0,3 n.s.	F= 0,0 n.s.
Teststatistik			p<0,05		
			η=0,02		
Alter in Jahren					
16 – 25	88	9,5	36,4	20,0	6,0
26 – 35	88	9,1	40,7	25,9	9,4
36 – 45	114	8,9	39,2	28,1	11,2
46 – 55	138	8,0	44,5	27,2	5,1
56 – 64	103	8,3	48,9	35,4	3,6
65 +	173	7,4	48,1	31,9	1,3
Insgesamt	704	8,4	36,4	20,0	6,0
		F=3,8	F=2,2 n.s.	F=3,1	F=6,4
Teststatistik		p<0,01		p<0,01	p<0,001
		η=0,16		η=0,15	η=0,21
Bildungsabschluss					
Hauptschule	334	7,5	49,8	32,1	3,1
Mittlere Reife	148	8,6	40,4	29,2	4,8
Abitur	177	9,8	35,2	21,3	5,7
Insgesamt	659	8,4	43,4	28,3	4,2
		F=14,6	F=14,0	F=7,5	F=2,8 n.s.
Teststatistik		p<0,001	p<0,001	p<0,001	
		η=0,21	η=0,20	η=0,15	
Erwerbstätigkeit					
Erwerbstätig	277	9,1	41,3	24,6	7,5
Arbeitslos	69	6,7	43,9	33,7	4,4
Sonstiges	360	8,2	45,5	30,6	4,2
Insgesamt	706	8,4	43,6	28,5	5,6
		F=8,0	F=1,1 n.s.	F=3,0	F=3,8
Teststatistik		p<0,001		p<0,05	p<0,05
		η=0,15		η=0,09	η=0,10

Bei den deutschen Befragten sind, außer in Bezug auf den Ausländeranteil, in allen untersuchten Bereichen signifikante Bildungseffekte festzustellen. Die Kategorien „Schüler" und „kein Schulabschluss" sind aufgrund der niedrigen Fallzahl von der Varianzanalyse ausgeschlossen. Die türkischen Befragten mit Grundschulabschluss sind ebenfalls nicht in die Analyse miteinbezogen Von dem Bildungsabschluss der Hauptschule (7,5 Personen) über den Realschulabschluss (8,6 Personen) bis zum Abitur (9,8 Personen) nimmt die Zahl der Netzwerkpersonen signifikant zu.

Fortsetzung Tabelle 8.1: Merkmale der Netzwerke deutscher Befragter, Ergebnisse der Varianzanalysen

Merkmal	N	Netzwerk-größe	NWP-Anteil Verwandter	NWP-Anteil im Wohngebiet	Ausländeran-teil an NWP
Äquivalenzeinkommen in €					
– unter 500,-	65	7,6	46,1	34,2	5,1
500,- – 749,-	82	7,8	47,7	27,4	9,5
750,- – 999,-	110	7,4	44,5	29,9	10,2
1.000,- – 1.249,-	92	8,2	47,3	30,2	7,1
1.250,- – 1.499,-	119	9,3	41,0	27,9	3,6
1.500,- +	117	10,1	40,4	25,4	2,6
Insgesamt	585	8,5	44,1	28,9	6,1
		F=5,5	F=0,5 n.s.	F=0,7 n.s.	F=3,0
Teststatistik		p<0,001			p<0,05
		η=0,21			η=0,16
Transferleistungsbezug					
Ja	143	7,9	46,7	31,8	5,7
Nein	547	8,6	42,8	27,7	5,6
Insgesamt	690	8,4	44,0	28,8	5,7
Teststatistik		F=2,8 n.s.	F=0,9 n.s.	F=1,5 n.s.	F=0,0 n.s.
Stadtviertel					
Sieldung Vingst	123	9,9	42,3	29,7	3,1
Germ.-Siedlung	104	8,8	43,9	29,1	5,5
Höhenberg	177	8,5	42,0	25,9	4,8
Vingst	192	8,0	41,5	28,2	7,7
Höhenberg-Süd	49	7,1	42,4	36,2	12,1
Schw.-Siedlung	56	6,5	60,3	26,4	2,1
Insgesamt	701	8,4	45,2	29,3	5,9
		F=6,1	F=3,0	F=1,4 n.s.	F=3,0
Teststatistik		p<0,001	p<0,05		p<0,05
		η=0,21	η=0,14		η=0,14

Tabelle 8.2 Merkmale der Netzwerke türkischer Befragter, Ergebnisse der Varianzanalysen

Merkmal	N	Netzwerk-größe	NWP-Anteil Verwandter	NWP-Anteil im Wohngebiet	Deutschenan-teil an NWP
Geschlecht					
Männlich	128	6,7	35,9	35,4	33,3
Weiblich	110	6,1	49,0	27,6	29,7
Insgesamt	238	6,4	46,4	31,7	31,6
Teststatistik		F=1,3 n.s.	F=0,7 n.s.	F=3,0 n.s.	F=0,4 n.s.
Alter in Jahren					
16 – 25	46	7,6	50,4	25,1	51,7
26 – 35	72	7,0	60,6	35,6	31,2
36 – 45	39	6,0	37,6	22,7	18,7
56 +	76	5,5	32,1	36,4	24,9
Insgesamt	233	6,4	47,0	31,9	31,7
		F=3,9	F=5,7	F=3,5	F=14,1
Teststatistik		p<0,01	p<0,001	p<0,05	p<0,001
		η=0,22	η=0,38	η=0,21	η=0,40
Bildungsabschluss					
Hauptschule	33	7,2	51,6	33,3	31,9
Mittlere Reife	44	6,5	42,7	35,0	43,2
Abitur	50	6,9	43,1	27,4	33,2
Insgesamt	127	6,8	45,4	31,5	36,2
Teststatistik		F=0,3 n.s.	F=0,4 n.s	F=0,4 n.s.	F=1,0 n.s.
Erwerbstätigkeit					
Erwerbstätig	84	7,0	50,0	35,5	31,8
Arbeitslos	33	5,9	38,2	28,9	18,5
Sonstiges	118	6,2	45,7	28,9	35,2
Insgesamt	235	6,5	46,4	31,3	31,8
		F=1,5 n.s.	F=0,7 n.s.	F=1,3 n.s.	F=4,2
Teststatistik					p<0,05
					η=0,19
Äquivalenzeinkommen in €					
– unter 500,-	50	5,3	38,2	32,8	30,2
500,- – 749,-	55	6,0	48,2	25,4	31,6
750,- – 999,-	56	7,8	60,3	33,0	31,0
1.000,- +	40	7,4	61,5	37,2	31,3
Insgesamt	201	6,6	46,2	31,8	31,0
		F=5,2	F=3,0	F=2,3 n.s.	F=0,5 n.s.
Teststatistik		p<0,01	p<0,05		
		η=0,27	η=0,29		

Fortsetzung Tabelle 8.2: Merkmale der Netzwerke türkischer Befragter, Ergebnisse der Varianzanalysen

Merkmal	N	Netzwerk-größe	NWP-Anteil Verwandter	NWP-Anteil im Wohngebiet	Deutschenan-teil an NWP
Transferleistungsbezug					
Ja	57	6,1	50,6	31,1	20,3
Nein	156	6,8	42,3	30,0	34,4
Insgesamt	213	6,6	44,9	30,4	31,8
		F=1,4 n.s.	F=0,9 n.s.	F=0,0 n.s.	F=9,1
Teststatistik					p<0,01
					η=0,20
Stadtviertel					
Sieldung Vingst	28	7,0	53,1	28,1	33,6
Germ.- Siedlung	30	7,5	52,2	24,6	30,4
Höhenberg	32	5,7	49,9	21,6	29,6
Vingst	76	6,8	42,3	31,3	36,7
H'berg-Süd	50	5,5	42,7	45,2	29,3
Schw.- Siedlung	21	6,1	52,3	27,9	18,6
Insgesamt	237	6,4	49,1	29,9	30,0
		F=1,7 n.s.	F=0,6 n.s.	F=3,2	F=1,5 n.s.
Teststatistik				p<0,01	
				η=0,25	

Der Anteil der Verwandten unter den Netzwerkpersonen sowie der Anteil der Netzwerkpersonen im Wohngebiet sinken mit höheren Bildungsabschlüssen der Befragten. Die Bildung zeigt bei den Türken keine Zusammenhänge mit den abhängigen Variablen.

Eine zentrale Annahme war, Personen, die ein geringes Einkommen haben, und Personen, die arm sind, hätten kleine Netzwerke. Das gruppierte Äquivalenzeinkommen (neue OECD-Skala) weist bei Deutschen und bei Türken einen signifikanten Zusammenhang mit der Größe des Netzwerkes auf: Die Zahl der Netzwerkpersonen steigt in beiden Befragungsgruppen kontinuierlich an. Auch haben in beiden Gruppen diejenigen, die Transferleistungen beziehen, weniger Alteri als diejenigen, die keine Transferleistungen erhalten, doch sind diese Unterschiede nicht signifikant. Des Weiteren zeigt sich ein leicht positiver Einkommenseffekt auf den Anteil der Verwandten bei türkischen Befragten. Der Anteil der Ausländer an den Netzwerkpersonen der Deutschen zeigt in den mittleren Einkommensklassen leicht signifikant erhöhte Werte. Bei den türkischen Befragten ist ein starker positiver Effekt auf den Anteil Deutscher an den Netzwerkpersonen zu beobachten. Türken ohne Transferleistungsbezug haben einen hoch signifikant größeren Anteil an deutschen Netzwerkpersonen als jene ohne Bezüge. Differenziert man die Merkmale der Netzwerke nach den Stadtvierteln und ihren Bewohnern, zeigen sich signifikante Unterschiede. Bei den deutschen Befragten sinkt die Anzahl der Netzwerkpersonen deutlich und kontinuierlich mit dem Anteil der Sozialhilfeempfänger der Viertel (aufsteigend angeordnet). Auch der Anteil türkischer Alteri ist in den Vierteln mit niedriger Sozialhilfequote, abgesehen von dem Ausreißer Schweden-Siedlung, signifikant höher. Dagegen ist der Anteil der Verwandten dort wieder der höchste. Die türkischen Befragten zeigen nur einen signifikanten Unterschied in den Stadtvierteln von HöVi, nämlich den Anteil der Netzwerkpersonen im Wohngebiet. Er ist in Höhenberg-Süd deutlich am höchsten.

„Hier gibt es eine Familie, der ich behilflich bin. „Deutschangelegenheiten", dies und das, was sie selbst nicht können – dann kommen sie zu mir und ich erledige das. So eine Familienfreundschaft haben wir." (männlich, Jg. 1958, türkischer Herkunft, zwei Kinder, Äquivalenzeinkommen € 1000,- bis unter € 1250,-).

„Wenn man Hilfe braucht, dann ist auch jemand da. Ich hab jetzt hier 'ne türkische Nachbarin, und ich muss sagen, die sind immer da, also wenn ich was brauche, dann sind die für mich da und wenn die was brauchen, dann bin ich für die da." (weiblich, Jg. 1968, 2 Kinder im Haushalt, deutscher Herkunft, Äquivalenzeinkommen unter € 500,-).

„Also, wenn es mir sehr schlecht geht, dann geh' ich zu meiner Tante. Das ist die einzige, wo ich auch so über richtige Probleme sprechen kann." (weiblich, Jg. 1968, deutscher Herkunft, 2 Kinder im Haushalt, Äquivalenzeinkommen unter € 500,-).

„Es gibt ein, zwei gute Freundschaften, aber insgesamt habe ich zu niemandem intensiven Kontakt. Nachdem ich ein, zwei Mal so krumme Sachen erlebt habe. Da ist es das Beste, keine Kontakte mehr einzugehen. [...] Wenn wir nicht so enge Kontakte mit anderen eingehen, gibt's auch weniger Probleme." (männlich, Jg. 1966, türkischer Herkunft, keine Kinder, Äquivalenzeinkommen € 1250,- bis unter € 1500,-).

„Wir helfen uns sehr viel, unser Bekanntenkreis und natürlich Familie auch, wir helfen uns meistens alle so untereinander." (männlich, Jg. 1953, deutscher Herkunft, 1 Kind im Haushalt, Äquivalenzeinkommen € 750,- bis unter € 1000,-).

8.2 Homophilie in den Netzwerken

Mehrere eingangs aufgeführte Annahmen bezogen sich auf die Homophilie in sozialen Netzwerken. Wir untersuchen nun für mehrere Merkmale, wie ähnlich sich Ego und Alteri bei den deutschen und türkischen Befragten sind. Je ähnlicher sie sich sind, desto höher sollten die Werte in den Diagonalen der nachfolgenden Tabellen 8.3 bis 8.6 sein.

Bildung. Von den deutschen Befragten haben mehr als die Hälfte einen Haupt- oder Volksschulabschluss, gefolgt von Fachabitur, Abitur oder Hochschulabschluss und Mittlere Reife (vgl. Kap. 4). Die Schulabschlüsse ihrer Alteri sind ähnlich verteilt. Die türkischen Befragten haben seltener Abschlüsse der Hauptschule, was jedoch daran liegt, dass viele der türkischen Befragten den Grundschulabschluss in der Türkei gemacht haben, der der Unterstufe deutscher weiterführender Schulen entspricht. Es gibt auch mehr Personen unter ihnen, die das deutsche oder türkische Abitur (Lise-Diplom) oder den Fach-/ Hochschulabschluss (vgl. Kap. 4) vorweisen. Die Schulabschlüsse unter den Alteri der Türken sind annähernd gleich verteilt.

Tabelle 8.3 Bildung deutscher Befragter und deren Alteri, nach Bildung der Befragten (kursiv) und Netzwerkpersonen, in Prozent

Schulabschluss Alteri	Schulabschluss Ego					
	Schüler/innen	Kein Abschluss	Hauptschule	Mittlere Reife	Abitur	Summe/ N
Schüler/innen	51,3 / *60,8*	1,3 / *1,0*	1,3 / *18,6*	1,5 / *9,3*	1,3 / *10,3*	100,0 / 97
Kein Abschluss	0,9 / *2,6*	17,1 / *33,3*	1,1 / *41,0*	0,8 / *12,8*	0,5 / *10,3*	100,0 / 39
Hauptschule	22,6 / *1,9*	43,4 / *2,4*	66,7 / *67,2*	38,7 / *17,1*	21,5 / *11,5*	100,0 / 1397
Mittlere Reife	13,0 / *2,3*	21,1 / *2,5*	18,4 / *39,7*	35,9 / *34,0*	18,8 / *21,5*	100,0 / 652
Abitur	12,2 / *1,8*	17,1 / *1,7*	12,5 / *22,7*	23,1 / *18,4*	57,9 / *55,5*	100,0 / 777
Summe	100,0	100,0	100,0	100,0	100,0	2962
N (Alteri/Ego)	115 / *20*	76 / *12*	1408 / *334*	618 / *148*	745 / *177*	691

$\chi^2=1703,3$, $p<0,001$, $CV=0,38$

Tabelle 8.4 Bildung türkischer Befragter und deren Alteri, nach Bildung der Befragten (kursiv) und Netzwerkpersonen, in Prozent

Schulabschluss Alteri	Schulabschluss Ego					
	Schüler/innen	Kein Abschluss	Hauptschule	Mittlere Reife	Abitur	Summe/ N
Schüler/innen	39,6 / *43,4*	5,9 / *3,6*	5,7 / *34,9*	7,1 / *7,2*	4,1 / *10,8*	100,0 / 83
Kein Abschluss	2,2 / *5,0*	17,6 / *22,5*	4,5 / *57,5*	0,0 / *0,0*	2,8 / *15,0*	100,0 / 40
Hauptschule	18,7 / *4,0*	47,1 / *5,6*	53,9 / *64,3*	50,0 / *9,9*	31,7 / *16,2*	100,0 / 426
Mittlere Reife	16,5 / *8,3*	17,6 / *5,0*	18,5 / *51,9*	22,6 / *10,5*	20,2 / *24,3*	100,0 / 181
Abitur	23,1 / *9,5*	11,8 / *2,7*	17,3 / *39,6*	20,2 / *7,7*	41,3 / *40,5*	100,0 / 222
Summe	100,0	100,0	100,0	100,0	100,0	952
N (Alteri/Ego)	91 / *19*	51 / *10*	508 / *98*	84 / *44*	143 / *50*	221

$\chi^2=212,9$, $p<0,001$, $CV=0,24$

Die Tabelle 8.3 zeigt die Anteile der Bildungsabschlüsse der Alteri bezogen auf die der deutschen Befragten. Die Werte in den Spalten zeigen die Verteilung der Alteri innerhalb der einzelnen Bildungskategorien der Befragten. Die Werte in den Zeilen (kursiv) zeigen die Verteilung der Alteri auf die verschiedenen Bildungsabschlüsse der Befragten. Betrachtet man zunächst die Spaltenprozente, ist zu erkennen, dass mit steigendem Schulabschluss der Befragten auch der Anteil der Netzwerkpersonen steigt, die ebenfalls einen hohen Bildungsabschluss haben. Im Falle des Abiturs von 1,3 % auf 57,9 %. Umgekehrt sinkt der Anteil derjenigen Alteri ohne Schulabschluss und mit Hauptschulabschluss mit steigender Bildung der Befragten. In den Zeilen lässt sich die Verteilung der Alteri auf alle Befragten deutlich machen. Es zeigt sich, dass Schüler vor allem von Schülern genannt werden und Haupt- und Realschulabsolventen vor allem von Befragten mit Hauptschulabschluss.

Unter den türkischen Befragten und ihren Netzwerkpersonen fällt eine größere Heterogenität der Personen nach ihren Bildungsabschlüssen auf (Tabelle 8.4). Trotzdem kann auch hier beobachtet werden, dass der Kontakt zu Personen mit niedrigem Bildungsniveau mit einem höheren Bildungsabschluss der Befragten sinkt und umgekehrt. Allerdings ist bei den Hauptschülern nicht nur der Anteil der Alteri mit ebenfalls niedrigem Bildungsniveau hoch, sondern auch in den anderen Bildungsgruppen. Befragte und Netzwerkpersonen mit Hauptschulabschluss bilden jeweils eine starke Gruppe. Die Abschlüsse Abitur, Fach- und Fachhochschulabschluss werden im Folgenden zusammengefasst.

Erwerbstätigkeit. 39,2 % der deutschen und 35,7 % der türkischen Befragten sind Voll- oder Teilzeit erwerbstätig. Der Anteil der Arbeitslosen unter den Deutschen liegt bei 9,8 % und bei den Türken bei 14,0 %. Jeweils etwas mehr als 50 % fallen in die Kategorie „Andere". Diese setzt sich zusammen aus Rentnern, Pensionären, Studenten und anderen.

Tabelle 8.5 Erwerbsstatus deutscher Befragter und deren Alteri, nach Erwerbsstatus der Befragten (kursiv) und Netzwerkpersonen, in Prozent

	Erwerbsstatus Ego							
	Arbeitslos		Erwerbstätig		Andere		Summe/ N	
Arbeitslos	18,7	*12,7*	9,4	*51,7*	7,5	*35,7*	*100,0*	300
Erwerbstätig	35,5	*5,5*	50,4	*63,5*	28,3	*31,0*	*100,0*	1308
Andere	45,8	*5,5*	40,2	*39,5*	64,2	*55,0*	*100,0*	1676
Summe	100,0		100,0		100,0			3284
N (Alteri/Ego)	203	*69*	1647	*277*	1434	*360*	*706*	

χ^2=207,7, p<0,001, CV=0,18

In der Tabelle 8.5 ist der Erwerbsstatus der Netzwerkpersonen deutscher Befragter ausgewiesen. Die Werte in den Spalten zeigen die Verteilung der Alteri innerhalb der einzelnen Erwerbskategorien der Befragten. Die Werte in den Zeilen (kursiv) zeigen die Verteilung der Alteri über die verschiedenen Erwerbsklassen der Befragten. Es wird deutlich, dass arbeitslose Befragte nicht vornehmlich ebenfalls arbeitslose Alteri (18,7 %) nennen – im Gegenteil, 35,5 % der Netzwerkpersonen sind erwerbstätig, und die Gruppe der Studenten, Rentner und Pensionäre hat den größten Anteil knapp 46 %. Unter den erwerbstätigen Befragten ist die Verteilung homogener. Erwerbstätige haben insgesamt den kleinsten Arbeitslosenanteil in ihren Netzwerken und die Hälfte ihrer Alteri ist ebenfalls erwerbstätig. In den Zeilen der Tabelle ist zu erkennen, dass die meisten der Arbeitslosen jedoch von den Erwerbstätigen genannt wurden und nur wenige von den arbeitslosen Befragten.

Jedoch ist der Anteil der Arbeitslosen in unserer Stichprobe geringer als nach den objektiven Daten für den Stadtteil; daher auch die niedrigen Anteile Arbeitsloser Netzwerkpersonen bei den Erwerbstätigen und den anderen. Unter den türkischen Arbeitslosen befinden sich mehr arbeitslose Alteri als unter den deutschen Arbeitslosen (Tabelle 8.6). Unter erwerbstätigen Befragten kann jedoch, ähnlich den deutschen Befragten, wenn auch nicht so deutlich, ein niedriger Anteil an arbeitslosen Alteri und ein hoher Anteil an erwerbstätigen Alteri ausgemacht werden. Die Unterschiede können auch auf die geringe Fallzahl der arbeitslosen türkischen Befragten zurückgehen.

Tabelle 8.6: Erwerbsstatus türkischer Egos und deren Alteri bezogen auf den Erwerbsstatus der Befragten (kursiv) und der Netzwerkpersonen, in Prozent

| | Erwerbsstatus Ego | | | | | | | |
	Arbeitslos		Erwerbstätig		Andere		Summe/ N	
Arbeitslos	28,3	*19,3*	14,6	*43,7*	10,3	*37,0*	*100,0*	135
Erwerbstätig	31,5	*8,4*	43,2	*50,1*	29,6	*41,5*	*100,0*	347
Andere	40,2	*7,4*	42,2	*34,0*	60,2	*58,6*	*100,0*	500
Summe	100,0		100,0		100,0			982
N (Alteri/*Ego*)	92	*33*	403	*84*	487	*118*	*235*	

χ^2=46,9, p<0,001, CV=0,15

Bei türkischen Befragten und ihren Netzwerkpersonen gehen jeweils knapp 15 % keiner Erwerbstätigkeit nach. Die Verteilung der arbeitslosen Alteri zeigt entsprechend höhere Anteilswerte unter den stark vertretenen Erwerbstätigen und anderen Befragten als unter den arbeitslosen Befragten.

Tabelle 8.7: Homophilie der Netzwerke von Deutschen und Türken, in Prozent und Homophilieindex nach Marsden

| | Deutsche | | Türken | |
	Prozent	Index	Prozent	Index
Geschlecht	57,4	1,2 (männlich)	62,8	1,3 (männlich)
Alter	43,8	6,0 (16-25)	41,0	3,5 (16-25)
Bildung	56,2	1,7 (Hauptschule)	45,0	1,2 (Hauptschule)
Erwerbstätigkeit	54,5	1,5 (arbeitslos)	50,1	1,6 (arbeitslos)
Nationalität	89,0	3,2 (deutsch)	65,7	1,3 (türkisch)

Die Türken haben insgesamt weniger homophile Netzwerke als die Deutschen (Tabelle 8.7), ihre Alteri ähneln den Egos weniger stark. Die einzige Ausnahme bildet erwartungsgemäß das Geschlecht. Türkische Männer haben etwas häufiger Kontakt zu Männern. Besonders groß ist die Altershomophilie unter Jugendlichen zwischen 16 und 25 Jahren. Die beobachtete Häufigkeit der Netzwerkpersonen in der gleichen Altersklasse ist bei den Türken dreieinhalbmal, bei den Deutschen sechsmal so hoch wie die erwartete Häufigkeit. Besonders stark ist auch die Homophilie bezüglich der Nationalität deutscher Egos und ihrer Alteri. Knapp 90% bzw. mehr als dreimal übersteigt die beobachtete Häufigkeit die erwartete Häufigkeit. Das bedeutet, dass Deutsche deutlich seltener Alteri unterschiedlicher Nationalität in ihr Netzwerk integrieren als Türken. Bei ihnen ist die erwartete Häufigkeit der Integration ebenfalls türkischer Alteri nur zu 30 % überschritten. Von Ethnozentrismus kann unter den türkischen Befragten nicht die Rede sein. Es sind eher die deutschen Befragten, die sich mit ihresgleichen umgeben.

Um die Netzwerke als Ressourcen genauer zu prüfen und die These der Orientierung Benachteiligter in höhere soziale Schichten zu untersuchen, ist in den Abbildungen 8.1 bis 8.4 der Homophilieindex, unterteilt nach Erwerbs- und Bildungsklassen sowie dem Äquivalenzeinkommen der Egos dargestellt. Die Ergebnisse zeigen, dass Arbeitslose häufiger unter ihresgleichen bleiben, vor allem in den unteren Einkommensklassen. Sehr deutlich ist dies bei den Türken zu beobachten. Der Homophilieindex nimmt mit steigenden Einkommensklassen kontinuierlich ab. Noch deutlicher wird dieser Zusammenhang am Beispiel der Bildungsabschlüsse. In den beiden untersten Einkommensklassen sind Hauptschulabsolventen mehr als doppelt so häufig wie erwartet ebenfalls mit Hauptschulabsolventen befreundet als mit anderen Alteri. Allerdings ist auch eine deutliche Homogenität unter den Abiturienten zu beobachten.

Abbildung 8.1: Homophilie der Erwerbstätigkeit, deutsche Befragte, nach Einkommensklasse, in Euro

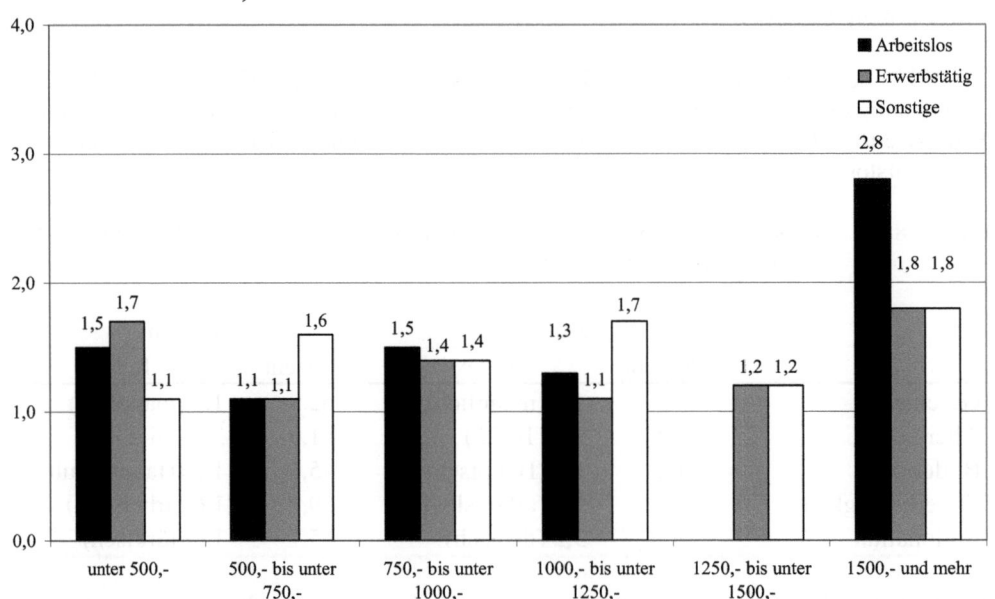

Abbildung 8.2: Homophilie der Erwerbstätigkeit, türkische Befragten, nach Einkommensklasse, in Euro

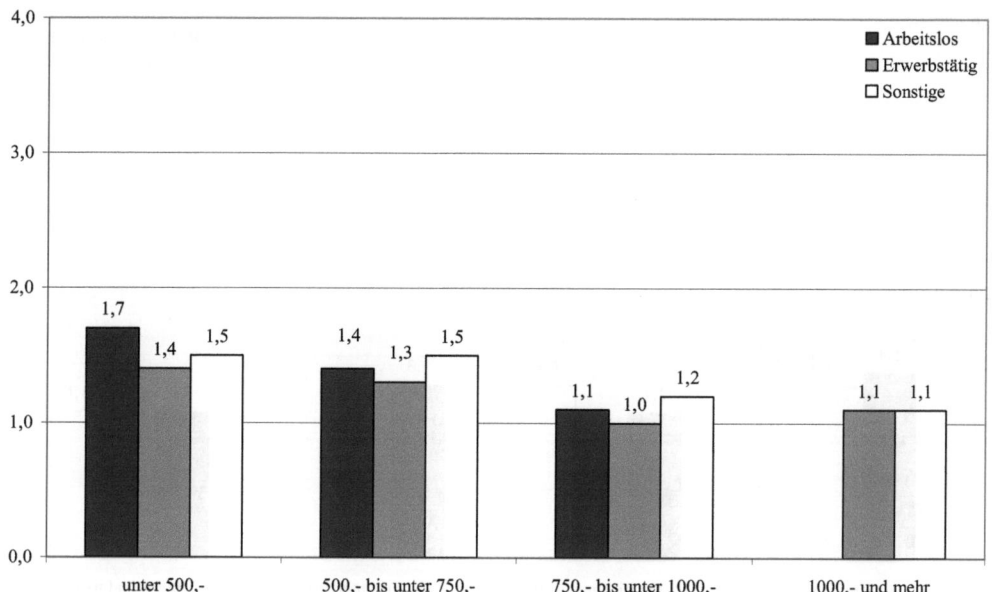

Abbildung 8.3: Homophilie der Bildungsabschlüsse, deutschen Befragte, nach Einkommensklasse, in Euro

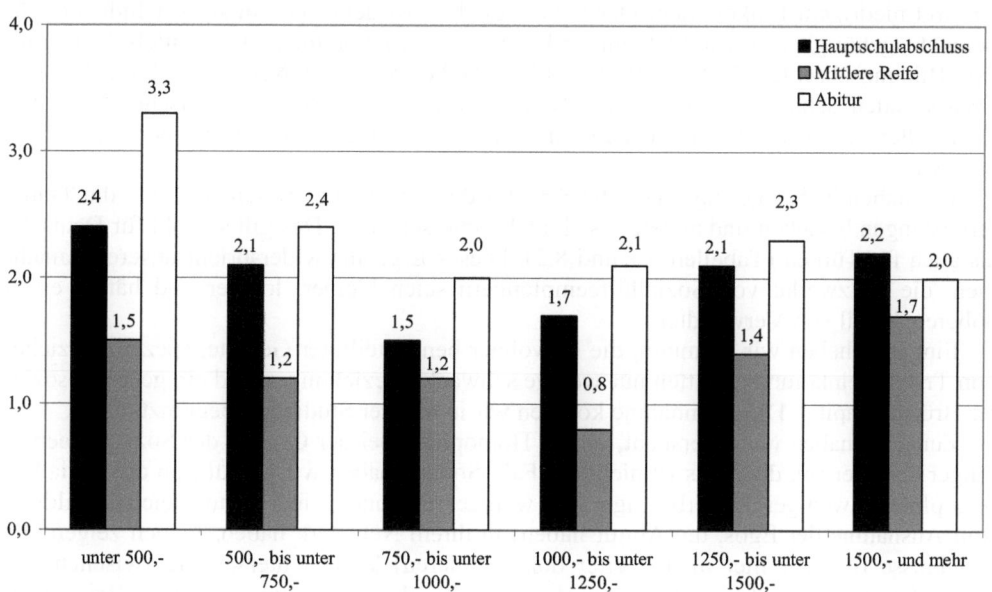

Abbildung 8.4:   Homophilie der Bildungsabschlüsse, türkische Befragte, nach Einkom-
                 mensklasse, in Euro

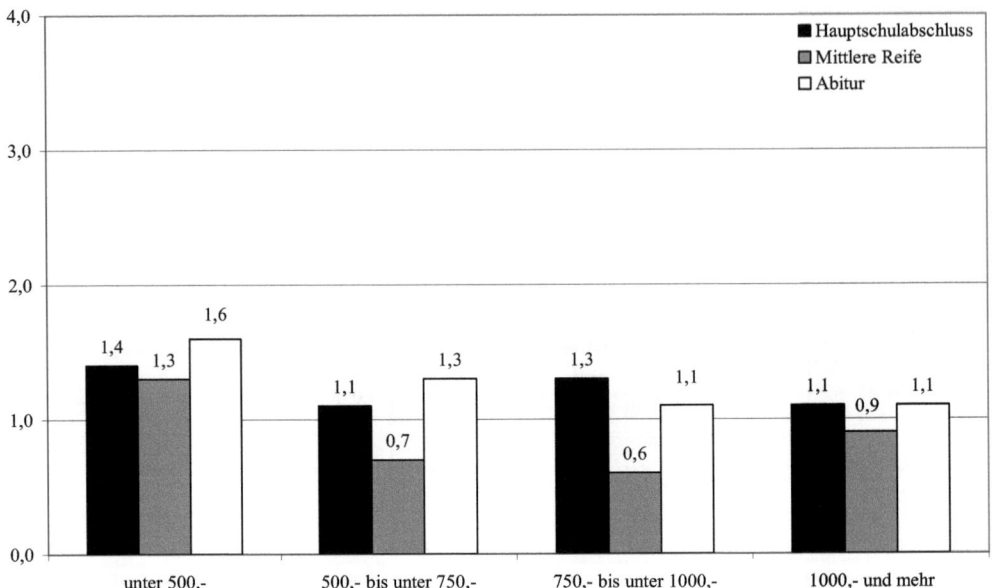

Die Personen mit hohen Bildungsabschlüssen orientieren sich offensichtlich weniger stark in untere soziale Schichten, dies zeigt der hohe Homophilieindex der Abiturienten vor allem mit niedrigem Einkommen. Der Schulabschluss ist demnach ein starker Indikator für Schichtzugehörigkeit, vermutlich ein stärkerer als das Einkommen. Die „Mittelschicht" mit dem Bildungsabschluss Mittlere Reife hat hier die heterogensten Netzwerke. Sie haben von allen sozialen Schichten Alteri in ihre Netzwerke integriert. Bei den türkischen Egos und ihren Alteri ist dieser Zusammenhang ebenfalls, wenn auch weniger ausgeprägt, zu beobachten.

Wir haben bisher gezeigt, dass die Struktur der Netzwerke zwischen denen, die Transferleistungen beziehen und anderen, sich nicht unterscheiden. Das gilt sowohl für Deutsche als auch für Türken (Tabellen 8.1 und 8.2). Dieses Ergebnis widerspricht unseren Annahmen, die Netzwerke von Sozialhilfeempfängern seien kleiner, lokaler und hätten einen höheren Anteil von Verwandten.

Eingangs haben wir vermutet, die Bewohner benachteiligter Gebiete, speziell Bezieher von Transfereinkommen, hätten nur wenige schwache Beziehungen und ein geringes soziales Brückenkapital. Diese Annahme konnten wir in unserer Studie nur begrenzt testen.

Zunächst haben wir untersucht, ob die Homophilie bei der Gruppe der Sozialhilfeempfänger geringer sei, doch das ist nicht der Fall. Sodann haben wir geprüft, ob die Sozialhilfeempfänger weniger Erwerbstätige und weniger Personen einer statusgleichen Bildung (mit Ausnahme der Egos, die Abitur haben) in ihrem Netzwerk haben. Jedoch zeigen alle Ergebnisse (die wir hier nicht weiter dokumentieren) keine Unterschiede zwischen den beiden Gruppen – weder bei den deutschen noch bei den türkischen Befragten. Bei Letzteren ist es ohnehin schwierig, aufgrund der geringen Zahl der Fälle präzise Aussagen zu den schwachen Beziehungen zu machen. Schließlich haben wir geprüft, ob in den Vierteln mit einem hohen verglichen mit den Vierteln mit einem niedrigen Anteil an Transferleistungsbeziehern Unterschiede in der Struktur der Netzwerke auftreten. Auch das ist nicht der Fall. Wir können nur sagen, dass die Größe der Netzwerke höher ist, je geringer der Anteil der Sozialhilfeempfänger in dem Gebiet ist.

8.3 Netzwerke und Einstellungen zu abweichendem Verhalten

Wir haben sodann untersucht, ob die Netzwerkgröße einen Einfluss auf die Wahrnehmung und die Billigung abweichenden Verhaltens hat. Den eingangs formulierten Annahmen folgend, gehen wir davon aus, größere Netzwerke seien heterogener und wiesen einen höheren Anteil von Personen außerhalb des Wohngebietes (mehr bridging social capital) auf. Wenn nun, wie in der Literatur gezeigt wurde, benachteiligte Gebiete mehr abweichendes Verhalten aufweisen, dann müssten Bewohner mit großen und heterogenen Netzwerken abweichendes Verhalten strenger beurteilen. Sie haben weniger Kontakte im Gebiet (bridging social capital), weshalb sie weniger von den Mitbewohner/innen dahin beeinflusst werden, abweichendes Verhalten als Teil des Alltags zu akzeptieren. Bewohner mit bonding social capital finden sich mit den Gegebenheiten ab, beobachten seltener und missbilligen weniger stark.

Diese Annahmen sind in Abbildung 8.5 dargestellt. Dabei lassen wir offen, in welcher Weise Beobachtung und Billigung abweichenden Verhaltens zusammenhängen. Eine nahe liegende Hypothese ist: Je mehr abweichendes Verhalten eine Person beobachtet, desto stärker – aus Furcht, Opfer zu werden – missbilligt sie diese auch. Oder resigniert die Person und billigt abweichendes Verhalten deshalb stärker? Zudem könnten die Reaktionen der deutschen und türkischen Bewohner/innen unterschiedlich sein. Unsere empirischen Ergebnisse belegen einen positiven Zusammenhang der Größe des Netzwerks sowohl mit der Heterogenität (oder umgekehrt: geringen Homophilie) als auch mit einem höheren Anteil von Alteri außerhalb des Wohngebietes. Die unter (a) angeführten Annahmen bewähren sich demnach. Die Annahme (b) testen nur für den Anteil der Alteri außerhalb des Wohngebietes.

Abbildung 8.5: Modell zur Erklärung Zusammenhangs von Netzwerkgröße und beobachteter und gebilligter Devianz

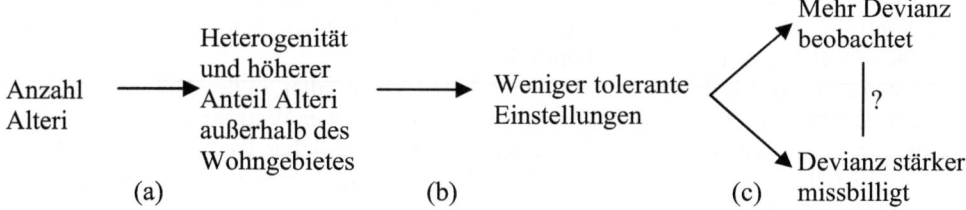

Unsere empirischen Befunde zeigen auch, dass mit steigender Netzwerkgröße mehr Kriminalität beobachtet wird, jedoch kein Zusammenhang mit der Billigung abweichenden Verhaltens besteht. Wer viele lokale Alteri hat, beobachtet signifikant mehr Kriminalität (das gilt für deutsche und türkische Bewohner), aber auch hier besteht keine Beziehung zur

Billigung von Kriminalität. Wir können damit die Frage beantworten, welcher Zusammenhang zwischen Beobachtung und Billigung von abweichendem Verhalten besteht – im Modell mit einem Fragezeichen versehen.

Wir haben außerdem gefragt, ob die Anteile von Deutschen in türkischen Netzwerken und Türken bzw. Ausländern in deutschen Netzwerken einen Einfluss auf die Wahrnehmung und Billigung von Kriminalität haben. Besonders wichtig ist hierbei die Frage, ob die Urteile türkischer Bewohner denen der Deutschen um so ähnlicher sind, je höher der Anteil der Deutschen an ihrem Netzwerk ist. Zugespitzt: Übernehmen türkische Befragte, wenn sie viele Deutsche kennen, die „deutschen Maßstäbe" der Beurteilung? Die deutschen Bewohner/innen beobachten signifikant mehr abweichendes Verhalten und billigen es stärker als die türkischen Bewohner/innen.

Der Anteil der Ausländer weist bei den Deutschen keinen Zusammenhang damit auf, wie viel Kriminalität beobachtet wird, und ebenso wenig damit, ob man sie billigt. Hingegen zeigt sich in der Tat, dass türkische Bewohner, die einen höheren Anteil nichttürkischer Alteri (ganz überwiegend Deutsche) in ihrem Netzwerk haben, mehr Kriminalität beobachten und sie stärker billigen als die türkischen Bewohner/innen mit einem niedrigen Anteil Nicht-Türken im Netzwerk.

Tabelle 8.8 zeigt die Ergebnisse der Korrelationen der verschiedenen Skalen mit den Netzwerkitems. Die Netzwerkgröße steht in Zusammenhang mit dem Zustand der Wohnung. Je größer das Netzwerk der Befragten, desto besser ist dieser (hoher Wert = guter Zustand). Die Selbst- und Fremdkontrolle (positiver Wert = hohe Selbstkontrolle) korreliert mit der Netzwerkgröße der türkischen Befragten und etwas schwächer mit jener der Deutschen. Je größer das Netzwerk, desto stärker ist das Gefühl, das Leben selbst kontrollieren zu können. Ebenfalls ist die intergenerationale Beziehung (hoher Wert = gute Beziehung) unter deutschen Befragten besser, je größer das Netzwerk ist. Bei den türkischen Befragten ist dieser Zusammenhang ebenso wie der Zusammenhang mit kollektiver Wirksamkeit (hoher Wert = starkes Kollektiv) negativ. Je größer das Netzwerk, desto schlechter ist die Beziehung zwischen den Generationen und desto schwächer ist der Zusammenhalt in der Nachbarschaft.

Ferner wird unter Deutschen öfter deviantes Verhalten allgemein und deviantes Verhalten von Jugendlichen (hohe Werte = oft beobachtet) beobachtet, je größer das Netzwerk ist. Unter den türkischen Befragten gibt es einen starken Zusammenhang zwischen der Netzwerkgröße und dem Anteil Verwandter an den Netzwerkpersonen sowie dem Anteil deutscher Alteri. Der Anteil der Verwandten selbst korreliert bei den türkischen Befragten positiv mit dem Zustand der Wohnung und (nur knapp nicht signifikant) mit der Selbst- bzw. Fremdkontrolle. Die Verwandten sorgen anscheinend für einen guten Zustand der Wohnung und schmälern nicht die Selbstkontrolle.

Bei den deutschen Befragten ist ein hoher Anteil Verwandter an den Netzwerkpersonen mit einer negativen Einstellung zu deviantem Verhalten (hoher Wert = positive Einstellung zu Devianz) im Allgemeinem und insbesondere zu jugendlicher Devianz (hoher Wert = positive Einstellung zu Devianz) verbunden. Bei beiden Befragtengruppen korrelieren die Skalen der beobachteten Devianz positiv mit dem Anteil der Netzwerkpersonen im Wohngebiet. Je mehr Netzwerkpersonen im Wohngebiet wohnen, desto häufiger beobachten die Egos delinquentes Verhalten. Unter den Befragten türkischer Herkunft korreliert der Anteil der Netzwerkpersonen im Wohngebiet weiterhin signifikant positiv mit der wahrgenommenen Verwahrlosung im Wohngebiet.

Tabelle 8.8: Korrelation (nach Pearson) der Skalen mit den Netzwerkvariablen, 2004

	Netzwerkgröße		NWP-Anteil Verwandter		NWP-Anteil im Wohngebiet		Anteil Ausländer/ Deutscher	
	D	T	D	T	D	T	D	T
GESUND	-0,07	0,04	0,06	0,05	0,05	-0,07	-0,08*	0,07
MAHLZEIT	-0,04	0,02	0,05	-0,18	0,05	-0,09	-0,08*	0,10
ZUSTAND	0,24***	0,22***	0,00	0,13*	-0,03	-0,16*	-0,02	0,11
KONTROLL	0,08*	0,19**	-0,09*	0,15	0,02	-0,07	-0,02	0,15*
DISORDER	0,00	0,10	0,00	-0,01	0,04	0,16*	0,02	0,19**
INCLOS	0,11**	-0,14*	-0,01	0,16	0,09*	0,01	-0,04	-0,08
COLLEFF	0,11**	-0,07	-0,05	0,06	0,06	0,07	-0,13***	-0,05
JUGEBEO	0,09*	0,08	0,01	-0,04	0,12**	0,22***	-0,05	0,24***
DEVBEO	0,11**	0,03	0,01	0,04	0,10**	0,20**	0,05	0,16*
DEVIANZ	-0,04	-0,07	-0,10**	0,01	-0,04	0,02	-0,03	0,19**
JUGEND	-0,04	0,11	-0,08*	-0,17	-0,02	-0,03	0,01	0,15*
GEWTOL	-0,11**	-0,07	0,02	-0,05	0,11**	-0,03	0,04	-0,20**
Netzwerkgröße	-	-	-0,12***	0,48***	-0,07	0,07	0,06	0,18**
NWP-Anteil Verwandter	-0,12***	0,48***	-	-	-0,14***	-0,19*	0,02	0,14
NWP-Anteil im Wohngebiet	-0,07	0,07	-0,14***	-0,19*	-	-	-0,04	-0,11
Anteil Ausländer / Deutscher	0,06	0,18**	0,02	0,14	-0,04	-0,11	-	-

*p<0,05; **p<0,01; ***p<0,001

Ferner wirkt dieser Anteil positiv auf die intergenerationale Beziehung Deutscher. In beiden Fällen verschlechtert dieser die Beziehung und den Zusammenhalt im Wohngebiet. Der Anteil ausländischer Netzwerkpersonen verändert anscheinend die Essgewohnheiten der Deutschen. Je größer der Anteil der ausländischen Alteri, desto schlechter ist die Ernährung, desto seltener wird gemeinsam gegessen und desto schwächer ist die kollektive Wirksamkeit der deutschen Befragten. Weiterhin beeinflusst ein steigender Anteil Deutscher Alteri bei den Türken die Selbstkontrolle zum Positiven.

Im Kapitel 5 haben wir festgestellt, dass die türkischen Bewohner das Wohngebiet weniger kritisch beurteilen als die deutschen Bewohner. Hier nun, bei der Analyse der Netzwerke, finden wir einen weiteren wichtigen Unterschied: Deutsche Bewohner nehmen mehr Devianz wahr als türkische, aber sie billigen sie stärker. Wie aber wirkt sich der Anteil der Deutschen in den Netzwerken von Türken auf deren Wahrnehmung und Einstellung aus? Verändern die deutschen Alteri ihre Einstellungen? Und besteht ein umgekehrter Effekt des Anteils nicht-deutscher Alteri im Netzwerk der Deutschen auf deren Wahrnehmung und Beurteilung von abweichendem Verhalten?

Je mehr Deutsche zu den Netzwerkpersonen der Türken zählen, desto häufiger wird deviantes Verhalten und deviantes Verhalten Jugendlicher beobachtet, desto weniger stört Devianz und desto positiver ist die Einstellung zu deviantem Verhalten Jugendlicher. Toleriert wird gewalttätiges Verhalten jedoch signifikant seltener, wenn vermehrt Deutsche im Netzwerk integriert sind.

Die Ergebnisse der multivariaten linearen Regressionen (Tabelle 8.9) zeigen beispielhaft für die Variablen „Deviantes Verhalten beobachtet" (DEVBEO) und „Einstellung zu deviantem Verhalten Jugendlicher" (JUGEND), wie sich die Häufigkeiten der Beobachtungen und die Bewertung abweichenden Verhaltens unter Einfluss der verschiedenen Netzwerkvariablen verändern[1]. Die erklärten Varianzen der Regression sind zwar bis auf das beobachtete abweichende Verhalten bei den Türken sehr niedrig, dennoch erscheinen uns drei Ergebnisse wichtig: Zum Ersten hat der Anteil der Netzwerkpersonen im Wohngebiet bei Deutschen wie bei Türken einen positiven Effekt auf das Ausmaß beobachteter Devianz. Zum Zweiten zeigt sich, bei den Türken stärker als bei den Deutschen, dass die Billigung von Devianz auch zu mehr Beobachtung von abweichendem Verhalten führt. Drittens schließlich finden wir bei den türkischen Befragten zwei gegenläufige Effekte: Je höher der Anteil der Deutschen an ihrem Netzwerk ist, desto eher billigen sie abweichendes Verhalten Jugendlicher, hingegen hat ein höherer Anteil Verwandter am Netzwerk den Effekt, dieses Verhalten zu missbilligen. Darüber hinaus nehmen türkische Befragte mit deutschen Alteri auch mehr abweichendes Verhalten allgemein und mehr Verwahrlosung wahr (alle signifikant). Je mehr deutsche Alteri türkische Befragte in ihrem Netzwerk integrieren, desto positiver wird ihre Einstellung zu abweichendem Verhalten, oder desto gleichgültiger ist ihnen die Devianz. Wenn also türkische Bewohner Deutsche in ihrem Netzwerk haben, so verschieben sich bei ihnen sowohl die Wahrnehmung als auch die Beurteilung von abweichendem Verhalten in Richtung der Wahrnehmung und Urteile der Deutschen. Interessant ist, dass ein steigender Anteil Verwandter am Netzwerk diesem Effekt entgegenwirkt und zu negativer Einstellung und Missbilligung von Devianz führt. Die türkischen Befragten sind deshalb in einem moralischen Konflikt zwischen der eher konservativen Einstellung ihrer Verwandten und den eher toleranten Einstellungen ihrer deutschen Freunde.

---

[1] Es wurden für alle Skalen der Beobachtung und der Billigung/ Missbilligung abweichenden Verhaltens Analysen gemacht, dargestellt werden aber nur die Regressionen für JUGEND und DEVBEO.

Wahrscheinlich gehört das zu den Problemen und Kosten der assimilativen Integrationen (Esser 1980), also der Übernahme von Werten der Majorität.

Tabelle 8.9: Ergebnisse der multivariaten Regression, Standardisierte Koeffizienten (Beta)

	Deutsche		Türken	
	DEVBEO	JUGEND	DEVBEO	JUGEND
Konstante	-0,46***	0,21	-0,49	-0,10
Netzwerkgröße	0,11*	-0,05	-0,04	0,19
NWP-Anteil Verwandter	0,05	-0,08	0,05	-0,25*
NWP-Anteil im Wohngebiet	0,13***	-0,01	0,28**	0,00
Anteil Deutscher/Ausländer	0,05	0,00	0,16	0,21*
Stunden außerhalb des Gebietes	0,03	0,03	0,08	-0,05
JUGBEO	-	-0,13**	-	0,08
DEVBEO	-	0,01	-	-0,10
JUGEND	-0,07	-	-0,13	-
DEVIANZ	0,09*	-	0,20	-
GEWTOL	-0,03	-	-0,19	-
Korrigiertes R²	0,02	0,02	0,13	0,06

DEVBEO = Deviantes Verhalten beobachtet, JUGEND = Billigung devianten Verhaltens Jugendlicher,
*$p<0,05$, **$p<0,01$, ***$p<0,001$

Wir haben auch untersucht, ob benachteiligte Personen mehr Zeit im Wohngebiet verbringen. Ein einfacher Grund hierfür kann sein, dass sie nicht erwerbstätig sind und allein deshalb das Gebiet nicht verlassen müssen. Des Weiteren vermuten wir, der Anteil der Zeit, den jemand im (benachteiligten!) Wohngebiet verbringt, habe ebenfalls – direkt oder als Interaktionseffekt mit anderen Netzwerkvariablen – einen Einfluss auf die (stärkere) Beobachtung und Billigung von devianten Verhaltens: Wer viel Zeit im Gebiet verbringt, beobachtet mehr abweichendes Verhalten, resigniert aber und billigt es deshalb stärker. Eine kritische dritte Variable ist der Zeitanteil, den man im Gebiet verbringt. Es zeigt sich aber, dass der verbrachte Zeitanteil außerhalb des Gebietes keinen Einfluss auf die entsprechenden Variablen nimmt.

In der Tat finden wir sehr starke Unterschiede zwischen den sechs Vierteln unseres Untersuchungsgebietes (siehe Tabelle 8.1 und 8.2). Je höher die Sozialhilfequote im Gebiet ist, desto mehr Zeit wird im Gebiet verbracht und desto kleiner sind auch, zumindest bei den Deutschen, die Netzwerke. Sie reichen von 5,5 Personen in Höhenberg-Süd bis zu 9,9 in der Siedlung-Vingst. Es gibt ferner signifikante Unterschiede zwischen den Vierteln nach dem Anteil Verwandter, dem Anteil türkischer Alteri und der Netzwerkgröße bei den deutschen Bewohnern. Derartige Unterschiede bestehen für die türkischen Bewohner nicht. Hier ist nur ein Wert signifikant, nämlich der Anteil der Netzwerkpersonen im Wohngebiet.

8.4 Zusammenfassung

Wir untersuchen die Struktur der Netzwerke von Bewohner/innen in einem benachteiligten Wohngebiet. Die erste Hypothese war, die Netzwerke von Bewohnern benachteiligter Wohngebiete seien kleiner als die anderer Wohngebiete. Diese Hypothese trifft bedingt zu: Zwar sind die Netzwerke sowohl der deutschen als auch der türkischen Befragten größer als in den vier früher untersuchten benachteiligten Gebieten Kölns; Jedoch sind die Netzwerke etwas kleiner als diejenigen eines mittleren Gebietes in Köln-Niehl und im Mittel mit 7,6 Personen etwa so groß wie die in Euskirchen (Friedrichs, Kecskes und Wolf 2002).

Die Netzwerke der Deutschen sind (wieder) größer als die Türken. Wie in zahlreichen Untersuchungen belegt, steigt die Zahl der Netzwerkpersonen mit der Schulbildung und dem Einkommen, sie sinkt hingegen mit dem Alter. Mit zunehmendem Alter wird auch bei den Deutschen der Anteil nicht-deutscher Alteri und bei den Türken der Anteil nicht-türkischer Alteri geringer. Die Türken haben mehr Verwandte und mehr im Gebiet wohnende lokale Alteri in ihrem Netzwerk als die Deutschen; diese beiden Befunde sind allerdings nicht signifikant. Die Deutschen haben wenige Ausländer in ihrem Netzwerk (14,8 %), die Türken hingegen sehr viele (31,6 %). Aufschlussreich ist, dass mit steigender Größe der Netzwerke der Türken auch der Ausländeranteil höher ist. Damit haben die Erwerbstätigen und Haushalte ohne Transferleistungen nach allen eingangs aufgeführten Hypothesen sehr wahrscheinlich mehr schwache Beziehungen und daher bessere Chancen auf dem Arbeitsmarkt. Ein Indiz hierfür sind die größeren Ausländeranteile und größeren Netzwerke der Erwerbstätigen.

Zentral für unsere Analyse war die Frage, ob die Tatsache, benachteiligt zu sein, einen Einfluss auf die Struktur des Netzwerkes hat. Erstaunlicherweise unterscheidet sich die Größe der Netzwerke bei denen, die Transferleistungen beziehen, nicht von denen, die keine staatliche Leistungen erhalten; die Netzwerke benachteiligter Personen sind demnach nicht kleiner. Allerdings zeigt sich, dass bei den türkischen Bewohnern, die Transferleistungen erhalten, im Netzwerk weniger Deutsche sind, hingegen ein geringfügig größerer Anteil von Netzwerkpersonen im Gebiet und ein leicht höherer Anteil Verwandter. Es bestehen ferner starke Unterschiede nach den Stadtvierteln. Bei den Deutschen finden wir einen sehr engen Zusammenhang zwischen dem Anteil der Sozialhilfeempfänger und der Größe des Netzwerkes. Je höher die Sozialhilfequote im Gebiet ist, desto mehr Zeit wird im Gebiet verbracht und desto kleiner sind auch, zumindest bei den Deutschen, die Netzwerke. Sie reichen – wie bereits erwähnt – von 5,5 Personen in Höhenberg-Süd bis zu 9,9 in der Siedlung Vingst. Dieser negative Zusammenhang tritt bei den türkischen Bewohnern nicht auf. Wir erklären dies damit, dass die Türken weniger Chancen auf dem Wohnungsmarkt haben, weshalb in das Gebiet Türken aller Schichten einziehen. Es gibt ferner signifikante Unterschiede zwischen den Vierteln nach dem Anteil Verwandter, dem Anteil türkischer Alteri und der Netzwerkgröße bei den deutschen Bewohnern. Derartige Unterschiede bestehen für die türkischen Bewohner nicht. Hier ist nur ein Wert signifikant, nämlich der Anteil der Netzwerkpersonen im Wohngebiet.

Für die Türken würden wir aus den Annahmen über die Effekte der Homophilie bzw. der Heterogenität von Netzwerken vermuten, dass ein höherer Ausländeranteil in den Netzwerken der Türken auch zu einem höheren Status führt. Tatsächlich finden wir, dass der Ausländeranteil sowohl bei deutschen als auch bei türkischen Erwerbstätigen höher ist als bei den Arbeitslosen, er ist zudem bei den türkischen Empfängern von Transferleistungen kleiner als bei denjenigen, die keine Leistungen beziehen. Wir finden ferner, dass die Erwerbstätigen signifikant größere Netzwerke haben als die Arbeitslosen.

Wie in der Literatur hinreichend beschrieben, besteht auch hier eine starke Homophilie in den Netzwerken nach dem Alter, der Bildung und der Erwerbstätigkeit. Die Arbeitslosen nennen seltener als Erwerbstätige arbeitslose als Alteri; die meisten Arbeitslosen werden in der Tat von den Erwerbstätigen genannt. Die Homophilie in den Netzwerken ist bei den Deutschen stärker ausgeprägt als bei den Türken.

Wir haben schließlich untersucht, ob die Struktur von Netzwerken einen Einfluss auf die Wahrnehmung und auf die Billigung von abweichendem Verhalten hat. Tatsächlich finden wir, dass, je größer das Netzwerk ist, desto mehr Kriminalität beobachtet ist. Es wird auch mehr Kriminalität von denen beobachtet, die einen hohen Anteil von Netzwerkpersonen haben, die im Gebiet wohnen. Jedoch besteht keine Beziehung zwischen der Beobachtung und der Billigung von abweichendem Verhalten. Mehr abweichendes Verhalten zu beobachten, führt nicht dazu, es stärker zu billigen. Beobachtung und Billigung sind weitgehend unabhängig voneinander.

Deutsche billigen abweichendes Verhalten stärker als Türken; dieser Befund entspricht dem in unserer früheren Untersuchung. Erstaunlich ist nun, dass, je höher der Anteil der Deutschen am Netzwerk türkischer Bewohner ist, desto höher ist auch deren Billigung von abweichendem Verhalten. Die deutschen Netzwerkpersonen „verschieben" offenbar die restriktiveren Urteile der Türken in die Richtung liberalerer Einstellungen. Erstaunlich war weiterhin der Befund, dass bei den Türken ein hoher Anteil von Verwandten zu höherer Missbilligung abweichenden Verhaltens führt, während, wie eben berichtet, ein höherer Anteil deutscher Alteri zu stärkerer Billigung führt. Die türkischen Befragten sind somit in einem Konflikt.

Wir finden schließlich, dass die Netzwerkgröße positive Effekte auf die Selbstkontrolle hat. Dies dürfte darauf zurückzuführen sein, dass größere Netzwerke auch eine größere Heterogenität der Alteri bedeuten, mithin die befragte Person (Ego) sich in unterschiedlichen sozialen Kreisen (im Sinne Simmels) bewegt und damit an Selbstvertrauen gewinnt.

9 Normen und soziale Kontrolle

Bereits vor über 60 Jahren stellten Shaw and McKay (1942) für Chicago fest, dass benachteiligte Nachbarschaften überdurchschnittlich hohe Kriminalitätsraten, überdurchschnittlich hohe Raten an Arbeitslosen und einen überdurchschnittlich hohen Anteil von Mitgliedern ethnischer Minoritäten haben. Diese Ergebnisse wurden für andere Länder repliziert, so z.B. für Frankreich (Dubet und Lapeyronnie 1994, Brun und Rhein 1994), für Schweden (Wikström 1991) und für die USA (Jargowski und Bane 1990, Massey und Denton 1993). Für Deutschland konnten unter anderen Herlyn u.a. (1991), Tobias und Boettner (1992), Froessler (1994) und für die Schweiz Eisner (1997) diesen Zusammenhang bestätigen.

Der Kern der Aussagen von Shaw und McKay bestand darin, dass arme Gebiete einen hohen Grad an sozialer Desorganisation aufwiesen. Dieses Konzept lässt sich mit Sampson und Groves (1989: 778f.) in drei Teilkonzepte zerlegen: a) die Fähigkeit einer Nachbarschaft, die Aktivitäten von Jugendlichen zu beobachten und zu kontrollieren, b) die Zusammensetzung der lokalen Freundschafts-Netzwerke und c) die Teilnahme an formalen und freiwilligen Organisationen bzw. Vereinen. In ihrer empirischen Studie konnten die Autoren zeigen, dass alle drei Bedingungen einen – wenn auch nicht sehr hohen – Effekt auf die Kriminalitätsraten haben. Um die Desorganisation präziser zu erfassen, haben Sampson u.a. (1997, Sampson, Morenoff und Earls 1999) das Konzept der „collective efficacy" eingeführt, in dem sie die Konzepte „Ausmaß sozialer Kontrolle" und „soziale Kohäsion" kombinieren. Das Konzept erwies sich als fruchtbar, denn die Autoren konnten damit 75 % der Varianz von Gewaltdelikten erklären.

Shaw und McKay (1942) formulieren ihre Aussagen und Erklärungen auf der Ebene der Ortsteile (census tracts), ihren Ergebnissen zufolge werden die Bewohner/innen durch die Merkmale oder Bedingungen des Gebietes beeinflusst. Diese durch das Gebiet verursachten Effekte beschreiben wir im abschließenden Abschnitt dieses Kapitels. Ein weiteres Problem von benachteiligten Wohngebieten ist, dass Personen oder Haushalte, die unter starken finanziellen Einschränkungen handeln müssen, das Selbstvertrauen verlieren und – wie Wilson (1987) vor allem für Gebiete mit einem hohen Anteil armer schwarzer Bevölkerung belegt – vom „mainstream" der Gesellschaft sozial isoliert sind. Diese Isolation kann zum einen ein Merkmal der Individuen sein, zum anderen kann sie durch das Gebiet verstärkt (oder sogar auch verursacht) werden. Hat das Gebiet einen schlechten Ruf, so werden auch dessen Bewohner/innen diskriminiert, z.B. würde eine Person allein aufgrund der Tatsache, in diesem Gebiet zu wohnen, eine ausgeschriebene Arbeitsstelle nicht erhalten.

Um diese unterschiedlichen Effekte von Wohngebieten zu untersuchen, gehen wir auf die Studie von Ross, Mirowsky und Pribesh (2001) ein, welche auch die Annahmen von Wilson (1987) berücksichtigt. Die grundlegende Annahme ist, dass benachteiligte Personen in benachteiligten Wohngebieten wohnen, die sehr oft sichtbare Anzeichen von Verwahrlosung (disorder) aufweisen, z.B. einen physischen Verfall von Gebäuden und abweichende Verhaltenweisen (Skogan 1990, Wilson und Kelling 1982). Die Wahrnehmung solcher äußeren Zeichen führt zu einem Gefühl der Machtlosigkeit (powerlessness). Die wahrgenommene Verwahrlosung der Nachbarschaft („disorder perceived and reported by residents", Ross, Mirowsky und Pribesh 2001) führt bei Personen mit einer niedrigen persönlichen Kontrolle über ihr Leben überdurchschnittlich oft zu Misstrauen (mistrust) gegenüber den Mitbewohnern; diese Personen nehmen sich als abhängige und fremder Kontrolle unterworfene Personen wahr. Es ist ein Zustand, den bereits Srole (1956) mit seiner „Anomia"-Skala messen wollte. Diese Beschreibung entspricht weitgehend derjenigen, die Neugebauer (2007: 83, vgl. S. 33) in seiner Typologie der Lebensstile für die Gruppe des „abgehängten Prekariats" gibt: „starke Verunsicherung, fühlen sich gesellschaftlich im Abseits und auf der Verliererseite, Rückzug ins Private ist nur vermeintlicher Ausweg, auch hier kaum Gefühl, Leben weitgehend selbst bestimmen zu können". Diese Gruppe machte in der repräsentativen Befragung in Deutschland 8% der Befragten aus.

Das Misstrauen wird durch die Machtlosigkeit verstärkt, weshalb Ross, Mirowsky und Pribesh von einer „structural amplification" der Wirkungen des Wohngebietes sprechen. Demnach hat die wahrgenommene Verwahrlosung einen zweifachen Effekt auf das Misstrauen, einen direkten und einen indirekten über die gefühlte Machtlosigkeit (die im Übrigen aus den Zitaten oben zum Prekariat hervorgeht).

Bereits in einer älteren deutschen (von Trotha 1974), aber auch in britischen (Bottoms, Caytor und Wiles 1992, Walklate und Evans 1999) und neueren nordamerikanischen Studien (siehe weiter unten), sind es die kollektiven Überzeugungen, die das Ausmaß abweichenden Verhaltens beeinflussen. Je solidarischer oder in ihren Werten einheitlicher die Bewohner/innen sind, desto geringer ist das abweichende Verhalten und desto höher ist die soziale Kontrolle im Gebiet.

Wie aber kann der Einfluss solcher kollektiver Überzeugungen der Bewohner des Gebietes gemessen werden? In Kapitel 5 haben wir gezeigt, dass das Wohngebiet sowohl sozial als auch räumlich heterogen ist – wenngleich andere Wohngebiete in der Stadt noch erheblich heterogener sein mögen. Es ist naheliegend anzunehmen, die kollektiven Überzeugungen seien uneinheitlich, d.h. die Bewohner nähmen nicht nur in – signifikant – unterschiedlichem Maße das Ausmaß abweichenden Verhaltens, der sozialen Kontrolle und der Verwahrlosung des Gebietes wahr. Um diesen Zustand zu beschreiben, greifen wir auf die Hypothesen eines Modells der Delegitimation von Normen (Friedrichs 1999) zurück und wenden sie auf benachteiligte Wohngebiete an:

1. In armen Wohngebieten besteht eine Normenvielfalt.
2. Die Normenvielfalt führt bei den Bewohnern zu einer Unsicherheit, welche Normen gelten.
3. Eine zunehmende Unsicherheit führt zu einer abnehmenden Sanktionsbereitschaft bei abweichenden Verhaltensweisen.
4. Bewohner, die einer ethnischen Minderheit angehören, ziehen sich angesichts der „deutschen" Normenpluralität auf „ihre" Normen zurück; es kann zu dem kommen, was in der Literatur als „Re-Ethnisierung" bezeichnet wird. Diese Annahme wird durch die Befunde aus unserer früheren Studie gestützt (Friedrichs und Blasius 2000), in welcher die türkischen Befragten – im Gegensatz zu den deutschen – deviante Normen sowohl stärker ablehnten als auch in der Ablehnung homogener waren; anders als bei den deutschen Befragten konnten bei dieser Bevölkerungsgruppe auch keine Unterschiede nach Alter, Schulbildung und Geschlecht festgestellt werden. Letzteres war aufgrund der uniformen Ablehnung nahezu jeder Form abweichenden Verhaltens auch kaum zu erwarten.

Bislang wurde noch nicht hinreichend empirisch untersucht, wie genau die von Wilson (und anderen Autoren) vermutete Übernahme von Mustern abweichenden Verhaltens bzw. deren Ablehnung erfolgt. Es wird anhand von „role models" im Wohngebiet gelernt; es findet, wie bereits im Kapitel 2.1 ausgeführt, ein soziales Lernen statt. Geschieht dies durch Beobachtung, durch Interaktion oder durch eine Verbindung beider Prozesse? Es ist demnach zu untersuchen, wie der Prozess der Vermittlung abweichender Verhaltensweisen in dem Wohngebiet vor sich geht und wer von welchen Personen(-gruppen) beeinflusst wird.

Hierbei sind zwei unterschiedliche Mechanismen und Reaktionen zu unterscheiden: Beobachtung und Interaktion. Im Falle der Interaktion kann der Mechanismus mit der Theorie von Sutherland (1968) beschrieben werden: Abweichendes Verhalten wird in devianten Gruppen gelernt, und zwar zum Einen die Techniken, es auszuführen und zum Anderen die Legitimation für dessen Ausführung. Dem liegt die lerntheoretische Hypothese zugrunde, dass belohntes Verhalten wiederholt wird, z.B. durch Anerkennung einem wichtig erscheinender Personen in der Nachbarschaft.

Überträgt man Sutherlands Annahmen auf den zweiten Fall, die Beobachtung, dann könnten die Techniken durch „Absehen" erworben werden, nicht aber die Legitimation. In der Literatur zu den Kontexteffekten durch role models (vgl. Galster 2008) und deren positiven Effekten wird nicht beschrieben, wie Individuen dazu kommen, das beobachtete abweichende Verhalten auch als legitim, oder aber das am „mainstream" orientierte Verhalten für angemessen zu halten. Obgleich wir dieses Problem, die Lücke in der Erklärung, mit unserer Studie nicht lösen, können wir mit den Skalen zur Beobachtung und zur Billigung abweichenden Verhaltens einen Beitrag dazu leisten.

Die Beobachtung abweichender Verhaltensweisen im Gebiet, z.B. von Schlägereien unter Jugendlichen, Vandalismus oder Drogenhandel kann zum einen dazu führen, sich zurückzuziehen, mehr Vorsicht walten zu lassen und den Kindern besondere Ratschläge für ihr Verhalten zu geben. Andererseits können derartige Beobachtungen dazu führen, die eigenen Normen aufzugeben, sich den abweichenden anzupassen und am Ende die devianten Normen für die geltenden Normen zu halten. Die Wahrnehmung abweichenden Verhaltens würde demzufolge die Bewohnerschaft polarisieren. So lässt sich vorstellen, dass die wiederholte Konfrontation mit abweichendem Verhalten zunächst dazu führt, es zu tolerieren, um es dann in einem zweiten Schritt zu übernehmen.

Diese „Steter-Tropfen-höhlt-den-Stein"-Hypothese dürfte aber nicht unter allen Bedingungen gelten, da, wie oben ausgeführt, ein großer Teil der Bewohner das abweichende Verhalten nicht übernimmt. Diesen Punkt konnte Sutherland nicht erklären; er betrachtete diese Frage nicht weiter und konzentrierte sich auf jene Personen, die Kontakte mit abweichenden Personen haben. Aufschlussreich an den Hypothesen von Sutherland ist jedoch, dass die Interaktionen mit devianten Personen bei den zunächst nicht devianten Personen zweierlei bewirkt: sie übernehmen eine Form abweichenden Verhaltens, einschließlich der dazu erforderlichen Techniken, sie übernehmen aber auch die hierzu gehörenden Normen, mit denen ein solches Verhalten gerechtfertigt werden kann. An dem letzten Punkt der Rechtfertigung können wir empirisch ansetzen und prüfen, welche Bewohner/innen in welcher Form auf wahrgenommenes abweichendes Verhalten reagieren. Dazu gehen wir – vereinfacht – von möglichen Reaktionen auf abweichendes Verhalten aus (Abbildung 9.1):

Abbildung 9.1: Drei Reaktionen auf wahrgenommenes abweichendes Verhalten

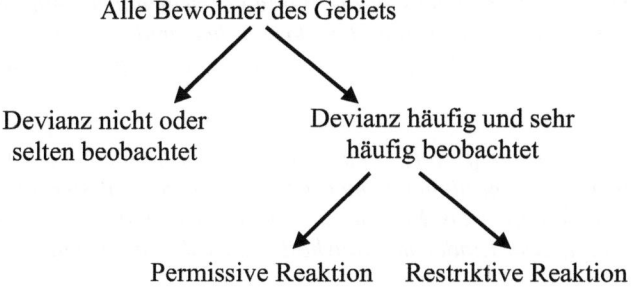

Entsprechend Abbildung 9.1 beobachten die Bewohner eines Gebietes in ihrer Nachbarschaft abweichende Verhaltensweisen entweder nicht, selten oder häufig. Beobachten sie nur wenig oder gar keine Devianz im Gebiet, so sollte dies zu keiner Reaktion führen. Wird sie hingegen häufig beobachtet, sollte dies zu einer Reaktion seitens der Bewohner führen; diese kann entweder permissiv oder restriktiv sein.

9.1 Einstellung zu und Beobachtung von abweichendem Verhalten

„In HöVi herrscht die normale rechtsrheinische Mischung aus frisierten oder geklauten Mofas und Fahrrädern, Diebstahl und Einbrüchen", wie ein Experte der Polizei uns im Interview sagte. Zwar taucht das Dreieck Nördlinger, Würzburger, Bamberger Straße täglich wegen sozialer Unruhen oder Familienstreitigkeiten in der Polizeiberichterstattung auf; generell nehmen die beiden Stadtviertel aber keine Sonderstellung bezüglich bestimmter Delikte ein. Es kann auch kein Zusammenhang zwischen Wohnen in besonders benachteiligten Straßen und vermehrter Straffälligkeit der dort Wohnenden nachgewiesen werden. Im Vergleich zur Polizeiarbeit in anderen Vierteln setzen die hier zuständigen Beamten auf starke Präsenz, aber eher, um die „gefühlte" Unsicherheit zu verringern als dass die Anzahl der tatsächlichen Delikte verstärkte Präsenz erfordern würde – so die Ergebnisse aus den Expertengesprächen. Auch wenn in internationalen Studien vielfach nachgewiesen wurde, dass ärmere Viertel in der Kriminalitätsstatistik überdurchschnittlich hohe Werte haben (Wilson 1987, 1991), so konnte dies für Höhenberg und Vingst nicht bestätigt werden. Ungeachtet der statistischen Daten gibt es laut unseren Expertengesprächen mit Vertretern der Kölner Polizei dennoch Unterschiede zu Vierteln, die mit weniger sozialen Problemen zu kämpfen haben. Hierfür einige Belege aus den Fallstudien mit Bewohnern von HöVi:

„Hab' ich hier schon oft erlebt, ob es sonntags andere stört, [dass] einer auf dem Balkon sägt oder die Türen vom Auto um 12, ein Uhr knallt oder die Jugendlichen hier rasen wie die Irren abends noch um 12, ein Uhr oder sie sich laut draußen noch [unterhalten], wenn sie irgendwo aus 'ner Gaststätte oder aus der Disco kommen." (weiblich, Jg. 1962, deutscher Herkunft, keine Kinder, Äquivalenzeinkommen € 750,- unter € 1000,-).

„Die sind ja in der Überzahl, da muss man vorsichtig sein hier in Vingst. Da sind dann ruckzuck 100 Türken auf der Straße. [...] ich kam von der Bahn, alles voller Menschen. Das waren irgendwie 2 Clans, wo sich die Chefs in die Wolle gekriegt haben. Auf einmal war die Straße voll. Fünf, sechs Polizeiwagen mussten dazwischen und die auseinander treiben." (männlich, Jg. 1949, deutscher Herkunft, keine Kinder, Äquivalenzeinkommen über € 1500,-).

„In den Schulen [...] weiß [man] gar nicht, wer da ein- und ausgeht. Meine Kinder haben mal erzählt, dass da ein schwarzer Mann hingekommen ist. [...] Manchmal sind auf dem Spielplatz auch Erwachsene, die könnten das Kind ja zu irgendetwas überreden." (weiblich, Jg. 1975, türkischer Herkunft, zwei Kinder im Haushalt, Äquivalenzeinkommen über € 1500,-).

„Was ich sagen kann, ist, dass die Stadt sich nicht besonders darum kümmert, was hier so passiert. Ein bisschen Disziplin muss schon sein. [...] Die Leute achten nicht auf sich selbst, oder die Stadt macht nicht genügend Druck. Alle leben hier so frei, die machen was die wollen heutzutage." (weiblich, Jg. 1975, türkischer Herkunft, zwei Kinder im Haushalt, Äquivalenzeinkommen über € 1500,-).

Da die Polizeiliche Kriminalstatistik zudem nur die Delikte in den sechs Kölner Polizeibezirken erfasst und nicht für die einzelnen Stadtteile oder gar die einzelnen Viertel, kann auf der Basis der vorhandenen statistischen Daten nur generell festgestellt werden, dass die Zahl der Tatverdächtigen[1] im Jahr 2004 für den Polizeibezirk Südost, in welchem Vingst und Höhenberg liegen, gemessen an der Gesamtzahl der Tatverdächtigen mit 20,8 % an zweiter Stelle der sechs Polizeibezirke Kölns steht, bezogen auf die Einwohnerzahl allerdings durchschnittlich ist (PKS 2004). Des Weiteren sind 83,2 % der Tatverdächtigen mindestens schon einmal straffällig gewesen. Dieser Anteil ist höher als in den anderen fünf Polizeibezirken.

Ein Verhalten, das nach den Maßstäben der Angehörigen des Mittelstands als abweichend bezeichnet wird, z.B. die Anwendung von körperlicher Gewalt zur Klärung von Konflikten, kann in HöVi durchaus funktional sein und wird deshalb von bestimmten Gruppen (z.B. Jugendbanden) nicht als abweichend empfunden. Aber auch wenn körperliche Gewalt von einigen als relativ normal angesehen wird, so gilt der Schusswaffengebrauch in jedem Fall als abweichend, wie wir aus unseren Expertengesprächen erfuhren. Anders ausgedrückt, auf einem Kontinuum von „vollkommen gewaltfrei" bis „extrem gewalttätig" gilt für Jugendbanden ein anderer Schwellenwert, ab dem eine Verhaltensweise als abweichend eingestuft wird, als bei gleichaltrigen Jugendlichen, die aus der Mittelschicht stammen.

Um Abweichungen von Normen im Wohngebiet zu messen, die äußerlich sichtbar werden durch Verwahrlosung, z.B. in Form von Graffiti an den Hauswänden und mutwilligen Zerstörungen, durch sichtbare abweichende Verhaltensweisen auf den Straßen und Plätzen, z.B. Alkohol- und Drogenkonsum, als auch durch persönliche Einschätzungen („Es gibt viel Kriminalität in Vingst/Höhenberg"), wurden elf Items aus der Studie von Ross, Mirowsky und Pribesh (2001) repliziert und an unsere Befragung angepasst (vgl. Abschnitt

---

[1] Jeder Tatverdächtige wird nur einmal gezählt, auch wenn er mehrfach straffällig wurde.

4.6). Die Verteilung der Antworten auf diese Fragen für die deutschen und türkischen Bewohner ist in Tabelle 9.1 wiedergegeben (Frage 21 des Fragebogens im Anhang).

Tabelle 9.1: Verwahrlosung in der Nachbarschaft, Deutsche (D) und Türken (T), in Prozent (DISORDER)

		Trifft voll zu	Trifft eher	Trifft eher nicht zu	Trifft gar nicht zu	Gesamt
In HöVi gibt es viele mit	D	14,9	20,9	45,5	18,6	100,0
Graffiti besprühte Wände	T	19,2	22,6	28,5	29,7	
HöVi ist laut	D	29,5	24,8	30,6	15,0	100,0
	T	36,0	25,9	21,3	16,7	
Mutwillige Zerstörung	D	28,6	30,5	31,6	9,3	100,0
kommt in HöVi häufig vor	T	28,7	25,7	28,3	17,3	
HöVi ist sauber	D	6,1	22,2	31,9	39,7	100,0
	T	19,7	30,1	33,5	16,7	
Die Menschen kümmern	D	29,5	52,1	17,0	1,4	100,0
sich sehr um ihre Whg.	T	25,9	44,9	22,7	6,5	
In der Nähe meiner Whg.	D	19,2	21,8	30,2	28,9	100,0
hängen viele Menschen herum	T	20,3	37,5	26,7	15,5	
In HöVi gibt es viel	D	29,3	36,6	29,1	5,0	100,0
Kriminalität	T	19,8	34,7	27,0	18,5	
In HöVi ist der	D	30,7	35,7	27,8	5,8	100,0
Drogenkonsum hoch	T	30,0	39,0	18,8	12,2	
In HöVi ist der Alkoholkon-	D	39,9	39,0	17,7	3,3	100,0
sum hoch	T	35,3	41,4	14,9	8,4	
Ich habe oft Ärger mit	D	4,3	5,7	16,5	73,6	100,0
den Nachbarn	T	4,2	13,0	22,2	60,7	
Mein Wohngebiet ist sicher	D	17,4	30,3	34,0	18,2	100,0
	T	37,2	40,2	15,4	7,3	

Wie in Tabelle 9.1 zu erkennen ist, gibt es zu allen Fragen relativ hohe Zustimmungsraten, d.h., alle genannten Auffälligkeiten scheinen in HöVi zumindest so oft vorzukommen, dass ein relativ großer Teil der Bewohner den entsprechenden Aussagen in den Skalen zustimmte. Auffällig ist dabei, dass die türkischen Bewohner den Aussagen noch stärker zustimmten als die deutschen – und dies sowohl zu den negativen Statements wie „in HöVi gibt es viel Graffiti", „HöVi ist laut" und „in der Nähe meiner Wohnung hängen viele Menschen auf der Straße herum" als auch zu den positiven Statements wie „HöVi ist sauber" und „Mein Wohngebiet ist sicher". Die Ursache kann der Vergleichsmaßstab sein – wenn die türkischen Bewohner, die, wie die meisten Türken in Deutschland, vermutlich überwiegend aus dem armen Osten des Landes kommen, ihren Wohnstandort in Köln mit dem ihres

Herkunftslandes vergleichen, sind die Unterschiede in den Angaben zu erklären: Verglichen mit dem Osten der Türkei ist das Wohngebiet relativ sicher und auch relativ sauber, gleichzeitig gibt es relativ viel Graffiti und relativ viele Menschen hängen auf der Straße herum. Die Kriminalitätsbelastung im Wohngebiet schätzen die türkischen Bewohner zwar auch relativ hoch ein, aber immer noch geringer als ihre deutschen Nachbarn, denen die „gefühlte Kriminalität" noch höher erscheint; deren Vergleichsmaßstab dürften aber andere Wohngebiete in Köln sein.

Tabelle 9.2: Bewertung devianten Verhaltens, Deutsche (D) und Türken (T), in Prozent (DEVIANZ und GEWTOL)

Ich finde folgendes Verhalten:		Sehr schlimm	Ziemlich schlimm	Weniger schlimm	Gar nicht schlimm	Ge- samt
Ein Nachbar beschimpft	D	83,6	13,4	2,6	0,4	100,0
und schlägt ein Kind	T	88,2	8,9	2,5	0,4	
Eine Frau wird in der	D	89,3	9,7	0,6	0,4	100,0
Kneipe sexuell belästigt	T	91,5	6,8	1,7	0,0	
Eine ältere Frau stiehlt	D	25,6	26,1	39,7	8,6	100,0
im Supermarkt Käse	T	63,9	17,6	15,0	3,4	
Jugendliche beschimpfen	D	73,9	23,5	2,3	0,3	100,0
Ausländer	T	86,6	11,3	2,1	0,0	
Ein Nachbar schlägt	D	91,3	6,8	1,7	0,1	100,0
seine Kinder	T	86,8	9,4	3,4	0,4	
Eine Sozialhilfeempfän-	D	28,0	24,1	32,9	14,9	100,0
gerin geht schwarz putzeı	T	53,0	12,0	23,0	12,0	
Ein 15-jähriges Mädchen	D	28,6	28,1	33,2	10,1	100,0
ist schwanger	T	83,7	8,4	5,6	2,3	
Ein Nachbar steht öfters	D	35,1	30,3	28,0	6,6	100,0
betrunken am Kiosk	T	72,1	15,0	11,2	1,7	

Auch der Konsum von Drogen scheint in HöVi keine Seltenheit zu sein. Sowohl von den deutschen als auch von den türkischen Bewohnern stimmen etwa zwei von drei der Aussage zu, der Drogenkonsum in HöVi sei hoch. Diese Wahrnehmung des Viertels wurde auch in den qualitativen Interviews deutlich; mehrere Befragte beschwerten sich über herumliegende Spritzen auf Spielplätzen und in der U-Bahn-Station – und dies, obwohl sich in dieser Sache in den vergangenen Jahren einiges verändert hat: Nach Expertenaussagen sind nach der Eröffnung des Cafés Newzella oberhalb der U-Bahn-Station „Vingst" Kriminalität und Drogenhandel zumindest an dieser Stelle stark zurückgegangen. Die Drogenszene ist damit allerdings nicht verschwunden, sie hat sich „nur" in Richtung der U-Bahn-Haltestelle „Kalk Post" verlagert, wo sich ein neuer Drogenumschlagplatz entwickelt hat.

Um weitere Aussagen zu den Einstellungen zu deviantem Verhalten als auch über dessen Vorkommen im Wohngebiet zu erhalten, übernahmen wir acht Fragen, die bereits von Friedrichs und Blasius (2000, 2003, Blasius und Friedrichs 2007a) erfolgreich verwendet wurden. Die Autoren schilderten Situationen abweichenden Verhaltens, welche die Befragten auf vierstufigen Skalen („finde ich sehr schlimm" bis „finde ich gar nicht schlimm" bewerten sollten; vgl. Frage 17 im Fragebogenanhang) beantworten sollten (Tabelle 9.2). Zu jeder dieser vorgegebenen Situationen wurden die Befragten anschließend gefragt, ob dieses Verhalten in ihrem Wohngebiet schon einmal vorgekommen ist (vorgegeben wurden dreistufige Skalen, „ja, oft", „ja, selten", „nein"). Wenn die Befragten angaben, dass die entsprechende Verhaltensweise zumindest „selten" im Gebiet vorgekommen ist, wurden sie gefragt, ob sie dieses „stört" oder ob es ihnen „egal" ist.

Die acht Fragen können in zwei Gruppen aufgeteilt werden: Vier Fragen messen Einstellungen, die als „gewalttätiges" abweichendes Verhalten beschrieben werden können, z.B. „Ihre Kinder spielen mit anderen mittags vor dem Haus. Ein älterer Nachbar, der im 1. Stock wohnt, beschimpft die Kinder und schlägt eines von ihnen, weil die Kinder nicht sofort ruhig sind und verschwinden." und „Eine Frau wird in der Kneipe von einem angetrunkenen Mann sexuell belästigt." Mit den anderen vier Fragen wird die Einstellung zu „gewaltfreien" abweichenden Verhaltensweisen gemessen, z.B. „Sie sehen, wie eine ältere Frau im Supermarkt eine Packung Käse in der Handtasche verschwinden lässt." und „Eine Bekannte lebt mit ihren drei Kindern von Sozialhilfe. Nun bekommt sie eine gut bezahlte Putzstelle in einem nahe liegenden Büro angeboten. Sie nimmt die Stelle an, ohne dies dem Sozialamt anzugeben." Die Einstellungen zu diesen Situationen sind, für die deutschen und türkischen Befragten (Erhebungsjahr nur 2004), in Tabelle 9.2 wiedergegeben, die Häufigkeiten der Beobachtungen in Tabelle 9.3 und die Bewertung dieser Beobachtungen in Tabelle 9.4.

Wie anhand von Tabelle 9.2 ersichtlich wird, bewerten fast alle deutschen und auch fast alle türkischen Befragten die Verhaltensweisen, die mit Gewalt verbunden werden können, zumindest als „ziemlich schlimm", in den meisten Fällen als „sehr schlimm". Anders sieht es bei den Verhaltensweisen aus, die nicht mit Gewalt gegen Personen verbunden sind, z.B. die „alte Frau, die im Supermarkt Käse stiehlt" oder das 15-jährige Mädchen, welches schwanger ist. Diesen Situationen ist gemeinsam, dass sie wesentlich häufiger von der türkischen Wohnbevölkerung als „sehr schlimm" bezeichnet wurden als von der deutschen; so bewertete nur etwa jede(r) vierte Deutsche den Käsediebstahl der alten Frau als „sehr schlimm", aber nahezu zwei von drei Türken.

Noch deutlicher sind die Unterschiede bei dem Item zur Schwangerschaft der 15-Jährigen, hier stehen 28,6 % der deutschen 83,7 % der türkischen Befragten gegenüber. Diese Ergebnisse entsprechen dem Befund, den Friedrichs und Blasius bereits in ihrer ersten Studie machten (Friedrichs und Blasius 2000, Blasius und Friedrichs 2001), auch hier waren die Einstellungen der türkischen Bewohner wesentlich normenbewusster als jene der Deutschen. Dies gilt auch für jene Verwaltensweise, die typischerweise eher der türkischen als der deutschen Bevölkerung zugeschrieben wird, Sozialhilfebeziehen und schwarz Putzen gehen – dieses Verhalten bewerteten 28,0 % der Deutschen, aber 53,0% der Türken als „sehr schlimm". Wird die Einstellung zu Normen als Kriterium der Integration betrachtet (Esser 1980), so sind es eigentlich die deutschen Bewohner, welche die Normen des eigenen Landes annehmen müssten.

Tabelle 9.3: Beobachtetes deviantes Verhalten, Deutsche (D) und Türken (T), in Prozent
              (DEVBEO)

Ist Folgendes schon vorgekommen:		Ja, oft	Ja, selten	Nein	Gesamt
Ein Nachbar beschimpft	D	4,8	9,8	85,4	100,0
und schlägt ein Kind	T	18,9	17,6	63,5	
Eine Frau wird in der	D	3,2	8,6	88,2	100,0
Kneipe sexuell belästigt	T	11,2	7,0	81,8	
Eine ältere Frau stiehlt	D	7,8	17,2	75,0	100,0
im Supermarkt Käse	T	11,9	18,1	69,9	
Jugendliche	D	11,7	20,6	67,7	100,0
beschimpfen Ausländer	T	17,4	23,5	59,1	
Ein Nachbar	D	6,4	9,5	84,1	100,0
schlägt seine Kinder	T	9,1	18,2	72,7	
Eine Sozialhilfeempfängerin	D	11,2	14,1	74,7	100,0
geht schwarz putzen	T	14,3	17,6	68,1	
Ein 15-jähriges	D	5,4	17,4	77,2	100,0
Mädchen ist schwanger	T	3,8	17,1	79,1	
Ein/e Nachbar/in steht	D	39,3	20,6	40,1	100,0
öfters betrunken am Kiosk	T	33,2	21,1	45,7	

Bezogen auf die genannten Verhaltensweisen gaben – mit Ausnahme der Schwangerschaft
einer 15-Jährigen und des betrunkenen Nachbarn am Kiosk – die türkischen Bewohner
überdurchschnittlich oft an, dass sie dieses „oft" oder zumindest „selten" in der Nachbarschaft beobachtet haben. Da die Nachbarschaft für beide Gruppen die gleiche ist, theoretisch die Mitglieder beider Gruppen also gleich viel abweichende Verhaltensweisen beobachtet haben müssten, könnte dies ein Hinweis darauf sein, dass die türkischen Bewohner
genauer auf ihr Umfeld achten oder dass sie ein stärkeres Normenbewusstsein haben, sie
also z.B. schon vom „Schlagen eines Kindes" berichten, wenn ihre deutschen Nachbarn
dieses Handeln noch nicht als „Schlagen" bewerten.
    Bezogen auf die Einschätzung, ob sie ein derartiges Verhalten stört, antworten in drei
der acht konstruierten Situationen die türkischen Bewohner überdurchschnittlich oft mit
„ja, stört mich", in zwei anderen Situationen die deutschen Bewohner, bei den verbleibenden drei ist das Verhältnis ausgeglichen. Auffällig ist der Unterschied bei der „frühen
Schwangerschaft" – dies stört nahezu zwei von drei türkischen Bewohnern, aber nicht einmal jeden vierten der deutschen (jeweils bezogen auf jene Befragte, die derartiges in ihrer
Nachbarschaft schon gesehen haben). Gerade bei dieser Frage wird die relativ konservative
und vermutlich auch oft religiös geprägte Einstellung der türkischen Bewohner deutlich.
    Fragen zu den Normen der deutschen Gesellschaft hat auch Oberwittler (2003) gestellt,
er bezieht diese allerdings nur auf das Verhalten von Jugendlichen. Wir haben seine Fragen
übernommen und die Einstellungen wiederum auf einer vierstufigen Skala abgefragt (von
„finde ich sehr schlimm" bis „finde ich gar nicht schlimm"; Tabelle 9.5) sowie deren Häu-

figkeit der Beobachtung, mit den drei Ausprägungen „ja, oft", „ja, selten" und „nein" (Tabelle 9.6). Ebenso wie die abweichenden Verhaltensweisen von Erwachsenen werden auch die abweichenden Verhaltensweisen von Jugendlichen von den türkischen Bewohnern im Durchschnitt als schlimmer beurteilt als von den deutschen.

Tabelle 9.4 Stört deviantes Verhalten? Deutsche (D) und Türken (T), in Prozent

		N	Stört mich	Ist mir egal	Gesamt
Ein Nachbar beschimpft	D	100	88,0	12,0	100,0
und schlägt ein Kind	T	83	91,6	8,4	
Eine Frau wird in der Kneipe	D	71	95,8	4,2	100,0
sexuell belästigt	T	36	91,7	8,3	
Eine ältere Frau stiehlt im	D	151	68,9	31,1	100,0
Supermarkt Käse	T	64	81,3	18,8	
Jugendliche beschimpfen	D	216	94,0	6,0	100,0
Ausländer	T	92	91,3	8,7	
Ein Nachbar schlägt seine	D	109	93,6	6,4	100,0
Kinder	T	59	78,0	22,0	
Eine Sozialhilfeempfängerin	D	146	51,4	48,6	100,0
geht schwarz putzen	T	65	35,4	64,6	
Ein 15-jähriges Mädchen ist	D	144	22,9	77,1	100,0
schwanger	T	41	63,4	36,6	
Ein Nachbar steht öfters	D	403	55,8	44,2	100,0
betrunken am Kiosk	T	122	77,0	23,0	

In der Beobachtung dieser Verhaltensweisen gibt es kaum Unterschiede zwischen den beiden Bevölkerungsgruppen; die Deutschen beobachteten etwas öfter, dass Jugendliche randalieren, die Türken, dass es zu Schlägereien mit Verletzten kam. Insgesamt sind diese Beobachtungen auf einem sehr hohen Niveau, nicht einmal jede(r) Vierte verneint das Statement, dass Jugendliche abends laut sind und die Anwohner verunsichern, und nur etwas mehr als jede(r) Zweite gab an, dass er (sie) bislang noch keine Schlägerei mit Verletzten unter Jugendlichen beobachtet hat. Derart hohe Zahlen von beobachteten abweichenden Verhaltensweisen haben wir aus den Vorgesprächen und den eigenen Begehungen erwartet – und wir vermuten, dass diese sich ungleichmäßig über das Gebiet verteilen, es also eine Heterogenität innerhalb des benachteiligten Viertels gibt.

Tabelle 9.5: Bewertung devianten Verhaltens Jugendlicher, Deutsche (D) und Türken (T), in Prozent (JUGEND)

Ich finde folgendes Verhalten:		Sehr schlimm	Ziemlich schlimm	Weniger schlimm	Gar nicht schlimm	Gesamt
Jugendliche sind abends laut und verunsichern Anwohner	D	50,3	35,0	12,6	2,1	100,0
	T	74,5	16,3	7,5	1,7	
Jugendliche randalieren	D	79,1	19,5	1,4	0,0	100,0
	T	87,8	10,9	1,3	0,0	
Eine Schlägerei mit Verletzten	D	69,1	23,7	6,1	1,2	100,0
	T	91,1	7,6	0,8	0,4	

Tabelle 9.6: Beobachtetes deviantes Verhalten Jugendlicher, Deutsche (D) und Türken (T), in Prozent (JUGBEO)

Ist Folgendes schon vorgekommen:		Ja, oft	Ja, selten	Nein	Gesamt
Jugendliche sind abends laut und verunsichern Anwohner	D	45,9	31,3	22,8	100,0
	T	43,1	31,8	25,1	
Jugendliche randalieren	D	38,7	33,5	27,8	100,0
	T	31,2	29,5	39,3	
Eine Schlägerei mit Verletzten	D	11,6	28,4	60,0	100,0
	T	19,2	28,4	52,4	

9.2 Soziale Kontrolle

In unserem theoretischen Teil haben wir postuliert, die strukturellen Bedingungen im Wohngebiet, u.a. der Anteil der dort lebenden Ausländer und die Fluktuationsrate, hätten einen Einfluss auf die intergenerationalen Beziehungen und auf das kollektive Zusammenleben in der Nachbarschaft. Beide Faktoren haben wiederum einen Einfluss sowohl auf das Verhalten der Nachbarn, also auf die beobachteten abweichenden Verhaltensweisen im Allgemeinen und die der Jugendlichen, als auch auf die Verwahrlosung im Gebiet. Die intergenerationalen Beziehungen haben wir mit fünf vierstufigen Items gemessen, die erstmals von Sampson, Morenoff und Earls (1999) publiziert und von Oberwittler (2001) übersetzt wurden; für den nachbarschaftlichen Zusammenhalt haben wir fünf vierstufige Items verwendet, die erstmalig von Sampson, Raudenbush und Earls (1997) verwendet und von Oberwittler (2001) übersetzt wurden (vgl. Abschnitt 4.6). Die Verteilungen der Antworten zu diesen insgesamt zehn Fragen sind für die deutschen und die türkischen Bewohner in den Tabellen 9.7 und 9.8 wiedergegeben.

Betrachtet man, wie sich die Antworten auf jede der zehn Fragen verteilen, so fällt die große Variation auf; insgesamt gesehen ist die durchschnittliche Bewertung der nachbarschaftlichen Beziehungen als auch des Verhältnisses zu den Kindern eher positiv als negativ, denn es stimmten mehr Befragte den Aussagen zu, als dass sie diese ablehnten.

Tabelle 9.7: Indikatoren für die Skala Kollektive Wirksamkeit, Deutsche und Türken, in Prozent (COLLEFF)

Die Leute in der Nachbarschaft…		Trifft voll zu	Trifft eher zu	Trifft eher nicht zu	Trifft gar nicht zu	Gesamt
helfen sich	D	22,8	38,8	27,0	11,4	100,0
gegenseitig	T	34,9	31,1	19,6	14,5	
kennen sich gut	D	31,3	35,9	26,3	6,6	100,0
	T	36,4	32,6	22,5	8,5	
sind vertrauenswürdig	D	28,4	33,8	22,6	15,2	100,0
	T	34,1	40,7	17,7	7,5	
kommen gut mitein-	D	33,8	42,9	18,5	4,8	100,0
ander aus	T	34,6	45,7	15,8	3,8	
respektieren Gesetz	D	28,0	38,6	22,2	11,2	100,0
und Ordnung	T	32,9	41,9	17,5	7,7	

Tabelle 9.8: Intergenerationale Beziehungen, Deutsche und Türken, in Prozent (INTCLOS)

Item		Trifft voll zu	Trifft eher zu	Trifft eher nicht zu	Trifft gar nicht zu	Gesamt
Die Leute kennen die Kin-	D	41,9	33,8	20,1	4,2	100,0
der aus der Nachbarschaft	T	50,2	36,6	8,5	4,7	
Hier wissen die Eltern,	D	26,8	43,3	24,0	5,9	100,0
wen die Kinder treffen	T	43,0	29,6	20,2	7,2	
Die Eltern kümmern sich	D	24,9	37,2	31,5	6,4	100,0
darum, was die Kinder tun	T	38,6	33,2	22,0	6,3	
Dies ist ein guter Ort, um	D	17,0	25,0	30,5	27,6	100,0
groß zu werden	T	16,2	27,8	26,1	29,9	
Hier gibt es Menschen, die	D	23,1	35,5	27,3	14,0	100,0
ein Vorbild für Kinder sind	T	18,6	27,3	29,0	25,1	

Bezogen auf die intergenerationalen Beziehungen und die kollektive Wirksamkeit (Tabelle 9.7), schätzen die türkischen Befragten diese durchweg etwas positiver ein als die deutschen. Wird hierbei bedacht, dass es kaum Beziehungen zwischen deutschen und türkischen Bewohnern gibt (vgl. Kapitel 8), dann sind vermutlich hauptsächlich die Beziehungen innerhalb der eigenen ethnischen Gruppe gemeint.

Bei den Items zu den intergenerationalen Beziehungen kann zwischen denjenigen unterschieden werden, mit denen die Kinder direkt in Zusammenhang zu den Nachbarn gebracht werden (erste drei Items, Tabelle 9.8) und jenen, mit denen die Beziehungen ganz allgemein beschrieben werden. Während die türkischen Bewohner relativ oft den Items „Die Leute kennen die Kinder aus der Nachbarschaft", „Hier wissen die Eltern, wen die Kinder treffen" und „Die Eltern kümmern sich darum, was die Kinder tun" voll zustimmen, ist ihre Ablehnung der allgemeinen Aussagen „Dies ist ein guter Ort, um groß zu werden" und „Hier gibt es Menschen, die ein Vorbild für Kinder sind" relativ groß. Mit anderen Worten, unter den türkischen Bewohnern gibt es einen relativ großen Zusammenhalt, was die eigenen Kinder und jene der türkischen Nachbarn und Freunde betrifft, jedoch ist die Einschätzung des Gebietes bezüglich des Aufziehens der Kinder relativ schlecht.

9.3 Erklärung abweichenden Verhaltens

Im vierten Kapitel haben wir mehrere Skalen vorgestellt, die mit Hilfe der in diesem Kapitel vorgestellten Indikatoren gebildet wurden. Diese Skalenkonstruktion – oder Berechnung von latenten Variablen (Faktoren, Dimensionen) – war notwendig, da es nicht sinnvoll ist, mit einer großen Vielzahl von einzelnen Variablen zu arbeiten (vgl. Abschnitt 4.6). Mit diesen Skalen sollen vier Sachverhalte untersucht werden:
1. das Ausmaß beobachteten abweichenden Verhaltens: Skalen DEVBEO, JUGBEO und DISORDER,
2. das Ausmaß der Billigung oder Missbilligung abweichenden Verhaltens: Skalen DEVIANZ, GEWTOL und JUGEND,
3. das Ausmaß sozialen Kapitals: Skalen COLLEFF und INTCLOS,
4. das Ausmaß der Selbst- oder Fremdkontrolle: Skala KONTROLL (wird in Abschnitt 9.5 diskutiert).
Höhere Werte bedeuten mehr beobachtetes abweichendes Verhalten (DEVBEO, JUGBEO) und Verwahrlosung (DISORDER), stärkere Billigung dieser abweichenden Verhaltensweisen (DEVIANZ, JUGEND), eine höhere kollektive Wirksamkeit (COLLEFF) und intergenerationale Beziehungen (INTCLOS). Ein Wert nahe Null besagt, dass die Bewertung im Durchschnitt aller Befragten liegt. Ein positiver Wert auf der Skala GEWTOL zeigt an, gewalttätiges abweichendes Verhalten werde stärker gebilligt als gewaltfreies abweichendes Verhalten; entsprechend besagt ein negativer Wert, dass gewaltfreies abweichendes Verhalten eher toleriert wird als gewalttätiges – diese Entscheidung gilt immer auf dem jeweiligen Niveau abweichenden Verhaltens. Ein positiver Wert auf KONTROLL besagt, dass die Selbstkontrolle höher als die Fremdkontrolle ist; analog bedeutet ein negativer Wert, dass die Fremdkontrolle höher als die Selbstkontrolle ist.

Mit den neun Skalen können die Beobachtungen und die Einstellungen der Bewohner/innen von HöVi beschrieben werden. Die Variation in den Einstellungen, Beobachtungen und beim sozialen Kapital soll anschließend mit Hilfe der Sozialstruktur der sechs Stadtviertel (geordnet in der Reihenfolge der Benachteiligung, vgl. Tabelle 5.1), dem Alter (um mögliche nicht-lineare Zusammenhänge zu erkennen, in Gruppen), dem Bildungsabschluss, dem Bezug von Transfereinkommen (Arbeitslosengeld und -hilfe, Sozialhilfe), dem Äquivalenzeinkommen (ebenfalls in Gruppen), der Fortzugsabsicht, des Wohnstatus und einer Haushaltstypologie erklärt werden. Die Ergebnisse der Varianzanalysen für die deutschen Befragten sind in Tabelle 9.9 wiedergegeben, die für die türkischen Befragten in Tabelle 9.10. Dabei betrachten wir zuerst nur die Ergebnisse für die deutschen Befragten.

Bei den Stadtteilen wurde die geringste Verwahrlosung in der Germania-Siedlung berichtet, also in jenem Gebiet, welches am zweitwenigsten benachteiligt ist; die beiden höchsten Werte der DISORDER finden wir in Vingst und Höhenberg-Süd, also in zwei

Gebieten, denen eine auch für diese Viertel relativ hohe Benachteiligung zugeschrieben wurde.

Tabelle 9.9: Ergebnisse der Varianzanalysen, Deutsche

Merkmal	N	DISORDER	DEVIANZ	GEWTOL	DEVBEO
Stadtviertel					
Siedlung Vingst	123	-0,032	-0,103	0,134	0,002
Germania-Siedlung	104	-0,422	0,059	-0,210	-0,008
Höhenberg	177	-0,070	0,090	-0,105	-0,183
Vingst	192	0,204	-0,032	0,082	0,034
Höhenberg-Süd	49	0,469	0,100	0,293	0,401
Schweden-Siedlung	56	-0,053	-0,072	0,044	0,396
Teststatistik		F=6,6 p<0,001 η=0,23	F=0,8 n.s.	F=2,7 p<0,05 η=0,14	F=4,1 p<0,001 η=0,17
Alter in Jahren					
16 – 25	88	0,291	0,465	-0,064	0,197
26 – 35	88	0,125	-0,108	-0,195	0,029
36 – 45	114	0,129	-0,026	-0,072	0,142
46 – 55	138	-0,026	-0,077	-0,043	0,311
56 – 64	103	-0,033	-0,166	-0,037	-0,210
65 +	173	-0,268	0,026	0,270	-0,234
Teststatistik		F=4,6 p<0,001 η=0,18	F=4,6 p<0,001 η=0,18	F=3,4 p<0,01 η=0,15	F=6,0 p<0,001 η=0,20
Bildungsabschluss					
Hauptschule	333	0,001	0,011	0,074	0,037
Mittlere Reife	148	-0,104	-0,063	-0,018	-0,099
Abitur	177	-0,046	0,118	-0,109	-0,027
Teststatistik		F=0,6 n.s.	F=1,3 n.s.	F=1,9 n.s.	F=0,9 n.s.
Transferleistungsbezug					
Ja	143	0,167	0,092	0,029	0,418
Nein	546	-0,055	-0,025	-0,006	-0,076
Teststatistik		F=5,5 p<0,05 η=0,09	F=1,5 n.s.	F=0,1 n.s.	F=25,1 p<0,001 η=0,19

Fortsetzung Tabelle 9.9: Ergebnisse der Varianzanalysen, Deutsche

Merkmal	N	JUGEND	JUGBEO	COLLEFF	INTCLOS
Stadtviertel					
Siedlung Vingst	123	-0,154	0,093	0,267	0,411
Germania-Siedlung	104	0,020	-0,289	0,314	0,255
Höhenberg	177	0,081	-0,253	-0,211	-0,132
Vingst	192	0,017	0,127	-0,102	-0,208
Höhenberg-Süd	49	0,102	0,487	-0,390	-0,401
Schweden-Siedlung	56	-0,131	0,219	0,125	0,003
Teststatistik		$F=1,1$ n.s.	$F=8,0$ $p<0,001$ $\eta=0,23$	$F=6,5$ $p<0,001$ $\eta=0,23$	$F=9,4$ $p<0,001$ $\eta=0,25$
Alter in Jahren					
16 – 25	88	0,438	0,121	-0,379	-0,224
26 – 35	88	0,146	0,019	-0,210	-0,192
36 – 45	114	0,033	0,018	-0,138	-0,034
46 – 55	138	-0,140	0,047	-0,094	-0,042
56 – 64	103	-0,195	-0,010	0,107	0,102
65 +	173	-0,111	-0,142	0,361	0,201
Teststatistik		$F=5,7$ $p<0,001$ $\eta=0,20$	$F=1,0$ n.s.	$F=9,1$ $p<0,001$ $\eta=0,25$	$F=3,1$ $p<0,01$ $\eta=0,15$
Bildungsabschluss					
Hauptschule	333	-0,126	0,080	-0,004	0,093
Mittlere Reife	148	0,034	-0,131	0,006	-0,080
Abitur	177	0,157	-0,146	0,098	-0,087
Teststatistik		$F=4,9$ $p<0,01$ $\eta=0,12$	$F=4,0$ $p<0,01$ $\eta=0,11$	$F=0,6$ n.s.	$F=2,4$ n.s.
Transferleistungsbezug					
Ja	143	0,059	0,268	-0,347	-0,075
Nein	546	-0,029	-0,071	0,085	0,022
Teststatistik		$F=0,9$ n.s.	$F=13,2$ $p<0,001$ $\eta=0,14$	$F=21,5$ $p<0,001$ $\eta=0,17$	$F=1,0$ n.s.

Bezogen auf das beobachtete abweichende Verhalten, sowohl bei den Jugendlichen (JUGBEO) als auch im Allgemeinen (DEVBEO), haben die beiden Gebiete die höchsten Werte, in denen die größte Benachteiligung diagnostiziert wurde: Höhenberg-Süd und Schweden-Siedlung. Des Weiteren besteht die größte nachbarschaftliche (COLLEFF) und die größte intergenerationale (INTCLOS) Geschlossenheit in den beiden Gebieten, die am wenigsten benachteiligt sind: Siedlung Vingst und Germania-Siedlung. Nahezu unkorreliert mit der strukturellen Benachteiligung im Gebiet sind die Einstellungen der Bewohner zu devianten Verhaltensweisen, hier wiederum sowohl gegenüber den Jugendlichen (JUGEND) als auch im Allgemeinen (DEVIANZ).

Fortsetzung Tabelle 9.9: Ergebnisse der Varianzanalysen, Deutsche

Merkmal	N	DISORDER	DEVIANZ	GEWTOL	DEVBEO
Äquivalenzeinkommen in €					
– unter 500,-	65	0,446	0,334	0,137	0,357
500,- – 749,-	82	-0,139	0,104	-0,025	0,146
750,- – 999,-	110	0,069	-0,041	0,317	0,094
1.000,- – 1.249,-	92	-0,044	0,056	0,115	0,053
1.250,- – 1.499,-	119	-0,085	-0,182	-0,090	-0,088
1.500,- +	117	-0,193	-0,004	-0,168	-0,064
Teststatistik		F=4,0 p<0,001 η=0,18	F=2,3 p<0,05 η=0,14	F=3,2 p<0,01 η=0,17	F=1,9 n.s.
Fortzugsabsicht					
Nein	353	-0,316	0,023	0,053	-0,223
Ohne Aktivität	208	0,202	0,037	-0,065	0,220
Mit Aktivität	145	0,460	-0,064	0,012	0,345
Teststatistik		F=40,1 p<0,001 η=0,32	F=0,5 n.s.	F=0,9 n.s.	F=20,8 p<0,001 η=0,24
Wohnstatus					
Eigentümer	147	-0,115	-0,066	0,022	-0,149
Mieter	366	0,003	0,085	-0,050	-0,043
Sozialmieter	181	0,047	-0,064	0,106	0,301
Teststatistik		F=1,1 n.s.	F=1,8 n.s.	F=1,4 n.s.	F=9,1 p<0,001 η=0,16
Haushaltstypologie					
Verheiratet +Kinder	145	0,270	-0,328	0,031	0,192
Verheiratet	239	-0,135	-0,044	0,011	-0,155
Alleinerziehend	77	0,320	0,310	0,144	0,515
Alleinlebende	152	-0,198	0,241	-0,134	-0,073
Zusammenlebend	35	-0,054	0,162	-0,109	-0,172
Verwitwet	45	-0,074	-0,312	0,462	-0,083
Teststatistik		F=6,0 p<0,001 η=0,21	F=6,4 p<0,001 η=0,21	F=2,7 p<0,05 η=0,14	F=6,3 p<0,001 η=0,21

Wird das Beobachteten abweichenden Verhaltens mit dem Ausmaß der Benachteiligung des Gebietes verbunden, dann kann zum einen geschlossen werden, dass die strukturelle Benachteiligung (gemessen über den Anteil der Sozialhilfeempfänger) mit devianten Verhaltensweisen korreliert: Je schlechter die strukturelle Ausstattung, desto mehr abweichende Verhaltensweisen wurden berichtet. Zum anderen sind diese strukturellen Benachteiligungen mit der Art der Nachbarschaft verbunden; je besser die Randbedingungen sind, desto größer ist die nachbarschaftliche Geschlossenheit. Aus diesen Befunden kann aber keinesfalls geschlossen werden, dass sich die Mitglieder der besonders benachteiligten Haushalte überdurchschnittlich oft abweichend verhalten, aber es bedeutet, dass es auch in Köln eine multiple Form von Benachteiligung im Wohngebiet gibt, wie sie bereits von Wilson (1987) für Chicago festgestellt wurde.

Fortsetzung Tabelle 9.9: Ergebnisse der Varianzanalysen, Deutsche

Merkmal	N	JUGEND	JUGBEO	COLLEFF	INTCLOS
Äquivalenzeinkommen in €					
– unter 500,-	65	0,206	0,179	-0,550	-0,144
500,- – 749,-	82	-0,054	0,100	-0,129	-0,018
750,- – 999,-	110	-0,057	0,004	-0,171	-0,216
1.000,- – 1.249,-	92	0,056	-0,108	0,081	0,088
1.250,- – 1.499,-	119	-0,106	-0,077	0,142	0,196
1.500,- +	117	0,000	-0,063	0,254	-0,072
Teststatistik		$F=1,0$ n.s.	$F=1,0$ n.s.	$F=7,1$ $p<0,001$ $\eta=0,24$	$F=2,3$ $p<0,05$ $\eta=0,14$
Fortzugsabsicht					
Nein	353	0,014	-0,272	0,238	0,214
Ohne Aktivität	208	0,008	0,175	-0,208	-0,176
Mit Aktivität	145	-0,054	0,389	-0,321	-0,273
Teststatistik		$F=0,3$ n.s.	$F=29,1$ $p<0,001$ $\eta=0,28$	$F=23,0$ $p<0,001$ $\eta=0,25$	$F=16,5$ $p<0,001$ $\eta=0,21$
Wohnstatus					
Eigentümer	147	0,059	-0,166	0,449	0,447
Mieter	366	0,035	-0,056	-0,142	-0,190
Sozialmieter	181	-0,128	0,213	-0,099	0,014
Teststatistik		$F=1,9$ n.s.	$F=6,8$ $p<0,001$ $\eta=0,14$	$F=19,9$ $p<0,001$ $\eta=0,23$	$F=21,0$ $p<0,001$ $\eta=0,24$
Haushaltstypologie					
Verheiratet +Kinder	145	-0,136	0,243	-0,154	0,129
Verheiratet	239	-0,122	-0,084	0,217	0,092
Alleinerziehend	77	0,226	0,298	-0,404	0,009
Alleinlebende	152	0,336	-0,249	-0,067	-0,245
Zusammenlebend	35	-0,046	-0,136	0,104	-0,321
Verwitwet	45	-0,402	-0,102	0,095	0,064
Teststatistik		$F=7,1$ $p<0,001$ $\eta=0,22$	$F=5,6$ $p<0,001$ $\eta=0,20$	$F=5,9$ $p<0,001$ $\eta=0,20$	$F=3,3$ $p<0,01$ $\eta=0,15$

Von den Altersgruppen sind es die Jüngeren, die überdurchschnittlich oft von Verwahrlosung und abweichenden Verhaltensweisen berichteten, während die Älteren dem Viertel, in dem sie leben, relativ oft eine gute nachbarschaftliche und intergenerationale Kollektivität bescheinigten. Bezogen auf die Bewertung von devianten Verhaltensweisen sind es insbesondere die 18-25-Jährigen, die derartige Verhaltensweisen nicht vollkommen ablehnten. Auffällig ist noch, dass die ab 65-Jährigen eher gewalttätige Formen der Abweichung tolerieren als gewaltfreie (GEWTOL).

Tabelle 9.10: Ergebnisse der Varianzanalysen, Türken

Merkmal	N	DISORDER	DEVIANZ	GEWTOL	DEVBEO
Stadtviertel					
Siedlung Vingst	28	0,022	-0,088	0,234	-0,171
Germania-Siedlung	30	-0,618	0,081	-0,287	-0,329
Höhenberg	32	-0,794	-0,234	0,227	-0,370
Vingst	76	0,329	-0,010	-0,124	0,291
Höhenberg-Süd	50	0,470	0,274	-0,054	0,425
Schweden-Siedlung	21	-0,312	-0,249	0,266	0,015
Teststatistik		F=12,8 p<0,001 η=0,47	F=1,4 n.s.	F=1,6 n.s.	F=3,9 p<0,01 η=0,28
Alter in Jahren					
16 – 25	46	0,274	0,377	-0,287	0,274
26 – 35	72	-0,048	0,052	-0,153	0,212
36 – 45	39	-0,036	-0,218	0,002	-0,142
46 +	76	-0,121	-0,108	0,257	-0,058
Teststatistik		F=1,6 n.s.	F=3,1 p<0,05 η=0,20	F=3,4 p<0,05 η=0,21	F=1,7 n.s.
Bildungsabschluss					
Hauptschule	33	0,259	0,209	-0,220	0,424
Mittlere Reife	40	0,344	0,264	0,049	0,124
Abitur	50	-0,145	-0,068	-0,056	-0,021
Teststatistik		F=3,5 p<0,05 η=0,23	F=1,6 n.s.	F=0,6 n.s.	F=1,8 n.s.
Transferleistungsbezug					
Ja	57	-0,016	-0,081	0,058	0,090
Nein	156	-0,047	0,031	0,031	-0,058
Teststatistik		F=0,0 n.s.	F=0,5 n.s.	F=0,0 n.s.	F=0,9 n.s.

Sie mögen dabei an ihre eigene Jugend gedacht haben, bei der Kinder noch deutlich weniger Rechte als heute hatten und wo auch die körperliche Züchtigung durch den Lehrer noch zu keinen großen Protesten führte. Bei der Bildung gibt es nur bei der Einstellung zu jugendlichen abweichenden Verhaltensweisen und deren Beobachtung signifikante Unterschiede zwischen den Gruppierungen: Die Bewohner, die Abitur haben, sind Jugendlichen gegenüber etwas toleranter, beobachteten deren abweichende Verhaltensweisen gleichzeitig aber relativ selten. Die hier geäußerte „Toleranz" kann somit auch theoretischer Natur sein, sie kamen mit abweichenden Verhaltensweisen von Jugendlichen seltener in Berührung als die Abgänger von Haupt- und Realschulen.

Fortsetzung Tabelle 9.10: Ergebnisse der Varianzanalysen, Türken

Merkmal	N	JUGEND	JUGBEO	COLLEFF	INTCLOS
Stadtviertel					
Siedlung Vingst	28	-0,193	-0,216	-0,043	-0,094
Germania-Siedlung	30	0,067	-0,419	0,040	0,399
Höhenberg	32	-0,191	-0,633	-0,091	0,379
Vingst	76	0,190	0,261	-0,186	-0,315
Höhenberg-Süd	50	-0,066	0,449	0,162	-0,041
Schweden-Siedlung	21	-0,190	-0,261	0,287	0,244
Teststatistik		$F=1,2$ n.s.	$F=8,0$ $p<0,001$ $\eta=0,39$	$F=1,2$ n.s.	$F=3,7$ $p<0,01$ $\eta=0,27$
Alter in Jahren					
16 – 25	46	0,410	0,184	-0,398	-0,290
26 – 35	72	-0,025	0,039	0,063	0,262
36 – 45	39	-0,108	-0,173	-0,292	-0,094
46 +	76	-0,186	-0,066	0,330	0,013
Teststatistik		$F=3,7$ $p<0,01$ $\eta=0,22$	$F=1,0$ n.s.	$F=6,6$ $p<0,001$ $\eta=0,28$	$F=3,0$ $p<0,05$ $\eta=0,19$
Bildungsabschluss					
Hauptschule	33	0,159	0,065	-0,277	0,140
Mittlere Reife	40	0,204	0,328	-0,075	-0,455
Abitur	50	-0,178	0,033	-0,176	-0,112
Teststatistik		$F=2,3$ n.s.	$F=1,1$ n.s.	$F=0,4$ n.s.	$F=3,2$ $p<0,05$ $\eta=0,22$
Transferleistungsbezug					
Ja	57	-0,207	0,000	-0,100	-0,086
Nein	156	0,040	-0,074	-0,021	-0,026
Teststatistik		$F=2,5$ n.s.	$F=0,2$ n.s.	$F=0,3$ n.s.	$F=0,1$ n.s.

Der Bezug von Transfereinkommen hängt ebenfalls mit dem beobachteten abweichenden Verhalten von Jugendlichen als auch im Allgemeinen zusammen: Wer ein Transfereinkommen bezieht, berichtet deutlich öfter sowohl von abweichendem Verhalten als auch von

Verwahrlosungen im Viertel. Ob diese häufigeren Beobachtungen mit der längeren Zeit, die Empfänger von Transferleistungen im Viertel verbringen, zusammenhängen und damit, dass in den Gebieten, in denen Empfänger von Transferleistungen überdurchschnittlich oft wohnen, wirklich derartiges öfter passiert, soll an dieser Stelle nicht weiter diskutiert werden. Ein weiterer Befund ist, dass die Bezieher von Transfereinkommen meinen, die nachbarschaftliche Kollektivität sei gering, was ein weiterer Beleg für deren relativ schlechte soziale Netzwerke ist (vgl. Kapitel 8).

Bei dem Äquivalenzeinkommen gibt es berichtenswerte Zusammenhänge lediglich zwischen den Extremgruppen: Haushalte mit einem Einkommen von unter € 500,- haben eine relativ hohe Verwahrlosung im Viertel wahrgenommen, ebenso sind die Werte für die Beobachtung von abweichenden Verhaltensweisen überdurchschnittlich hoch, die Einstellung zu abweichenden Verhaltensweisen ist am wenigsten ablehnend und der nachbarschaftliche Zusammenhalt wurde am schlechtesten bewertet. Von den Haushalten, die ein Äquivalenzeinkommen von € 1.500,- und mehr haben, wurde am seltensten über Verwahrlosung im Viertel berichtet, die Werte für die beobachteten abweichenden Verhaltensweisen sind relativ niedrig, hingegen ist jener für die kollektive Gemeinsamkeit am höchsten.

Die Fortzugsabsicht, mit und ohne Aktivität, scheint nach unseren Ergebnissen auch eine Folge der Verwahrlosung des Gebietes, des relativ oft beobachteten abweichenden Verhaltens und auch der geringen nachbarschaftlichen und intergenerationalen Beziehungen zu sein (vgl. auch Kapitel 6). Obwohl diese Aussage für beide Gruppen von Fortzugswilligen gilt, scheint bei der Gruppe, die bereits entsprechende Aktivitäten unternommen hat, der „Druck" noch höher zu sein. Sämtliche Skalenwerte sind noch „schlechter" als bei jenen Fortzugswilligen, die bislang noch keine entsprechenden Aktivitäten unternommen haben. Bezüglich ihrer Einstellungen zu den abweichenden Verhaltensweisen unterscheiden sich die drei Gruppierungen nicht, die Bewertungen sind ähnlich.

Bei der Haushaltstypologie gibt es (hoch)signifikante Zusammenhänge mit allen acht Skalen. So berichteten Verheiratete mit Kindern und Alleinerziehende überdurchschnittlich oft über die Verwahrlosung des Wohngebietes und über beobachtete abweichende Verhaltensweisen, bei den Alleinerziehenden kommt noch eine relativ positive Einstellung zu abweichenden Verhaltensweisen hinzu. Bei den Alleinlebenden ist die relativ geringe Ablehnung abweichender Verhaltensweisen auffällig, ebenso deren relativ schlechte Bewertung der intergenerationalen Beziehungen.

Werden die Ergebnisse mit denen der türkischen Bevölkerung verglichen (Tabelle 9.10), so sind beim Wohnstandort Vingst und Höhenberg-Süd die höchsten Werte für Verwahrlosung und die Beobachtung von abweichenden Verhaltensweisen festzustellen, die Werte für die Schweden-Siedlung sind deutlich geringer als aufgrund der Benachteiligung zu erwarten wäre. Bezogen auf die intergenerationale Kollektivität haben die beiden am zweit- und drittwenigsten benachteiligten Gebiete, Germania-Siedlung und Höhenberg, einen positiven Wert, ebenso wie das am stärksten benachteiligte Gebiet, die Schweden-Siedlung. Werden die Werte für die sechs Gebiete insgesamt betrachtet, so spiegeln sie das Ausmaß der strukturellen Benachteiligung nur partiell wider, der deutliche Zusammenhang, der für die deutschen Bewohner gilt, kann für die türkischen Bewohner nicht bestätigt werden.

Das Alter hat bei den deutschen wie bei den türkischen Befragten einen Einfluss auf die Wahrnehmung: In beiden Gruppen nahmen die Jüngeren relativ viel Verwahrlosung und abweichende Verhaltensweisen wahr, sie haben aber eine weniger ablehnende Einstellung dazu. Es sei an dieser Stelle nochmals angemerkt, dass die Interpretation der Skalen jeweils im Vergleich mit der durchschnittlichen Einstellung der eigenen ethnischen Gruppe erfolgt. Mit anderen Worten: Auf einem unterschiedlichen Niveau der Bewertung abweichender Verhaltensweisen ist der Zusammenhang mit dem Alter für beide Gruppen identisch. Bezogen auf die intergenerationale Kollektivität besteht der Unterschied darin, dass es bei den türkischen Bewohnern nicht wie bei den Deutschen die Älteren sind, die diese überdurchschnittlich hoch einschätzen, sondern die Gruppe der 26-35-Jährigen, also jene Personen, von denen viele (kleine) Kinder im Haushalt haben. Während sich bei den türkischen Befragten insbesondere die Betroffenen überdurchschnittlich positiv über das Verhalten der Nachbarn gegenüber Kindern äußern, ist es bei den Deutschen die Generation der Großeltern, die Generation der Eltern war eher skeptisch.

Fortsetzung Tabelle 9.10: Ergebnisse der Varianzanalysen, Türken

Merkmal	N	DISORDER	DEVIANZ	GEWTOL	DEVBEO
Äquivalenzeinkommen in €					
– unter 500,-	50	-0,082	0,069	0,090	-0,094
500,- – 749,-	55	0,032	-0,166	0,259	0,105
750,- – 999,-	56	-0,027	-0,001	0,013	0,186
1.000,- +	40	0,353	0,083	-0,272	0,149
Teststatistik		$F=1,8$ n.s.	$F=0,6$ n.s.	$F=2,3$ n.s.	$F=0,7$ n.s.
Fortzugsabsicht					
Nein	119	-0,189	-0,048	0,137	-0,151
Ohne Aktivität	59	0,221	0,126	-0,170	0,360
Mit Aktivität	60	0,146	-0,051	-0,168	0,202
Teststatistik		$F=4,2$ $p<0,05$ $\eta=0,19$	$F=0,7$ n.s.	$F=2,7$ n.s.	$F=5,1$ $p<0,01$ $\eta=0,20$
Wohnstatus					
Eigentümer	47	-0,055	0,135	-0,131	0,078
Mieter	70	-0,027	-0,202	-0,024	0,095
Sozialmieter	107	0,005	0,077	0,103	0,053
Teststatistik		$F=0,1$ n.s.	$F=2,1$ n.s.	$F=0,9$ n.s.	$F=0,0$ n.s.
Haushaltstypologie					
Verheiratet + Kinder	125	-0,053	-0,129	0,026	0,074
Verheiratet	47	-0,134	-0,146	0,184	-0,142
Alleinerziehend	41	0,200	0,482	-0,347	0,193
Teststatistik		$F=1,3$ n.s.	$F=6,5$ $p<0,01$ $\eta=0,24$	$F=3,2$ $p<0,05$ $\eta=0,17$	$F=1,1$ n.s.

Anders als bei den deutschen gibt es bei den türkischen Bewohnern keinen oder nur einen zufälligen Zusammenhang der acht Skalen mit den Merkmalen Bildung, Transfereinkommen und Äquivalenzeinkommen. Dies kann mit einer zusätzlichen Benachteiligung auf dem Wohnungsmarkt aufgrund der ethnischen Zugehörigkeit zusammenhängen: Für deutsche Staatsbürger gilt auch in benachteiligten Wohngebieten, dass die Wohnstandortwahl von dem vorhandenen ökonomischen und kulturellen Kapital abhängig ist (Blasius und Friedrichs 2007b), also insbesondere auch vom vorhandenen Einkommen und der Bildung. Anders ausgedrückt: Ist ein entsprechend hohes Einkommen vorhanden und sind sie über den Wohnungsmarkt informiert (was auch eine Frage der Bildung ist), dann nehmen sie die beste Wohnung, die sie unter ihren Bedingungen erhalten können, also eine Wohnung in einer Gegend, in der es möglichst wenig Verwahrlosung und andere Formen abweichender Verhaltensweisen gibt. Dies scheint für die türkischen Bewohner nicht zu gelten, sie nehmen scheinbar die Wohnung/den Wohnstandort, die/den sie erhalten können – und dies gilt sogar dann, wenn es sich um den Erwerb einer Eigentumswohnung handelt; es gibt keinen Zusammenhang der Skalen mit dem Wohnstatus.

Fortsetzung Tabelle 9.10: Ergebnisse der Varianzanalysen, Türken

Merkmal	N	JUGEND	JUGBEO	COLLEFF	INTCLOS
Äquivalenzeinkommen in €					
– unter 500,-	50	0,140	-0,014	0,280	0,177
500,- – 749,-	55	-0,172	-0,083	-0,280	-0,245
750,- – 999,-	56	0,061	0,109	0,052	0,059
1.000,- +	40	-0,186	0,142	-0,144	-0,102
Teststatistik		F=1,3 n.s.	F=0,5 n.s.	F=3,0 p<0,05 η=0,21	F=1,8 n.s.
Fortzugsabsicht					
Nein	119	0,033	-0,241	0,207	0,184
Ohne Aktivität	59	0,158	0,344	-0,135	-0,262
Mit Aktivität	60	-0,206	0,130	-0,300	-0,120
Teststatistik		F=2,1 n.s.	F=7,6 p<0,001 η=0,25	F=5,8 p<0,01 η=0,22	F=4,3 p<0,05 η=0,19
Wohnstatus					
Eigentümer	47	0,095	0,193	0,113	0,235
Mieter	70	-0,204	-0,102	-0,070	-0,112
Sozialmieter	107	0,048	-0,021	0,032	-0,020
Teststatistik		F=1,8 n.s.	F=1,2 n.s.	F=0,5 n.s.	F=1,6 n.s.
Haushaltstypologie					
Verheiratet + Kinder	125	-0,093	0,006	-0,046	0,015
Verheiratet	47	-0,169	-0,184	0,410	0,140
Alleinerziehend	41	0,545	0,135	-0,291	-0,135
Teststatistik		F=7,4 p<0,001 η=0,26	F=1,2 n.s.	F=6,0 p<0,01 η=0,23	F=0,8 n.s.

Dass der Erhalt einer Wohnung (oder eines Wohnstandortes) von der ethnischen Zugehörigkeit abhängig ist, wurde in nordamerikanischen Studien schon oft nachgewiesen; diese Abhängigkeit gilt auch für Köln und vermutlich alle anderen deutschen Großstädte.

Wie kaum anders zu erwarten, führt die Wahrnehmung abweichenden Verhaltens auch bei den türkischen Befragten dazu, aus dem Gebiet fortziehen zu wollen: Eine Verwahrlosung des Wohngebietes, überdurchschnittlich hohe Werte bei den wahrgenommen abweichenden Verhaltensweisen und eine geringe nachbarschaftliche und intergenerationale Kollektivität sind die Push-Faktoren, die den Wunsch zum Umzug beeinflussen. Das gilt für deutsche wie für türkische Befragte.

Auch bei den türkischen Bewohnern sind es die Alleinerziehenden, denen relativ hohe Werte für die Verwahrlosung des Gebietes und die Beobachtung von abweichenden Verhaltensweisen zugeschrieben werden, die aber ebenfalls gleichzeitig eine relativ hohe Toleranz gegenüber diesen Normenverletzungen haben. Im Gegensatz zu den deutschen Alleinerziehenden schätzen die türkischen Alleinerziehenden die kollektive und die intergenerationale Kollektivität relativ gering ein. Dies dürfte ein Ausdruck der unterschiedlichen Kulturen sein, wobei in der Türkei die traditionelle Familie eine wesentlich größere Bedeutung als in Deutschland hat, es bei einem Abweichen von der Rolle der „verheirateten Mutter" anscheinend schnell zu Sanktionen gegenüber diesen „Normabweichlern" kommt – eine dieser Sanktionen ist, dass man die „Kinder in der Nachbarschaft nicht kennt". Wir beenden diesen Abschnitt wieder mit einigen typischen Zitaten aus den qualitativen Interviews zum Thema „Normen".

*„Dahinten ist so ein Hochhaus, ich weiß nicht, ob Sie das gesehen haben [*gemeint ist das Übergangsheim in der Ostheimer Str. Nr. 135 - 137]*, und da wohnt das letzte Pack. Da wohnt alles. Vor allem Zigeuner und so. Und da ist fast jeden Abend die Polizei." (weiblich, Jg. 1945, deutscher Herkunft, 1 Kind im Haushalt, Äquivalenzeinkommen € 750,- bis unter € 1000,-).*

Zur Frage, ob es Probleme im Viertel gibt: *„Ja, man merkt es hauptsächlich daran, dass hier jetzt bedeutend mehr Unruhe ist. Auch jetzt abends, wenn die, ich sag jetzt mal „Halbstarken" hier die Randale veranstalten. Die brüllen hier durch die Gegend, teilweise fliegen auch mal ein paar Eier an die Fenster, und so 'nen Kram. [...] Da muss man nur mal die U-Bahn sehen. Ich selber wäre ja auch noch vorsichtig, da an der U-Bahn langzugehen abends." (weiblich, Jg. 1959, deutscher Herkunft, keine Kinder, Äquivalenzeinkommen € 500,- bis unter € 750,-).*

Tochter wurde auf der Straße von Jugendlichen bedroht: *„Ja, es waren Ausländer. Obwohl ich das nicht daran festmache. Ich mein, wir haben türkische Nachbarn, die sind super. Ich bin keinesfalls feindlich oder so. Ich meine, das passiert mit Deutschen genauso wie mit Ausländern. Aber das waren Ausländer." (männlich, Jg. 1974, deutscher Herkunft, 2 Kinder im Haushalt, Äquivalenzeinkommen über € 1500,-).*

Äußert sich zu einem Nachbarn: *„Und der hat geklaut wie ein Rabe. Da kam immer was im Keller weg. [...] Dann wirft der Schuhe weg, die im Treppenhaus standen. [...] der hat sich mit den Türken zerschlagen. Der hat 'ne Frau geschlagen, die schwanger ist." (weiblich, Jg. 1945, deutscher Herkunft, keine Kinder, Äquivalenzeinkommen unter € 500,-).*

Äußert sich zu den Nachbarn: *„Der zerschlägt meistens seine Frau, jede Woche oder alle 14 Tage. Da müssen wir meistens da die GAG anrufen, um zu sagen, dass da unten wieder was los ist. [I: Haben sie schon einmal die Polizei gerufen?] Nein, [bis] die Polizei da ist, dann ist wieder Ruhe. Dann können wir ja nichts beweisen. (männlich, Jg. 1963, deutscher Herkunft, 1 Kind im Haushalt, Äquivalenzeinkommen über € 1500,-).*

9.4 Soziales Lernen

Im Abschnitt 2.1 und zu Anfang dieses Kapitels haben wir erörtert, wie soziales Lernen vor sich geht, aber offen gelassen, wie im Falle der Beobachtung abweichenden Verhaltens auch die Legitimation für dieses Handeln erlangt wird. Auf diese Frage können wir nun eine – wenngleich nicht ausreichende – Antwort geben.

Wenn wir die Beobachtungsskalen abweichenden Verhaltens (DEVBEO, JUGBEO und DISORDER) mit den Skalen von dessen Billigung/Missbilligung (DEVIANZ, GEWTOL, JUGEND) korrelieren, wie in Tabelle A10 geschehen, dann ergeben sich für die deutschen Befragten sehr niedrige Koeffizienten zwischen $r = -0,05$ oder $r = 0,06$ (einzige Ausnahme: JUGBEO mit JUGEND, $r = -0,13$, $p<0,001$). Demnach besteht kein oder allenfalls ein marginaler Zusammenhang zwischen der Beobachtung abweichenden Verhaltens und den Urteilen darüber. Das bedeutet, dass die Beobachtung allein keineswegs zur Billigung des Beobachteten führt – wie eine unserer beiden möglichen Hypothesen zum sozialen Lernen lautete. Die Legitimation, abweichendes Verhalten zu billigen, muss also anders erlangt werden. Wie das vor sich geht, können wir mit unseren Daten nicht klären.

Andres als bei den deutschen gibt es bei den türkischen Befragten einen Zusammenhang zwischen Beobachtung und Billigung on abweichendem Verhalten. Die Korrelationen zwischen JUGBEO und DEVIANZ betragen $r = 0,17$ ($p<0,01$), zwischen JUGBEO und GEWTOL $r = -0,13$ ($p<0,05$) und zwischen DEVBEO und DEVIANZ $r = 0,21$ ($p<0,001$). Dabei billigen sie eher gewaltfreies als gewalttätiges Verhalten. Die Beobachtung von abweichendem Verhalten im Wohngebiet könnte demnach die Billigung positiv beeinflussen, jedoch in einem nur geringen Maße, worauf die niedrigen Korrelationskoeffizienten hindeuten.

9.5 Machtlosigkeit der Bewohner

Ein weiteres wichtiges Merkmal der Bewohner ist, inwieweit sie glauben, dass sie selbst über sich bestimmen können, oder inwieweit sie davon ausgehen, sie seinen fremdbestimmt. Die von Ross, Mirowsky und Pribesh (2001) übernommene „Powerless-Control-Skala" basiert auf insgesamt acht fünfstufigen Items: mit jeweils vier davon wird die interne und externe Kontrolle erhoben. Dabei messen die Items der internen Kontrolle die Eigenverantwortung der Person, die der externen Kontrolle die Fremdbestimmung, also inwieweit eine Person fühlt und glaubt, nicht selbst über sich und ihr Leben bestimmen zu können. Beispiele der internen Kontrolle sind „Ich bin meines Glückes Schmied" und „Wenn bei mir etwas nicht klappt, dann liegt es meistens an mir", Beispiele der externen Kontrolle sind „Es liegt nicht an mir, wenn ich Probleme habe" und „Ich kann nichts gegen schlechte Dinge machen, die mir passieren". Bei positiven Werten ist die Selbstkontrolle hoch, bei negativen Werten die Fremdkontrolle, bei Werten um den Nullpunkt sind Fremd- und Selbstkontrolle ausgeglichen.

Die Randauszählungen dieser Items für die deutsche und türkische Bevölkerung sind in den Tabellen 9.11 und 9.12 wiedergegeben. Werden die Antworten verglichen, so fällt auf, dass die türkischen Befragten bei den vier Items zur externen Kontrolle wesentlich höhere Zustimmungswerte haben als die deutschen, sie also deutlich stärker daran glauben, dass sie fremdbestimmt sind. Das einzige Item der internen Kontrolle, dem die türkischen Befragten häufiger zugestimmt haben als die deutschen, ist die negativ formulierte Aussage „Wenn etwas schief geht, dann bin ich selbst schuld".

Vergleicht man die Ergebnisse für die deutschen und türkischen Befragten (Tabelle 9.13), so fällt auf, dass alle Zusammenhänge in die gleiche Richtung gehen. Auch wenn nicht alle Ergebnisse statistisch signifikant sind, so gilt für beide ethnische Gruppen, dass die Männer eine überdurchschnittlich hohe Selbstkontrolle haben, ebenso wie die in der eigenen Gruppierung jeweils Jüngeren (bei den Deutschen sind dies die bis 55-Jährigen, bei den Türken die bis 35-Jährigen), jene, die über ein relativ hohes Äquivalenzeinkommen verfügen (bei den Deutschen ab € 1.250,-, bei den Türken ab € 750,-), und die Alleinerziehenden. Für die deutsche Bevölkerung gilt noch, dass mit höherer Bildung eine höhere Selbstkontrolle einhergeht, bei der türkischen Bevölkerung sind alle drei Werte positiv (alle haben eine relativ hohe Selbstkontrolle). Die Ursache für die ausschließlich positiven Werte liegt darin, dass wir lediglich von 127 der 238 türkischen Befragten den Bildungsabschluss haben. Die fehlenden Werte entstehen durch Befragte, die gar keinen oder einen noch niedrigeren Schulabschluss als den der Hauptschule (z.B. türkischer Grundschulabschluss) haben. Diese hier nicht aufgelisteten Befragten haben hohe Werte bezüglich ihrer Fremdkontrolle. Wir verweisen an dieser Stelle auch noch einmal auf den Befund, dass Personen mit niedriger Selbstkontrolle auch weniger gepflegte Wohnungen haben (vgl. Kapitel 7.5).

Tabelle 9.11: Indikatoren für interne und externe Kontrolle nach Ross, Mirowsky und Pribesh, Deutsche, in Prozent

	Stimme voll zu	Stimme zu	Stimme teils zu	Stimme wenig zu	Stimme nicht zu	Ge-samt
Ich bin meines Glückes Schmied	45,4	30,3	19,2	3,6	1,6	100,0
Es liegt nicht an mir, wenn ich Probleme habe	6,6	8,7	41,7	23,7	19,3	100,0
Wenn bei mir etwas nicht klappt, dann liegt es meistens an mir	18,5	31,1	35,2	11,6	3,6	100,0
Man muss nicht planen – was kommen soll, das kommt	22,4	17,6	18,6	24,2	17,3	100,0
Wenn mir etwas wirklich Gutes passiert, dann aus Glück	16,1	20,5	29,7	21,8	11,9	100,0
Wenn etwas schief geht, dann bin ich selbst schuld	13,0	21,7	42,8	16,5	6,0	100,0
Was ich mir in den Kopf gesetzt habe, schaffe ich auch	36,4	39,6	18,3	4,8	0,9	100,0
Ich kann nichts gegen schlechte Dinge machen, die mir passieren	11,3	14,0	27,9	28,5	18,2	100,0

Tabelle 9.12: Indikatoren für interne und externe Kontrolle nach Ross, Mirowsky und Pribesh, Türken, in Prozent

	Stimme voll zu	Stimme zu	Stimme teils zu	Stimme wenig zu	Stimme nicht zu	Ge-samt
Ich bin meines Glückes Schmied	36,8	30,1	5,9	10,0	17,2	100,0
Es liegt nicht an mir, wenn ich Probleme habe	20,8	34,3	18,2	14,8	11,9	100,0
Wenn bei mir etwas nicht klappt, dann liegt es meistens an mir	36,3	30,0	15,6	11,8	6,3	100,0
Man muss nicht planen – was kommen soll, das kommt	40,6	27,2	7,9	12,1	12,1	100,0
Wenn mir etwas wirklich Gutes passiert, dann aus Glück	24,3	24,3	15,9	19,2	16,3	100,0
Wenn etwas schief geht, dann bin ich selbst schuld	33,6	29,4	13,4	13,9	9,7	100,0
Was ich mir in den Kopf gesetzt habe, schaffe ich auch	40,6	33,5	8,4	8,8	8,8	100,0
Ich kann nichts gegen schlechte Dinge machen, die mir passieren	29,7	26,3	15,3	21,2	7,6	100,0

Tabelle 9.13: Ausmaß der Selbst- bzw. Fremdkontrolle der deutschen und türkischen Befragten, Ergebnisse der Varianzanalyse

Merkmal	Deutsche			Türken		
Geschlecht			F=10,5			
Männlich	327	0,127	p<0,001	126	0,093	F=2,2 n.s.
Weiblich	380	-0,117	η=0,12	112	-0,101	
Alter in Jahren						
16 – 25	88	0,124		46	0,391	F=3,5
26 – 35	88	0,089		72	0,024	p<0,05
36 – 45	114	0,092	F=1,8 n.s.	39	-0,217	η=0,21
46 – 55	139	0,059		76	-0,142	
56 – 64	103	-0,136		-	-	
65 +	179	-0,147		-	-	
Bildungsabschluss						
Hauptschule	324	-0,189	F=14,6	33	0,124	
Mittlere Reife	148	0,102	p<0,001	44	0,048	F=0,5 n.s.
Abitur	177	0,296	η=0,21	50	0,246	
Transferleistungsbezug						
Ja	143	-0,116	F=2,5 n.s.	57	-0,015	F=0,1 n.s.
Nein	547	0,034		156	0,022	
Äquivalenzeinkommen in €						
– unter 500,-	65	-0,297		50	-0,166	F=4,2
500,- – 749,-	82	-0,091	F=4,3	55	-0,229	p<0,01
750,- – 999,-	110	-0,111	p<0,001	56	0,044	η=0,25
1.000,- – 1.249,-	92	-0,052	η=0,19	40	0,459	
1.250,- – 1.499,-	119	0,136		-	-	
1.500,- +	117	0,307		-	-	
Haushaltstypologie						
Verheiratet + Kinder	145	-0,053		125	-0,066	F=3,4
Verheiratet	239	-0,081		47	-0,152	p<0,05
Alleinerziehend	77	0,137	F=2,1	41	0,342	η=0,17
Alleinlebend	152	0,144	n.s.	-		
Zusammenlebend	35	0,073		-		
Verwitwet	45	-0,306		-		
Fortzugsabsicht						
Nein	353	-0,096	F=3,4	119	0,016	F=0,2
Ohne Aktivität	208	0,131	p<0,05	59	0,043	n.s.
Mit Aktivität	145	0,025	η=0,10	60	-0,073	

9.6 Gebietseffekte

In diesem abschließenden Abschnitt zu den sozialen Normen untersuchen wir den Kontext-effekt des Gebietes auf abweichendes Verhalten, wie er bereits von Wilson (1987) für Chicago postuliert wurde. Wir übernehmen das Modell von Sampson u.a. (Sampson und Groves 1989, Sampson, Morenhoff und Earls 1999, Sampson, Raudenbush und Earls 1997; vgl. Sampson 2006; für ein ähnliches Modell (Leventhal und Brooks-Gunn 2000). Dieses Modell hat drei Blöcke. Auf der Makroebene (linker Block) stehen die Merkmale des Gebietes, hier: die Fluktuationsrate, die Anteile der Ausländer, der Alleinerziehenden und der Sozialhilfeempfänger. Diese Bedingungen des Gebietes wirken auf die intergenerationalen Beziehungen und auf den kollektiven Zusammenhalt auf der Mesoebene (mittlerer Block). Ob diese Konzepte tatsächlich der Meso- und nicht der Mikro- oder Makroebene zuzuordnen sind, klären Sampson und Groves (1989) nicht (vgl. Friedrichs und Oberwittler 2007: 476f.). Diese Konzepte des mittleren Blocks haben wiederum einen Einfluss auf abweichende Verhaltensweisen der Individuen (Mikroebene, rechter Block) (vgl. ausführlich Blasius und Friedrichs 2007). Dieser Zusammenhang der drei Ebenen des Messens ist in Abbildung 9.2 wiedergegeben.

Abbildung 9.2: Das Modell von Sampson u.a.

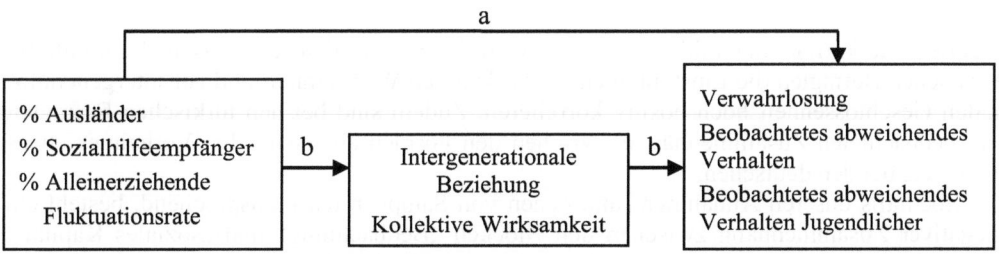

Um das Modell mit Hilfe der Mehrebenenanalyse zu testen, wären Daten aus relativ vielen Teilgebieten für die Makroebene erforderlich, nach Snijders und Bosker (1999: 44) mindestens zehn, anderen Autoren zufolge mindestens 25-30 (Raudenbush und Sampson 1999, Oberwittler 2001). Wir können aber nur vier im Falle der Klassifikation nach „gefährliches Gebiet", oder sechs, die Stadtviertel, unterscheiden (vgl. Kapitel 5).

Als Proxy für die Variablen auf der Makroebene verwenden wir die sechs Viertel, da sie sich bei der Erklärung abweichenden Verhaltens als besser erwiesen haben als die Klassifikation nach „gefährliches Gebiet" (Blasius und Friedrichs 2007, vgl. auch Kapitel 5). Als weitere erklärende Variablen verwenden wir in den abschließenden Regressionsmodellen zur Erklärung abweichenden Verhaltens folgende individuelle Merkmale: ob eine Person Empfänger/in von Transferzahlungen ist, ob er/sie Alleinerziehende(r) ist und ob ein Fortzugswunsch besteht (mit den drei Ausprägungen nein, keine Fortzugsabsicht; ja, Fortzugsabsicht aber noch keine Aktivität; ja, Fortzugsabsicht und bereits Aktivität unternommen).

Die Konstruktion der Skalen INTCLOS, COLLEFF, DISORDER, DEVBEO und JUGBEO haben wir bereist ausführlich erläutert (Abschnitt 4.6), die zentralen Zusammenhänge mit anderen Variablen wurden beschrieben.

Um zu untersuchen, wie die fünf Skalen zusammenhängen, haben wir sie untereinander korreliert. Oberhalb der Diagonalen von Tabelle 9.14 haben wir die Korrelationen für die deutschen Befragten abgetragen, unterhalb der Diagonale für die türkischen. (Wir haben diese Variablen auch mit den anderen Dimensionen korreliert, die Ergebnisse stehen zusammengefasst in Tabelle A 9 im Anhang.)

Tabelle 9.14: Interkorrelation der Devianzindikatoren, Deutsche (oberhalb der Diagonalen) und Türken (unterhalb der Diagonalen), 2004

Deutsche / Türken	DISORDER	JUGEBEO	DEVBEO	INTCLOS	COLLEFF
DISORDER	-	0,49***	0,35***	-0,33***	-0,37***
JUGEBEO	0,54***	-	0,44***	-0,21***	-0,19***
DEVBEO	0,41***	0,62***	-	-0,17***	-0,25***
INTCLOS	-0,49***	-0,40***	-0,21***	-	0,56***
COLLEFF	-0,46***	-0,26***	-0,28***	0,54***	-

***$p < 0,001$

Bei den Interkorrelationen fällt auf, dass sowohl im Fall der deutschen als auch im Fall der türkischen Befragten die Einstellungen zur kollektiven Wirksamkeit und zur intergenerationalen Geschlossenheit hoch positiv korrelieren. Zudem sind bei den türkischen Befragten die beobachteten Zusammenhänge zwischen den Formen abweichenden Verhaltens etwas höher als bei den deutschen.

Ebenfalls unseren Annahmen (und denen von Sampson u.a.) entsprechend, besteht ein negativer Zusammenhang zwischen den Blöcken „Beobachtung" und „soziales Kapital", d.h., mit einer positiven Bewertung der nachbarschaftlichen Kontakte sind relativ niedrige Werte bei der Beobachtung von abweichenden Verhaltensweisen verbunden. Das ist eine entscheidende Unterstützung für die Annahmen von Sampson u.a., denn in der Tat bewirkt das soziale Kapital, gemessen über COLLEFF und INTCLOS, dass weniger abweichendes Verhalten im Gebiet zu beobachten ist – weil dieses Verhalten wahrscheinlich auch nicht so häufig ist. Mit anderen Worten, ein hohes soziales Kapital ist mit einen geringen Ausmaß an beobachteter Devianz verbunden – wie in dem Modell von Sampson u.a. unterstellt. Wichtig an diesen Befunden ist auch, dass sich die Hypothesen und Skalen der nordamerikanischen Literatur in unserer Studie bewähren, wie zuvor schon in der Studie von Oberwittler (2003, 2007).

Wie Tabelle 9.14 zeigt, besteht bei den deutschen Befragten ein Zusammenhang zwischen den Einstellungen zu den nachbarschaftlichen Kontakten und den beobachteten abweichenden Verhaltensweisen. Zudem haben die Daten in Tabelle 9.9 folgendes Ergebnis erbracht: *Je stärker ein Gebiet benachteiligt ist (die Rangordnung nach dem Anteil der Sozialhilfeempfänger), desto mehr abweichende Verhaltensweisen werden wahrgenommen, desto geringer sind die kollektive Wirksamkeit (COLLEFF) und die intergenerationalen Beziehungen (INTCLOS).* Es gibt demnach einen Zusammenhang zwischen Gebiet, sozialen Beziehungen und abweichenden Verhaltensweisen. Da diese Effekte für die türkischen

Befragten nur sehr bedingt gelten, betrachten wir in den abschließenden Analysen zur Erklärung dieser Zusammenhänge nur die deutschen Bewohner.

Entsprechend unserem theoretischen Modell in Abbildung 9.2 verwenden wir als abhängige Variablen die Skalen „abweichendes Verhalten beobachtet" (DEVBEO), „abweichendes Verhalten Jugendlicher beobachtet" (JUGBEO) und „Verwahrlosung im Gebiet" (DISORDER). Für alle drei Variablen rechnen wir jeweils zwei Regressionsanalysen, bei denen wir im Basismodel nur die sechs Gebiete als erklärende Variablen verwenden (direkter Effekt (a) in Abbildung 9.2), Referenzkategorie ist die Schweden-Siedlung. Im jeweils zweiten Modell führen wir zusätzlich die Skalen zur kollektiven Wirksamkeit und zu den intergenerationalen Beziehungen ein (indirekter Effekt (b) in Abbildung 9.2), außerdem die Dummy-Variablen „Transfereinkommen" und „Single-Haushalt" (jeweils: 1 = „ja") sowie die dreistufige Variable „Fortzugsabsicht". Die Ergebnisse dieser Analysen sind in Tabelle 9.15 wiedergegeben.

In den drei Basismodellen gibt es zwar signifikante Effekte auf die abhängigen Variablen, die erklärten Varianzen liegen in zwei Fällen jedoch bei „nur" 5 %, im Fall von DEVBEO sogar nur bei 2 %. Die Vorzeichen entsprechen in etwa den Erwartungen – demnach sollten sie alle negativ sein. Eine Verwahrlosung der Wohngebiete wird von den Befragten in den Vierteln Höhenberg-Süd und Vingst stärker wahrgenommen wird als in dem am stärksten benachteiligten Gebiet, der Schweden-Siedlung. Ebenso wurden in Höhenberg-Süd – bei Konstanthaltung der anderen Gebiete – mehr abweichende Verhaltensweisen von Jugendlichen berichtet als in der Schweden-Siedlung.

Mit der Einführung der weiteren Variablen steigt der Anteil der erklärten Varianz deutlich an, insbesondere bei der „Verwahrlosung des Gebietes"; mit dem erweiterten Modell können 23 % der Varianz erklärt werden. Dabei verlieren die Gebiete an Erklärungskraft, insbesondere bei der „Verwahrlosung des Gebietes" ist keiner der Gebietseffekte weiterhin signifikant. In allen drei Fällen haben die beobachteten abweichenden Verhaltensweisen den stärksten Effekt auf die Fortzugsabsicht: Befragte, die solche Absichten äußerten, und insbesondere jene, die schon entsprechende Aktivitäten unternommen haben, berichten in allen drei Fällen überdurchschnittlich häufig, abweichendes Verhalten beobachtet zu haben.

Des Weiteren berichteten Alleinerziehende überdurchschnittlich oft über alle drei Arten der Verwahrlosung; dieser schon zuvor geschilderte Effekt bleibt auch bei der Kontrolle der anderen Variablen erhalten. Aus diesen Befunden kann abgeleitet werden, dass Alleinerziehende Abweichungen von Normen besonders aufmerksam zu registrieren scheinen.

Die kollektive Wirksamkeit und die intergenerationalen Beziehungen sind – wie aus den bivariaten Analysen erwartet – negativ mit den drei abhängigen Variablen verbunden. Dabei sind jedoch lediglich im Fall der Verwahrlosung des Gebietes die Effekte beider Merkmale statistisch signifikant, in den anderen beiden Fällen partialisiert der eine den jeweils anderen aus. Das Transfereinkommen hat lediglich bei der Beobachtung von abweichenden Verhaltensweisen einen signifikanten Effekt bei Konstanthaltung der anderen Indikatoren. Dieser Befund könnte ein Hinweis darauf sein, dass gerade die finanziell am meisten benachteiligten Bewohner überdurchschnittlich oft Kontakte zu Sozialhilfeempfängern haben, die sich abweichend verhalten, z.B. schwarz putzen gehen und ebenso zu Haushalten, bei denen die 15-jährige Tochter schwanger ist.

Tabelle 9.15: Varianzanalyse der Skalen nach Stadtviertel, Deutsche

Stadtviertel	DEVBEO	JUGBEO	DISORDER	COLLEFF	INTCLOS	KONTROLL
Siedlung Vingst	0,002	0,093	-0,032	0,267	0,411	0,165
Germania-Siedlung	-0,008	-0,289	-0,422	0,314	0,255	-0,016
Höhenberg	-0,183	-0,253	-0,070	-0,211	-0,132	-0,088
Vingst	0,034	0,127	0,204	-0,102	-0,208	-0,019
Höhenberg-Süd	0,401	0,487	0,469	-0,390	-0,401	-0,009
Schweden-Siedlung	0,396	0,219	-0,053	0,125	0,003	0,037
Teststatistik	$F=4,1$ $p<0,001$	$F=8,0$ $p<0,001$	$F=7,8$ $p<0,001$	$F=7,7$ $p<0,001$	$F=9,4$ $p<0,001$	$F=1,0$ n.s.
	$\eta=0,17$	$\eta=0,23$	$\eta=0,23$	$\eta=0,23$	$\eta=0,25$	

Tabelle 9.16: Varianzanalyse der Skalen nach Stadtvierteln, Türken

Stadtviertel	DEVBEO	JUGBEO	DISORDER	COLLEFF	INTCLOS	KONTROLL
Siedlung Vingst	-0,170	-0,216	0,022	-0,043	-0,094	-0,068
Germania-Siedlung	-0,329	-0,419	-0,618	0,040	0,399	-0,254
Höhenberg	-0,370	-0,633	-0,794	-0,091	0,379	0,125
Vingst	0,291	0,261	0,329	-0,186	-0,315	-0,030
Höhenberg-Süd	0,425	0,449	0,470	0,162	-0,041	0,020
Schweden-Siedlung	0,015	-0,261	-0,312	0,287	0,244	0,248
Teststatistik	$F=3,9$ $p<0,01$	$F=8,0$ $p<0,001$	$F=12,8$ $p<0,001$	$F=1,2$ n.s.	$F=3,7$ $p<0,01$	$F=0,8$ n.s.
	$\eta=0,28$	$\eta=0,39$	$\eta=0,47$		$\eta=0,27$	

Tabelle 9.17: Multiple Regression zu Verwahrlosung, Beobachtete Devianz, Beobachtete Devianz Jugendlicher, Deutsche, unstandardisierte Koeffizienten

	DISORDER		DEVBEO		JUGBEO	
	Modell 1	Modell 2	Modell 1	Modell 2	Modell 1	Modell 2
Konstante	-0,05	-0,51*	0,40**	-0,39*	0,22	-0,46**
Siedlung Vingst	0,02	0,14	-0,39*	-0,32	-0,13	-0,02
Germania Siedlung	-0,37*	-0,25	-0,40*	-0,29	-0,51**	-0,40**
Höhenberg	-0,02	-0,12	-0,58***	-0,61***	-0,47**	-0,48***
Vingst	0,26	0,20	-0,36*	-0,38**	-0,09	-0,11
Höhenberg Süd	0,52*	0,28	0,01	-0,02	0,27	0,10
Schweden Siedlung (Ref.)	-	-	-	-	-	-
COLLEFF	-	-0,20***	-	-0,17***	-	-0,03
INCLOS	-	-0,16***	-	-0,05	-	-0,14***
Transfereinkommen	-	-0,01	-	0,33***	-	0,18
Single-Haushalt	-	0,23*	-	0,32**	-	0,26*
Fortzugsabsicht	-	0,27***	-	0,21**	-	0,25***
Korrigiertes R²	0,05	0,23	0,02	0,13	0,05	0,14

*p<0,05, **p<0,01, ***p<0,001, Transfereinkommen ja = 1, Single-Haushalt ja = 1, Fortzugsabsicht keine = 1, ja, ohne Aktivität = 2, ja, mit Aktivität =3,
Quelle: Blasius und Friedrichs, 2007

10 Zusammenfassung: Doppelt benachteiligt?

Das Ziel unserer Studie war es, die Lebensbedingungen deutscher und türkischer Bewohner/innen in einem benachteiligten Stadtteil zu untersuchen. Sie baut auf unserer früheren Studie über vier benachteiligte Wohngebiete in Köln (Friedrichs und Blasius 2000) und der umfangreichen neueren Literatur auf. Die neue Studie richtet sich nur auf *ein* Gebiet, um mit einer größeren Stichprobe von deutschen und türkischen Befragten komplexere Analysen durchführen zu können, als es mit den kleineren Stichproben in jedem der vier Gebiete in der früheren Studie möglich war. Da wir unsere Ergebnisse auch mit denen nordamerikanischer Studien vergleichen wollen, haben wir mehrere Skalen aus der nordamerikanischen Literatur übernommen.

Das Untersuchungsgebiet Vingst-Höhenberg hat eine gemischte ethnische Struktur: 30 % der Bewohner/innen sind Migranten, davon ist die Hälfte türkischer Herkunft, gefolgt von Italienern und Migranten aus Ex-Jugoslawien. Es gibt Straßenzüge, in denen fast ausschließlich Türken wohnen. Insgesamt sind im Jahr 2006 rund 11 % der Bewohner Sozialhilfeempfänger, 20 % sind arbeitslos.

Wir haben drei unterschiedliche interne sozial-räumliche Differenzierungen des Gebietes vorgenommen: nach Expertenurteilen, nach subjektiver Kriminalitätsfurcht und nach objektiven Kriterien („natural areas") im Stadtviertel. Unseren Erwartungen entsprechend, hat sich davon in den Analysen die Differenzierung nach sechs Stadtvierteln am besten bewährt. Allerdings besteht eine relativ hohe Korrelation zwischen der auf subjektiver Wahrnehmung der Bewohner beruhenden Klassifikation „gefährliches Gebiet" und der objektiven Klassifikation in sechs Viertel von $r = 0,50$ bei den deutschen und $r = 0,53$ bei den türkischen Befragten. Sie haben demnach eine sehr ähnliche Wahrnehmung von problematischen Teilen des Gebietes.

Zwischen diesen sechs Vierteln bestehen beträchtliche Unterschiede. So reichen die Anteile der Sozialhilfeempfänger von 7,1 % in der Siedlung Vingst bis zu 19,0 % in der Schweden-Siedlung, die Anteile von Transferleistungsbeziehern insgesamt von 14 % bis 33 %, die Anteile der Migranten von 22 % bis 50 %. Die Viertel sind auch in sich heterogen, z.B. besteht eine hohe Heterogenität der Äquivalenzeinkommen und der Altersgruppen.

Benachteiligung

Eine zentrale Frage der Studie ist, ob (zumindest ein großer Teil) der Bewohner/innen von HöVi doppelt benachteiligt ist – zum Einen aufgrund ihrer geringen individuellen Ressourcen und zum Anderen kollektiv durch mangelnde positive Rollenvorbilder und Ressourcen des Gebietes, z.B. Freizeiteinrichtungen.

Die These von der doppelten Benachteiligung ist die grundlegende Annahme in der Literatur über Kontexteffekte armer oder benachteiligter Wohngebiete auf die Bewohner/innen. (Galster 2008, Häußermann 2003, Sampson, Morenoff und Gannon-Rowley

2002, Wilson 1987). Sie bezieht sich vor allem auf diejenigen, die schon durch ihre objektive Situation benachteiligt sind: die Empfänger/innen von Sozialhilfe und anderer Arten von Transfereinkommen. Diese Annahme gilt aber auch für die ethnischen Minoritäten, hier: die Türken: erstens aufgrund der Vorurteile ihnen gegenüber und zweitens aufgrund des relativ niedrigen Status, den viele türkische Bewohner/innen haben, weil ihnen eine qualifizierte Ausbildung fehlt und/oder sie niedrigere Einkommen haben. Wir vermuteten, das Ausmaß der Benachteiligung nehme in folgender Reihenfolge zu: Deutsche – deutsche Sozialhilfeempfänger – Türken – türkische Sozialhilfeempfänger.

Erstaunlich sind die unterschiedlichen Folgen des Transferbezugs z.B. bei deutschen und türkischen Haushalten bezüglich des Zustands der Wohnung. Die deutschen Haushalte unterscheiden sich deutlich danach, ob sie Transferleistungen erhalten oder nicht: Die Wohnungen der Deutschen, die keine staatliche Unterstützung erhalten, wurden als signifikant sauberer und gepflegter wahrgenommen als die derjenigen, die auf eine Unterstützung angewiesen sind. Wenn arme Haushalte demnach ihre Wohnung vernachlässigen, so kann das an einer subjektiven Hilflosigkeit oder Perspektivlosigkeit liegen, also einer geringen Selbstkontrolle. Bei den türkischen Haushalten gibt es nur einen marginalen Unterschied im Zustand der Wohnung, sie sind ähnlich gepflegt, ob sie Transferleistungen erhalten oder nicht.

Diese Ergebnisse sind noch deutlicher, wenn wir die Ernährung und das Einnehmen gemeinsamer Mahlzeiten betrachten. Während die deutschen Transferleistungsbeziehenden sich signifikant schlechter ernähren und seltener gemeinsame Mahlzeiten einnehmen als Deutsche ohne staatliche Leistungsbezüge, gibt es auch hier bei den türkischen Befragten nahezu keine Unterschiede zwischen diesen Gruppen. Schließlich zeigen die Befunde, dass die Bewältigung des Alltags für türkische Befragte und insbesondere für Bezieher von Transferleistungen keineswegs schwieriger ist als für deutsche Befragte.

Wahrnehmung und Bewertung von abweichendem Verhalten

In unserem theoretischen Teil haben wir postuliert, die strukturellen Bedingungen im Wohngebiet, u.a. der Anteil der dort lebenden Ausländer und die Fluktuationsrate, hätten einen Einfluss auf die intergenerationalen Beziehungen und auf das Ausmaß kollektiver Wirksamkeit in der Nachbarschaft. Beide Faktoren haben wiederum einen Einfluss darauf, wie viel Verwahrlosung und deviantes Verhalten im Allgemeinen und von Jugendlichen wahrgenommen wurde.

Von den Stadtteilen wurde die geringste Verwahrlosung in der Germania-Siedlung berichtet, also in jenem Gebiet, welches am zweitwenigsten benachteiligt ist. Die beiden höchsten Werte der DISORDER sind in Vingst und Höhenberg-Süd, also in zwei Gebieten, denen eine relativ hohe Benachteiligung zugeschrieben wurde. Bezogen auf die beobachteten abweichenden Verhaltensweisen sowohl der Jugendlichen (JUGBEO) als auch im Allgemeinen (DEVBEO), haben die beiden Gebiete die höchsten Werte, in denen die größte Benachteiligung diagnostiziert wurde: Höhenberg-Süd und Schweden-Siedlung. Des Weiteren bestehen die größte kollektive Wirksamkeit (COLLEFF) und die stärkste intergenerationale Beziehung (INTCLOS) in den beiden Gebieten, die am wenigsten benachteiligt sind: Siedlung Vingst und Germania-Siedlung. Während sich die Viertel nach dem Ausmaß des beobachteten abweichenden Verhaltens unterscheiden, weist dessen Billigung/ Missbilligung keinen Zusammenhang mit Merkmalen der Viertel auf.

Verbinden wir beobachtetes abweichendes Verhalten mit dem Ausmaß der Benachteiligung des Viertels, dann finden wir, dass die strukturelle Benachteiligung (hier insbesondere gemessen über den Anteil der Sozialhilfeempfänger) mit deviantem Verhalten korreliert: Je schlechter die strukturelle Ausstattung des Viertels, desto häufiger wurde von abweichendem Verhalten berichtet. Zum Anderen sind diese strukturellen Benachteiligungen mit der Art der Nachbarschaft verbunden: Je besser die Randbedingungen sind, desto größer ist die kollektive Wirksamkeit. Aus diesen Befunden kann aber keinesfalls geschlossen werden, dass sich die besonders benachteiligten Haushaltsmitglieder überdurchschnittlich oft abweichend verhalten; es bedeutet aber, dass es auch in Köln eine multiple Form von Benachteiligung im Wohngebiet gibt, wie sie bereits Wilson (1987) für Chicago oder Buck (2001) für Großbritannien festgestellt haben.

Fast alle deutschen und auch fast alle türkischen Befragten bewerten die Verhaltensweisen, die mit Gewalt verbunden werden können, zumindest als „ziemlich schlimm", in den meisten Fällen als „sehr schlimm" (Tabelle 9.2). Anders sieht es bei den Verhaltensweisen aus, die nicht mit Gewalt gegen Personen verbunden sind, z.B. dem 15-jährigen Mädchen, welches schwanger ist. Dies verurteilen 27 % der deutschen und 84 % der türkischen Befragten. Ebenso finden es 53 % der Türken, aber nur 28 % der Deutschen „sehr schlimm", wenn eine Frau Sozialhilfe bezieht und „schwarz" Putzen geht. Mit anderen Worten: Türken haben strengere Normen, was wir auch in der früheren Studie fanden und deshalb zu dem Schluss gelangten, die türkischen Bewohner würden ein gemischtes Wohngebiet stabilisieren (Friedrichs und Blasius 2000: 195).

Von den Altersgruppen sind es die Jüngeren, die überdurchschnittlich oft von Verwahrlosung und abweichendem Verhalten berichten. In der Bewertung von deviantem Verhalten sind es insbesondere die 18- bis 25-Jährigen, die es weniger als andere Altersgruppen ablehnen.

Wer ein Transfereinkommen bezieht, berichtet deutlich häufiger sowohl von abweichendem Verhalten als auch von Verwahrlosungen im Viertel. Ob diese häufigeren Beobachtungen mit der längeren Zeit, die im Viertel verbracht wird (oder aufgrund der fehlenden beruflichen Arbeit: verbracht werden muss), zusammenhängen, oder damit, dass in den Gebieten, in denen Empfänger von Transferleistungen überdurchschnittlich oft wohnen, wirklich derartiges öfter passiert, kann mit unseren Daten nicht geprüft werden. In dem Ausmaß, in dem abweichendes Verhalten gebilligt wird, unterscheiden sich beide Gruppen nicht, denn es besteht kein Zusammenhang zwischen der Häufigkeit, mit dem abweichendes Verhalten beobachtet und zu dem es gebilligt wird.

Netzwerke

Die Deutschen haben im Durchschnitt 8,4 und die Türken 6,4 Alteri. Die Netzwerke der Bewohner des benachteiligten Gebietes sind sehr wahrscheinlich kleiner als diejenigen der Bewohner anderer Wohngebiete. Derartige Vergleiche sind allerdings schwierig, weil die Verfahren, die Alteri zu ermitteln (die Namensgeneratoren), unterschiedlich sind. Wir können aber davon ausgehen, dass mit steigender Bildung die Größe der Netzwerke zunimmt, und da wir einen hohen Anteil von Bewohner/innen mit niedriger Bildung vorfinden, erhalten wir auch insgesamt eine niedrigere durchschnittliche Zahl von Netzwerkpersonen.

Die Struktur der Netzwerke unterscheidet sich nach Vierteln. Bei den deutschen Befragten sinkt die Anzahl der Netzwerkpersonen signifikant und kontinuierlich mit dem Anteil der Sozialhilfeempfänger im Viertel. Auch der Anteil türkischer Alteri ist in den Vierteln mit niedriger Sozialhilfequote, abgesehen von dem Ausreißer Schweden-Siedlung, signifikant höher.

Die Netzwerke der Türken sind nicht nur kleiner als die der Deutschen, sie weisen auch einen höheren Anteil von Verwandten und von Personen im Wohngebiet auf. Weil die Kontakte relativ stark an das Wohngebiet gebunden sind (bonding capital), haben die türkischen Bewohner weniger Brückenkapital (bridging capital) aus dem Gebiet heraus. Diese zu starke lokale Bindung in Kombination mit der geringen Größe hat zur Folge, wenn man der Theorie von Granovetter (1973) folgt, dass die türkischen Bewohner weniger Informationen und Chancen auf dem Arbeitsmarkt außerhalb ihres Netzwerks haben dürften.

Wir haben weiter angenommen, dass Personen mit einem kleinen Netzwerk auch eine geringere Selbstkontrolle haben. Das trifft bei den deutschen Befragten zu, bei den türkischen Befragten nicht.

Die Selbstkontrolle, wenn auch knapp nicht signifikant, tendiert auch dazu, stärker zu sein, je mehr Verwandte im Netzwerk der Türken integriert sind. Weiterhin leidet auch die Netzwerkgröße nicht – wie bei den deutschen Befragten – unter einem steigenden Anteil Verwandter im Netzwerk. Im Gegenteil: Es scheint so, dass die starken verwandtschaftlichen Beziehungen eine gute Ressource für die türkischen Bewohner darstellen. Die starken verwandtschaftlichen und/oder lokalen Netzwerke helfen, einen nicht sehr gut bezahlten Job innerhalb der ethnischen Gemeinde zu finden, allerdings nicht, einen Arbeitsplatz außerhalb dieser ethnischen Beziehungen (u.a. Fernandez und Fernandez-Mateo 2006, Reingold 1999; vgl. Esser 2005: 87).

Bei den Deutschen ist die wichtigste Ressource die Größe des Netzwerks. Sowohl die intergenerationale Beziehung, die Selbstkontrolle, als auch die kollektive Wirksamkeit sind unter deutschen Befragten besser, je größer das Netzwerk ist. Bei den türkischen Befragten sind diese Zusammenhänge negativ. Je größer das Netzwerk, desto schlechter ist die Beziehung zwischen den Generationen und desto schwächer ist der Zusammenhalt in der Nachbarschaft.

Die Integration deutscher Personen in die türkischen Netzwerke hat einen erstaunlichen Effekt: Sie weicht die starken verwandtschaftlichen Beziehungen und ablehnenden Einstellungen zu abweichendem Verhalten auf. Deutsche Bewohner nehmen mehr Devianz wahr als türkische, und sie billigen diese auch stärker. Wenn nun im Netzwerk der Türken deutsche Alteri sind, dann verändern sich ihre Wahrnehmungen und die Billigung/Missbilligung abweichenden Verhaltens. Je mehr Deutsche unter deren Netzwerkpersonen sind, desto häufiger wird deviantes Verhalten allgemein und deviantes Verhalten Jugendlicher beobachtet, desto weniger stört es und desto eher wird deviantes Verhalten gebilligt. Umgekehrt gilt dies nicht; der (ohnehin geringe) Anteil türkischer Alteri in den Netzwerken von Deutschen hat keinen Einfluss auf die Wahrnehmung und Billigung abweichenden Verhaltens. *Bei den türkischen Befragten verschiebt demnach der Anteil Deutscher im Netzwerk die Urteile in die Richtung der Deutschen, es wird mehr abweichendes Verhalten beobachtet und gebilligt.*

Ein steigender Anteil Verwandter im Netzwerk führt hingegen dazu, abweichendes Verhalten stärker zu missbilligen – was den moralischen Konflikt der türkischen Befragten zwischen wertkonservativen Verwandten und toleranten Deutschen darstellt. Eine mögliche Reaktion kann sein, sich angesichts der „deutschen" Normenpluralität auf die Normen der eigenen Kultur zurückzubeziehen; es kann dazu kommen, was in der Literatur als „Re-Ethnisierung" bezeichnet wird (vgl. die Studie von Skrobanek 2007). Diese Annahme wird auch durch die Befunde aus unserer früheren Studie gestützt (Friedrichs und Blasius 2000), in welcher die türkischen Befragten – im Gegensatz zu den deutschen – deviante Normen sowohl stärker ablehnten als auch in der Ablehnung homogener waren.

Mischung und Fortzugsabsichten

Die Frage nach der optimalen sozialen Mischung der Bewohner ist schwierig zu beantworten, weil sehr unterschiedliche Bedingungen, außer denen des Viertels, die Einstellungen und das Verhalten der deutschen und türkischen Bewohner beeinflussen. Wir wählen als Beispiel die Ergebnisse zu den Fortzugsabsichten, denn die Absicht, in einem Wohngebiet zu bleiben oder aus ihm fortzuziehen, bündelt eine ganze Reihe von Urteilen über die Vor- und Nachteile des Wohngebietes.

Wir gingen von der Annahme aus, Personen, die Transferleistungen beziehen, hätten aufgrund der finanziellen Restriktionen weniger Möglichkeiten, sich das Wohngebiet und eine Wohnung (Größe und Ausstattung) auszusuchen. Zudem sind ihre Mittel begrenzt, die Wohnung und das Umfeld nach ihren Wünschen zu gestalten. Dies macht die Bewohner unzufrieden und führt zu Fortzugsabsichten. Weiterhin haben sich vermutlich weniger Migranten als deutsche Bewohner das Wohngebiet oder Viertel aussuchen können, wofür der hohe Anteil der Sozialmieter unter den Türken spricht. Deshalb nehmen wir weiter an, Migranten seien mit ihrem Viertel unzufriedener, weshalb von ihnen auch ein größerer Anteil als von den deutschen Bewohnern ausziehen will und auch schon etwas dafür unternommen hat.

Die Ergebnisse sind, dass deutsche Befragte, die Transferleistungen erhalten, signifikant häufiger die Absicht haben, fortzuziehen als diejenigen, die keine Transferleistungen beziehen. Sind dies die konservativen, am wenigsten toleranten Deutschen? Nach den Ergebnissen der Studie über Wahlen in Hamburg von Jagodzinski, Friedrichs und Dülmer (1996) ist das sehr wahrscheinlich.

Bei den türkischen Befragten gibt es kaum Zusammenhänge zwischen Merkmalen des sozialen Status und der Fortzugsabsicht (wohl aber mit dem Wohnstatus). Ein niedriger soziökonomischer Status unter türkischen Befragten hat demnach *nicht* die gleichen Effekte wie bei deutschen Befragten: Obwohl die türkischen Befragten deutlich häufiger Transferleistungen erhalten, deutlich weniger verdienen, häufiger Mieter von Sozialwohnungen sind und niedrigere Bildungsabschlüsse haben als die Deutschen, nennen sie insgesamt weniger Eigenschaften ihres Wohngebietes, die ihnen nicht gefallen, und sie nennen sie auch seltener. Dieser gravierende Unterschied zwischen deutschen und türkischen Bewohnern ist auf mehrere Ursachen zurückzuführen. Das Fehlen der finanziellen Mittel (47,5 % Sozialmieter!) führt bei den Türken dazu, sich mit der Wohnsituation arrangieren zu müssen, weil die Chance auf dem freien Wohnungsmarkt für Sozialmieter geringer ist als für andere. Ein weiteres Hindernis für den Umzug kann die ausländische Herkunft sein. Wir nehmen an, dass es für ausländische Sozialmieter noch schwieriger ist, sich auf dem Wohnungsmarkt zu behaupten als für deutsche. Es bleibt einem großen Teil der Migrantenhaushalte nichts anderes übrig, als die von der Stadt zugewiesene Wohnung zu beziehen und dort wohnen zu bleiben. Wenn keine Wahl möglich ist, besteht auch keine aktive Fortzugsabsicht. Deutlich häufiger haben nur Privatmieter die Absicht, fortzuziehen. Sie sind auch eher in der Lage, auf dem freien Wohnungsmarkt eine Wohnung zu finden.

Hinzu kommt, dass Migranten oder Angehörige ethnischer Minoritäten eher in gemischten Wohngebieten wohnen wollen als Angehörige der Majorität. Die geringeren Fortzugsabsichten lassen sich also nicht allein auf die ökonomischen Gründe zurückführen.

Die Fortzugsabsicht scheint nach unseren Ergebnissen auch eine Folge der Verwahrlosung des Gebietes, des hohen beobachteten abweichenden Verhaltens und auch der schwachen nachbarschaftlichen und intergenerationalen Beziehungen zu sein. Obwohl diese Aussage für beide Gruppen von Fortzugswilligen gilt, scheint bei der Gruppe, die bereits entsprechende Aktivitäten unternommen hat, der Druck aufgrund der berichteten Benachteiligungen noch höher zu sein: Sämtliche Skalenwerte sind noch „schlechter" als bei jenen Fortzugswilligen, die bislang noch keine entsprechende Aktivitäten unternommen haben. Wie kaum anders zu erwarten, führt die Wahrnehmung abweichenden Verhaltens dazu, aus dem Gebiet fortziehen zu wollen: Eine Verwahrlosung des Wohngebietes, überdurchschnittlich hohe Werte beim wahrgenommen abweichenden Verhalten und eine geringe nachbarschaftliche und intergenerationale Kollektivität sind die Push-Faktoren, die den Wunsch zum Umzug beeinflussen. Das gilt für deutsche wie für türkische Befragte.

Empirisch finden wir, dass die Türken mit dem Wohngebiet zufriedener sind als die Deutschen, jedoch hat ein höherer Anteil der Türken schon eine Umzugsabsicht mit Aktivität. Wenn man jedoch Äußerungen zur Zufriedenheit mit dem Wohngebiet heranzieht und hiervon den Anteil derer, die angeben, mit „nichts" zufrieden zu sein, betrachtet, besteht ein hochsignifikanter Zusammenhang mit der Fortzugsabsicht. Je zufriedener die Deutschen mit ihrem Wohngebiet sind, desto seltener haben diese Fortzugsabsichten und umgekehrt. Hingegen besteht bei den türkischen Befragten kein Zusammenhang zwischen der Fortzugsabsicht und der Anzahl positiver und negativer Bewertungen ihres Wohngebietes. Die bisherigen Annahmen über Fortzugsabsichten der Migranten treffen demnach nicht zu.

Die Frage nach der Stabilität des Wohngebietes hängt auch mit dem Wohnstatus zusammen. Die Eigentümer haben deutlich weniger Fortzugsabsichten als andere Befragte, die Investitionen in Eigentum und Wohngebiet wirken sich offensichtlich auf eine niedrige Fluktuationsrate aus.

Folgerungen

Unsere Studie führt auf ein interessantes und in der Literatur nur unzureichend behandeltes theoretisches Problem: An mehreren Stellen bewähren sich unsere Hypothesen für die deutschen, nicht jedoch für die türkischen Befragten. Die Bewältigung des Alltags ist für sozialschwache türkische Befragte offensichtlich nicht schwieriger als für deutsche. Im Gegenteil: Ob die Türken Transferleistungen beziehen oder nicht, steht in keinem Zusammenhang mit dem Zustand der Wohnung, der Ernährung oder dem Einnehmen gemeinsamer Mahlzeiten. Auch sind die türkischen Befragten nicht weniger zufrieden in ihrem Wohngebiet als andere, was wir vorab vermuteten. Sie sind nicht negativ durch die starke ethnische Mischung beeinflusst, nehmen Verwahrlosung und abweichendes Verhalten sogar seltener wahr als Deutsche. Weiterhin haben sie starke soziale Beziehungen zu ihren Familien, was sich keineswegs negativ auf ihre Netzwerkgrößen auswirkt. Der hohe Anteil der Verwandten im Netzwerk stärkt ihre intergenerationalen Beziehungen und ihre kollektive Wirksamkeit, sprich: ihr soziales Kapital. Hierfür bieten sich zwei Erklärungen an:

1. Die türkischen Befragten kommen aus einer anderen Kultur und für diese gelten Randbedingungen, die nicht explizit in unsere Hypothesen aufgenommen sind. Wir nennen diese Erklärung die Kulturhypothese.
2. Es ist nicht die kulturelle Differenz, mit der sich die Unterschiede erklären lassen, sondern der Status des Migranten oder Fremden. Wir nennen dies die Migrantenstatus-Hypothese.

Die Kulturhypothese beinhaltet eine durch die Herkunft bedingte andere Bewertung der finanziellen Situation sowie eine andere Einschätzung von abweichendem Verhalten. Die türkischen Bewohner kommen, wie die meisten Türken in Deutschland, vermutlich überwiegend aus dem armen Osten des Landes. Sie vergleichen ihren Wohnstandort in Köln und die deutsche soziale Sicherung mit denen ihres Herkunftslandes. Verglichen mit dem Osten der Türkei ist das Wohngebiet relativ sicher und auch relativ sauber und auch die Einkünfte und die finanzielle Absicherung sind im Vergleich hoch. Die Deutschen vergleichen sich vermutlich mit Deutschen in anderen („besseren") Wohngebieten. Demnach müsste die relative Deprivation bei den Deutschen höher sein als bei den Türken.

Träfe die Migranten-Status Hypothese zu, die sich bereits – wenn auch nicht explizit formuliert – bei Simmel (1908) und Schütz (1972) finden lässt, dann wäre nur der Status des Migranten, nicht aber wie in Hypothese 1 die Kultur des Migranten bedeutsam, es wäre also unerheblich, aus welcher Kultur der Migrant kommt.

Wir können hier nicht entscheiden, welche der beiden Hypothesen mehr Gültigkeit beanspruchen kann, denn auch eine Differenzierung unserer Stichprobe nach Alterskohorten würde nicht ausreichen, denn ein angemessener Test der beiden Hypothesen erfordert, unterschiedliche Gruppen von Migranten einzubeziehen und genau genommen sogar eine Panelstudie durchzuführen. Wir halten dies für eine wichtige und lohnende sozialwissenschaftliche Aufgabe.

Abschließend kommen wir auf die Hypothese zurück, es gäbe ein Reihenfolge der Benachteiligung: Bei den deutschen Befragten hat die Tatsache, ob man Sozialhilfe bezieht oder nicht, signifikante Folgen für zahlreiche Verhaltensbereiche. Sie sind doppelt benachteiligt. Bei den türkischen Befragten ist der Einfluss der Transferzahlungen wesentlicher geringer und meist nicht signifikant. Hier kann nicht von einer doppelten Benachteiligung gesprochen werden. Für diesen Befund schlagen wir zwei Erklärungen vor: 1. Die Eigenschaften der türkischen Kultur sind prägender für die Migranten als die Armut oder allgemeiner: die ökonomische Situation. 2. Unter den türkischen Bewohner/innen sind ohnehin mehr Personen mit einem niedrigen Einkommen, weshalb die geringe Einkommensdifferenz zu den Transferbeziehenden relativ gering ist.

Es gibt eine doppelte Benachteiligung, sie ist jedoch für die türkischen geringer als für die deutschen Bewohner.

Literaturverzeichnis

Adelaide City Council, 2002: What Sort of Goods are Neighbours? Social Mix and Sustainable Residential Community in Adelaide. "Green Paper" for the City Living Summit, Feb. 26, Adelaide, Australia.

Alisch, Monika und Jens S. Dangschat, 1998: Armut und soziale Integration. Opladen: Leske + Buderich.

Amt für Wohnungswesen der Stadt Köln, 2005: Wohnen in Köln. Fakten, Zahlen und Ergebnisse 2003/2004.

Andreß, Hans-Jürgen, 1999: Leben in Armut. Analysen der Verhaltensweisen armer Haushalte mit Umfragedaten. Opladen: Westdeutscher Verlag.

Arthurson, Kathy, 2006: Social Mix and Disadvantaged Communities: Clarifying the Links between Policy, Practice and the Evidence base. Paper. Presented at the ENHR Conference July 2-6, Cambridge UK.

Atkinson, Rowland, 2005: Neighbourhoods and the Impacts of Social Mix: Crime, Tenure Diversification and Assisted Mobility. CNR Paper 29. University of Tasmania: Housing and Community Research Unit. www.neighbourhoodcentre.org.uk. (01.06.2006).

Bandura, Albert, 1997: Self-efficacy: The Exercise of Control. New York: Freeman.

Balsen, Werner, Nakielski, Hans, Roessel, Karl und Rolf Winkel, 1983: Die neue Armut. Ausgrenzung von Arbeitslosen aus der Arbeitslosenunterstützung. Hans-Böckler-Stiftung; Bd. 04. Düsseldorf: Rhein. Journalistenbüro.

Becker, Heidede, Franke, Thomas, Löhr, Rolf-Peter und Verena Rösner, 2002: Drei Jahre Programm Soziale Stadt – eine ermutigende Zwischenbilanz. S. 12-51 in: Deutsches Institut für Urbanistik (Hg.): Die Soziale Stadt. Berlin: Difu.

Blasius, Jörg, 1993: Gentrification und Lebensstile. Wiesbaden: Deutscher Universitätsverlag.

Blasius, Jörg und Jürgen Friedrichs, 2001: Sozial-räumliche Integration von Türken in zwei Kölner Wohngebieten. Deutsche Zeitschrift für Kommunalwissenschaften (vorm. Archiv für Kommunalwissenschaften) 40: 48-67. www.difu.de/publikationen/dfk (20.05.2007).

Blasius, Jörg und Jürgen Friedrichs, 2004: „Der Geschmack der Notwendigkeit". Lebensstile in benachteiligten Wohngebieten. S. 337-361 in: Walter Bien und Alois Weidacher (Hg.): Leben neben der Wohlstandsgesellschaft. Familien in prekären Lebenslagen. Wiesbaden: VS Verlag.

Blasius, Jörg und Jürgen Friedrichs, 2007a: Internal Heterogeneity of a Deprived Urban Area and its Impact on Residents' Perception of Deviance. Housing Studies 22: 753-780.

Blasius, Jörg und Jürgen Friedrichs, 2007b: Lifestyles in distressed neighborhoods – A test of Bourdieu's „taste of necessity" hypothesis. Vortrag WAPOR.

Blasius, Jörg und John C. Gower, 2005: Multivariate Prediction with Nonlinear Principal Components Analysis Theory. Quality and Quantity 39: 359-372.

Blasius, Jörg and Victor Thiessen, 2001: Methodological Artefacts in Measures of Political Efficacy and Trust: A Multiple Correspondence Analysis. Political Analysis 9: 1-20.

Blasius, Jörg and Victor Thiessen 2006a: Assessing the Data Quality and Construct Comparability in Cross-National Surveys. European Sociological Review 22: 229-242.

Blasius, Jörg and Victor Thiessen, 2006b: A Three-Step Approach to Assessing the Behaviour of Survey Items in Cross-National Research. pp 433-435 in Multiple Correspondence Analysis and Related Methods, ed. Michael Greenacre and Jörg Blasius, Boca Raton, Fl.: Chapman & Hall.

BMELV (= Bundesministerium für Ernährung, Landwirtschaft und Verbraucherschutz), 2008: Nationale Verzehrsstudie II. Berlin: BMELV.

BMGS (= Bundesministerium für Gesundheit und Soziales), 2005: Statistisches Taschenbuch. Gesundheit 2005. Berlin: BMGS.

Bottoms, Anthony E., Caytor, A. und Paul Wiles, 1992: Housing tenure and residential community crime careers: a case-study from Sheffield. S. 118-144 in: Evans, David, J., Nicholas R. Fyfe und David T. Herbert (Hg): Crime, Policing and Place: Essays in Environmental Criminology. London: Routledge.

Boxman, Ed, Paul de Graaf and Hendrik Flap, 1991: The Impact of Social and Human Capital on the Income Attainment of Dutch Mangers. Social Networks 13: 51-73.

Braddock, Jomills und James McPartland, 1987: How Minorities Continue to be Excluded from Equal Employment Opportunities: Research on Labor Market and Institutional Barriers. Journal of Social Issues 43: 5-39.

Brophy, Paul C. und Rhonda N. Smith, 1997: Mixed-Income Housing: Factors for Success. Cityscape 3: 3-11.

Brun, Jacques und Catherine Rhein (Hg.), 1994: La Segregation dans la Ville. Paris: L'Harmattan

Buck, Nick, 2001: Identifying Neighbourhood Effects on Social Exclusion, in: Urban Studies, 38(12): 2251-2275.

Bude, Heinz, 2008: Die Ausgeschlossenen. Das Ende vom Traum einer gerechten Gesellschaft. München: Carl Hanser Verlag.

Bürgerbewegung Pro Köln e.V., 2005: http://www.pro-koeln-online.de/ (18.03.2008).

Burgers, Jack, Jan Vranken, Jürgen Friedrichs und Carola Hommerich (Hg.), 2003: Anleitung für ein erfolgreiches Stadtentwicklungsprogramm. Opladen: Leske + Budrich.

Cowgill, Donald O. and Mary Cowgill, 1951: An Index of Segregation Based on Block Statistics. American Sociological Review, 16: 825-831.

Crane, Jonathan, 1991: The Epidemic Theory of Ghettos and Neighborhood Effects on Dropping Out and Teenage Childbearing. American Journal of Sociology 96: 1226-1259.

Dangschat, Jens, Wolfram Droth, Jürgen Friedrichs und Klaus Kiehl, 1982: Aktionsräume von Stadtbewohnern. Opladen: Westdeutscher Verlag.

Davis, Mary, 1993: The Gautreaux Assisted Housing Program. S. 243-253 in: G.T. Kingsley und M.A. Turner (Hg.): Housing Markets and Residential Mobility. Washington, DC: The Urban Institute.

De Leeuw, Jan, 2006: Nonlinear Principal Component Analysis and Related Techniques. S. 107-133 in: M. Greenacre and J. Blasius (Eds.): Multiple Correspondence Analysis and Related Techniques. Boca Raton, Florida: Chapman & Hall.

Dietz, Robert D., 2002: Estimation of Neighborhood Effects in the Social Sciences: an Interdisciplinary Approach. Social Science Research 31: 539-575.

Difu (= Deutsches Institut für Urbanistik) (Hg.), 2002: Die Soziale Stadt. Berlin: Difu.

Difu (= Deutsches Institut für Urbanistik) (Hg.), 2003: Strategien für die Soziale Stadt. Berlin: Difu.

Difu (= Deutsches Institut für Urbanistik), 2000-2008: www.sozialestadt.de (14.09.2005).

Dubet, François und Didie Lapeyronnie 1994: Im Aus der Vorstädte. Der Zerfall der demokratischen Gesellschaft. Stuttgart.

DiPasquale, Denise und Edward L. Glaeser, 1999: Incentives and Social Capital: Are Homeowners Better Citizens? Journal of Urban Economics 45: 354-384.

Duncan, Greg J. and Stephan W. Raudenbush, 1999: Assessing the Effects of Context in Studies of Child and Youth Development. Educational Psychologist 34 (1): 29-41.

Drever, Anita I. und William A. V. Clark 2002: Gaining Access to Housing in Germany: The Foreign-minority Experience. Urban Studies Vol. 39, 13: 2439-2453.

Eisner, Manuel, 1997: Das Ende der zivilisierten Stadt? Die Auswirkungen von Modernisierung und urbaner Krise auf Gewaltdelinquenz. Frankfurt a. M./New York.

Elliott, James R., 1999: Social isolation and Labor Market Insulation: Network and Neighborhood Effects on Less-Educated Urban Workers. Sociological Quarterly 40:199-216.

Esser, Hartmut, 1980: Aspekte der Wanderungssoziologie. Neuwied-Berlin: Luchterhand.

Esser, Hartmut, 1990: Interethnische Freundschaften. S. 185-206 in: Hartmut Esser und Jürgen Friedrichs (Hg): Generation und Identität. Opladen: Westdeutscher Verlag.

Esser, Hartmut, 2000: Soziologie. Spezielle Grundlagen. Band 2: Die Konstruktion der Gesellschaft. Frankfurt/M.-New York: Campus.

Esser, Hartmut, 2005: Migration, Sprache, Integration. Berlin: WZB.

Farwick, Andreas, 1996: Die Dynamik von Armutsgebieten - Prozesse und Mechanismen der räumlichen Konzentration von Armut in benachteiligten Gebieten. Stadtforschung und Statistik 1-2.

Farwick, Andreas, 1999: Segregierte Armut in der Stadt - Das Beispiel Bielefeld. Bremen: Universität, ZWE "Arbeit und Region".

Farwick, Andreas, 2001: Segregierte Armut in der Stadt. Opladen: Leske + Budrich.

Farwick, Andreas und Wolfgang Voges, 1997: Segregierte Armut und das Risiko Sozialer Ausgrenzung. Zum Einfluß der Nachbarschaft auf die Verstetigung von Sozialhilfe-bedürftigkeit. Universität Bremen: ZWE „Arbeit und Region", Arbeitspapier Nr. 27.

Fernandez, Roberto M. und Isabel Fernandez-Mateo, 2006: Networks, Race, and Hiring. American Sociological Review 71: 42-71.

Focus Online, 2007: Katholischer Pfarrer sammelt für Moschee. http://www.focus.de/ panorama/welt/koeln_aid_50389.html (27.03.2008).

Forrest, Ray, Alan Murie und Peter Williams, 1990: Home Ownership. Differentiation and Fragmentation, London: Unwin Hyman.

Franzen, Axel und Sonja Pointner, 2007: Sozialkapital: Konzeptualisierungen und Messungen. S. 66-90 in: Axel Franzen und Markus Freitag (Hg.): Sozialkapital. Grundlagen und Anwendungen. Wiesbaden: VS Verlag. Sonderheft 47 der Kölner Zeitschrift für Soziologie und Sozialpsychologie.

Friedrich, Johannes (Landesbischof) et al. (Hg.), 2005: Chrismon Rheinland. Das evangelische Magazin, Februarheft, S. 37 ff. Verlag Hansisches Druck- und Verlagshaus GmbH.

Friedrich-Ebert-Stiftung, 1999: Tagungsbericht 14.4.1999. Entwicklungspotentiale in Stadtteilen und Stadtteilzentren. http://library.fes.de/fulltext/fo-wirtschaft/00951toc.htm (14.07.2007).

Friedrichs, Jürgen, 1998: Do Poor Neighborhoods Make Their Residents Poorer? S. 77-99 in: Hans-Jürgen Andreß (Hg.): Empirical Poverty Research in a Comparative Perspective. Aldershot: Ashgate.

Friedrichs, Jürgen, 2004: Probleme des Bund-Länder-Programms „Soziale Stadt". Anmerkungen aus sozialwissenschaftlicher Sicht. S. 288-292 in: Uwe-Jens Walther und Kirsten Mensch (Hg.): Armut und Ausgrenzung in der „Sozialen Stadt". Darmstadt: Schader-Stiftung.

Friedrichs, Jürgen, 2008: Ethnische Segregation. In Frank Kalter (Hg): Migration und Integration. Sonderheft 48 der Kölner Zeitschrift für Soziologie und Sozialpsychologie. Wiesbaden: VS Verlag (im Druck).

Friedrichs, Jürgen und Jörg Blasius 2000: Leben in benachteiligten Wohngebieten. Opladen: Leske + Budrich.

Friedrichs, Jürgen und Jörg Blasius, 2003: Social Norms in Distressed Neighborhoods. Testing the Wilson Hypothesis. Housing Studies 18: 807-826.

Friedrichs, Jürgen und Jörg Blasius, 2006: Attitudes of Owners and Renters in a Deprived Neighborhood. Paper, presented at the ENHR Conference, July 2-5, Ljubljana, Slovenia.   http://enhr2006-ljubljana.uirs.si/publish/W12_Friedrichs_Blasius.pdf (14.07.2007).

Friedrichs, Jürgen, George C. Galster und Sako Musterd, 2003: Neighborhood Effects on Social Opportunities: The European and American Research and Policy Context. Housing Studies 18: 797-806.

Friedrichs, Jürgen, Tobias Hüsing und Ingmar Türk, 1997: Die Kölner City. Köln: Forschungsinstitut für Soziologie.

Friedrichs, Jürgen, Robert Kecskes und Christof Wolf, 2002: Euskirchen 1952-2002. Der Wandel einer Mittelstadt. Opladen: Leske + Budrich.

Friedrichs, Jürgen und Dietrich Oberwittler, 2007: Soziales Kapital in Wohngebieten. S.450-486 in: Axel Franzen und Markus Freitag (Hg.): Sozialkapital. Grundlagen und Anwendungen. Wiesbaden: VS Verlag. Sonderheft 47 der Kölner Zeitschrift für Soziologie und Sozialpsychologie.

Friedrichs, Jürgen und Sascha Triemer, 2008: Gespaltene Städte. Soziale und ethnische Segregation in deutschen Großstädten. Wiesbaden: VS Verlag.

Froessler, Rolf, 1994: Stadtviertel in der Krise. Innovative Ansätze zu einer integrierten Quartiersentwicklung in Europa. Institut für Landes- und Stadtentwicklungsforschung des Landes Nordrhein-Westfalen, ILS-Schriften 87, Dortmund.

GAG-Immobilien AG (Hg), 2003: Kölns gute Adresse. Geschäftsbericht 2003.

GAG-Immobilien AG (Hg), 2006a: Aktuell. Mieterinformation Vingst September 2006.

GAG-Immobilien AG (Hg), 2006b: Aktuell. Mieterinformation Höhenberg Februar 2006.

Galster, George C., 2002: An economic efficiency analysis of deconcentrating poverty populations. Journal of Housing Economics 11: 303-329.

Galster, George C., 2007: Neighbourhood Social Mix as a Goal of Housing Policy: A Theoretical Analysis. European Journal of Housing Policy 7: 19-44.

Galster, George C., 2008: Quantifying the Effect of Neighbourhood on Individuals: Challenges, Alternative Approaches, and Promising Directions. Schmollers Jahrbuch 128: 7-48.

Galster, George C. und Sean P. Killen, 1995: The Geography of Opportunity: A Reconnaissance and Conceptual Framework. Housing Policy Debate 6: 7-43.

Gans, Herbert J., 1961a: Planning and Social Life. Friendship and Neighbor Relations in Suburban Communities. Journal of the American Institute of Planners 27: 134-140.

Gans, Herbert J., 1961b: The Balanced Community: Homogeneity or Heterogeneity in Residential Areas? Journal of the American Institute of Planners 27: 176-184.

Gestring, Norbert, Andrea Janßen und Ayça Polat, 2006: Prozesse der Integration und Ausgrenzung. Türkische Migranten der zweiten Generation. Wiesbaden: VS Verlag.

GGS Lustheider Straße http://www.kbs-koeln.de/ggs-lustheider-str/GGS_Lustheider.htm (26.03.2008).

Gifi, Albert, 1990: Nonlinear Multivariate Analysis. Chichester, Wiley.

Goodchild, Barry und Ian Cole, 2001: Social Balance and Mixed Neighbourhoods in Britain since 1979: A Review of Discourse and Practice in Social Housing. Environment and Planning D: Society and Space, 19: 103-121.

Grabka, Markus M. und Joachim R. Frick, 2008: Schrumpfende Mittelschicht: Anzeichen einer dauerhaften Polarisierung der verfügbaren Einkommen? Wochenbericht des DIW Berlin, 75(10): 101-108.

Green, Gary P., Leann M. Tigges und Daniel Diaz, 1999: Racial and Ethnic Differences in Job-Search Strategies in Atlanta, Boston, and Los Angeles. Social Science Quarterly 80: 263-278.

Häußermann, Hartmut, 2003: Armut in der Großstadt. Die Stadtstruktur verstärkt soziale Ungleichheit. Informationen zur Raumentwicklung, Heft 3/4: 143–157.

Häußermann, Hartmut, und Andreas Kapphan, 2000: Berlin: von der geteilten zur gespaltenen Stadt? Opladen: Leske + Budrich.

Haug, Sonja, 2003: Interethnische Freundschaftsbeziehungen und soziale Integration. Kölner Zeitschrift für Soziologie und Sozialpsychologie 55: 716-736.

Haynie, Dana L., 2001: Delinquent Peers Revisited: Does Network Structure Matter? American Journal of Sociology 106: 1013-1057.

Henning, Cecilia und Mats Leiberg, 1996: Strong or Weak Ties? Neighborhood Networks in a New Perspective. Scandinavian Housing and Planning Research 13: 3-26.

Herlyn, Ulfert, Ulrich Lakemann und Barbara Lettko, 1991: Armut und Milieu. Benachteiligte Bewohner in großstädtischen Quartieren. Basel/Boston/Berlin.

Hess, Henner und Achim Mächler, 1973: Ghetto ohne Mauern. Ein Bericht aus der Unterschicht. Frankfurt/M.: Suhrkamp.

Heuwinkel, Dirk, 1981: Aktionsräumliche Analysen und Bewertung von Wohngebieten. Hamburg: Christians.

HöVi-Jugendstadtteilmanagement, 2008: www.hoevi-land.de (01.07.2008).

Jargowsky, Paul A., 1997: Poverty and Place. Ghettos, Barrios, and the American City. New York: Russel Sage Foundation.

Jargowski, Paul A., and Mary Jo Bane, 1990: Ghetto Poverty: Basic Questions." S. 16-67 in: Laurence E. Lynn, Jr. and Michael T. McGeary (Hg): Inner-City Poverty in the United States. Washington, D.C.: National Academy of Sciences Press.

Jencks, Christopher und Susan E. Mayer, 1990: The Social Consequences of Growing up in a Poor Neighborhood. S. 111-186 in: Laurence E. Lynn and Michael G.H. McGeary (Eds.) Inner-City-Poverty in the United States. Washington DC: National Academy Press.

Kaboth, Monika, 2006: Aus Höhenberg und Vingst wird HöVi. Zwei Stadtteile wachsen zusammen. S. 18-21 in: Franz Meurer u. a. (Hg.): Ort Macht Heil. Ein Lese- und Praxisbuch über lebensraumorientierte Pastoral in Köln-HöVi (Höhenberg-Vingst). Berlin: LIT-Verlag.

Kasarda, John and Morris Janowitz, 1974: Community Attachment in Mass Society. American Sociological Review 39: 328-339.

Kecskes, Robert, 2003. Ethnische Homogenität in sozialen Netzwerken türkischer Jugendlicher. Zeitschrift für Soziologie der Erziehung und Sozialisation (ZSE) 23: 68-84.

Kecskes, Robert und Stephan Knäble, 1988: Der Bevölkerungsaustausch in ethnisch gemischten Wohngebieten. Ein Test der Tipping-Theorie von Schelling. S. 293-309 in: Jürgen Friedrichs (Hg.): Soziologische Stadtforschung. Opladen: Westdeutscher Verlag. Sonderheft 29 der Kölner Zeitschrift für Soziologie und Sozialpsychologie.

Kecskes, Robert und Christof Wolf, 1996: Konfession, Religion und soziale Netzwerke. Zur Bedeutung christlicher Religiosität in personalen Beziehungen. Pfaffenweiler: Centaurus.

Keim, Rolf und Rainer Neef, 2000: Ausgrenzung und Milieu. S. 248-273 in: Annette Harth, Gitta Scheller und Wulf Tessin (Hg.): Stadt und soziale Ungleichheit. Opladen: Leske + Budrich.

Keller, Carsten, 1999: Armut in der Stadt. Zur Segregation benachteiligter Gruppen in Deutschland. Opladen: Westdeutscher Verlag.

Klagge, Britta, 1998: Armut in westdeutschen Städten. Geographische Rundschau 50: 139-145.

Klagge, Britta, 2003: Städtische Armut und kleinräumige Segregation im Kontext wirtschaftlicher und demographischer Bedingungen – am Beispiel von Düsseldorf, Essen, Frankfurt, Hannover und Stuttgart. Informationen zur Raumentwicklung, Heft 3/4: 161-173.

Kleinhans, Reinout, 2004: Social Implications of Housing Diversification in Urban Renewal: A Review of Recent Literature. Journal of Housing and the Built Environment 19: 367-390.

Kronauer, Martin, 2007: Quartiere der Armen: Hilfe geegen soziale Ausgrenzung oder zusätzliche Benachteiligung? S. 72-90 in: Jens S. Dangschat und Alexander Hamedinger (Hg.): Lebensstile, soziale Lagen und Siedlungsstrukturen. Hannover: Akademie für Raumforschung und Landesplanung.

KStA (= Kölner Stadtanzeiger), Ausgaben vom 20.11.03, 10./11.04.2005, 21.03.06, 5.12.2006.

KStA (= Kölner Stadtanzeiger), 2007: Streit um Montessori Schule beendet. www.ksta.de/html/artikel/1189361578293.shtml (13.09.2007).

Landeshauptstadt München, 1991: Münchner Armutsbericht '90. München: Landeshauptstadt, Sozialreferat.

Landeshauptstadt Stuttgart/Sozial- und Schulreferat (Hg.), 1990: Sozialhilfebericht für die Stadt Stuttgart, Soziale Ungleichheit und Armut, Allgemeine Bestandsaufnahme und Diskussionsgrundlage für die weitere Arbeit. (Beiträge zur Stadtentwicklung Band 30).

Lazarsfeld, Paul F.; Zeisel, Hans, 1933: Die Arbeitslosen vom Marienthal. Ein soziographischer Versuch. Leipzig .

Lazarsfeld, Paul F. 1972: Historical Notes on the Empirical Study of Action: An Intellectual Odyssey. S. 53-105 in: Lazarsfeld, Paul F. (Hg.): Qualitative Analysis. Boston.

Leventhal, Tama und Jeanne Brooks-Gunn, 2000: The neighborhoods they live in: Effects of neighborhood residence on child and adolescent outcomes. Psychological Bulletin, 126 (2): 309-337.

Lewis, Oscar, 1968: The Culture of Poverty. S.187-220 in: Daniel P. Moynihan (Hg.): On Understanding Poverty: Perspectives from the Social Sciences. New York: Basic Books.

Lin, Nan, 2001: Building a Network Theory of Social Capital. S. 3-39 in: Nan Lin, Karen Cook und Ronald S. Burt (Hg.): Social Capital. Theory and Research. New York: Aldine de Gruyter.

Manzi, Tony and Bill Smith Bowers, 2003: Developing Unstable Communities? The Experience of Mixed Tenure and Multi-landlord Estates. Paper, presented at the Housing Studies Association Conference Sept 9-10, Bristol, UK.

Marsden, Peter V., 1981: Models and Methods for Characterizing the Structural Parameters of Groups. Social Networks 3: 1-27.

Marsden, Peter V., 1988: Homogeneity in Confiding Relations. Social Networks 10: 57-76.

Massey, Douglas S. und Nancy A. Denton, 1993: American Apartheid. Segregation and the Making of the Underclass. Cambridge, MA: Harvard University Press.

McPherson, Miller, Lynn Smith-Lovin und James M. Cook, 2001: Birds of a Feather: Homophily in Social Networks. Annual Review of Sociology 27: 415-444.

Meier, Uta, Heide Preuße und Eva Maria Sunnus, 2003: Steckbriefe von Armut. Haushalte in prekären Lebenslagen. Wiesbaden: Westdeutscher Verlag.

Mersmann, Heiner, 2000: Visionen für den Aufgabenbereich eines modernen Kinder- und Jugendgesundheitsdienstes. S. 73-79 in: Stadt Köln, Gesundheitsamt, Kinder- und Jugendgesundheitsdienst (Hg.): 1901-2001 Hundert Jahre im Dienst der Gesundheit von Kindern und Jugendlichen Einführung und Weiterentwicklung des Schularztsystems in Köln.

Michailidis, George und Jan de Leeuw, 1998: The Gifi System for Descriptive Multivariate Analysis, Statistical Science 13: 307-336.

Müller, Christina (Hg.), 2003: Bewegtes Lernen in Klasse I. Didaktisch-methodisches Anleitungsmaterial für die Fächer Mathematik, Deutsch und Sachunterricht, 2. Sankt Augustin: Academia Verlag.

Nauck, Bernhard, A. Kohlmann und Heide Diefenbach, 1997: Familiäre Netzwerke, intergenerative Transmission und Assimilationsprozesse bei türkischen Migrantenfamilien. Kölner Zeitschrift für Soziologie und Sozialpsychologie 49: 149-179.

Neugebauer, Gero, 2007: Politische Milieus in Deutschland. Die Studie der Friedrich-Ebert-Stiftung. Bonn: J.H.W. Dietz .

Oberwittler, Dietrich, 2003a: Stadtstruktur, Freundeskreise und Delinquenz: Eine Mehrebenenanalyse zu sozialökologischen Kontexteffekten auf schwere Jugenddelinquenz. S.135-170 in: Oberwittler, Dietrich und Susanne Karstedt, (Hg.): Soziologie der Kriminalität. Sonderheft 43 der Kölner Zeitschrift für Soziologie und Sozialpsychologie. Wiesbaden: Westdeutscher Verlag.

Oberwittler, Dietrich, 2003b: Die Messung und Qualitätskontrolle kontextbezogener Befragungsdaten mithilfe der Mehrebenenanalyse - am Beispiel des Sozialkapitals von Stadtvierteln. ZA-Informationen 53: 11-41.

Oberwittler, Dietrich; Tom Blank, Tilman Köllisch und Thomas Naplava, 2001: Soziale Lebenslagen und Delinquenz von Jugendlichen. Ergebnisse der MPI-Schulbefragung 1999 in Freiburg und Köln. Freiburg: edition iuscrim.

Ostendorf, Wim, Sako Musterd und Sjoerd de Vos, 2001: Social Mix and the Neighbourhood Effect. Policy Ambitions and Empirical Evidence. Housing Studies 16: 371-380.

Page, David, 2000: Communities in the Balance. The Reality of Social Exclusion on Housing Estates. York: Joseph Rowntree Foundation.

Park, Robert E., 1929: The urban Community as a Spatial and Moral Order. S. 3-18 in: Ernest W. Burgess (Hg.): The Urban Community. Chicago: University of Chicago Press.

Parkes, Alison, Ade Kearns und Rowland Atkinson, 2002: What Makes People Dissatisfied with their Neighbourhoods? Urban Studies 39: 2413-2438.

Raudenbush, Stephen W. und Robert W. Sampson, 1999: Ecometrics: Toward a Science of Assessing Ecological Settings, with Appliance to the Systematic Social Observation of Neighborhoods. Sociological Methodology 29: 1-41.

Reingold, David A., 1999: Social Networks and the Employment Problem of the Urban Poor. Urban Studies 36: 1907-1932.

Reuband, Karl-Heinz und Jörg Blasius, 1996: Face-to-face, telefonische und postalische Befragungen: Ausschöpfungsquoten und Antwortmuster in einer Großstadt-Studie (Face-to-face, Telephone and Mail Surveys: Response Rates and Response Patterns in an Urban Study), Kölner Zeitschrift für Soziologie und Sozialpsychologie 48: 296-318.

Rindermann, Heiner, 2007: The g-factor of international cognitive ability comparisons: The homogeneity of results in PISA, TIMSS, PIRLS and IQ-tests across nations. Submitted for European Journal of Personality, Special Issue on European Personality Reviews.

Robert-Koch-Institut, 2002: Beiträge zur Gesundheitsberichterstattung des Bundes. Was essen wir heute? Ernährungsverhalten in Deutschland. Berlin.

Robert-Koch-Institut (Hg.), 2005: Armut, soziale Ungleichheit und Gesundheit. Expertise des Robert-Koch-Instituts zum 2. Armuts- und Reichtumsberichtes der Bundesregierung, Berlin.

Rosenbaum, James E., 1995: Changing the Geography of Opportunity by Expanding Residential Choice: Lessons from the Gautreaux Program. Housing Policy Debate 6: 231-269.

Rosenbaum, James E., Linda K. Stroh und Cathy A. Flynn, 1998: Lake Parc Place: A Study of Mixed-Income Housing. Housing Policy Debate 9: 703-740.

Rosenbaum, James E., 2001: How do Places Matter? The Geography of Opportunity, Self-Efficacy, and a Look Inside the Black Box of Residential Mobility. Paper, presented at the Conference "Opportunity, Deprivation and the Housing Nexus: Transatlantic Perspectives", Housing Studies and The Urban Institute, Washington, May 31, 2001.

Ross, Catherine E., John Mirowski und Shana Pribesh, 2001: Powerlessness and the Amplification of Threat: Neighborhood Disadvantage, Disorder, and Mistrust, American Sociological Review, 66: 568-591.

Rossi, Peter H, 1955: Why Families Move. Glencoe, IL: Free Press.

Rossi, Peter H. and Eleanor Weber. 1996: The social benefits of homeownership: Empirical evidence from national surveys. Housing Policy Debate 7:1-35.

Sampson, Robert, 1988: Local Friendship Ties and Community Attachment in Mass Societies: A Multilevel Systemic Model. American Sociological review 53: 766-779.

Sampson, Robert J. 2006: Collective Efficacy Theory: Lessons Learned and Directions for Future Inquiry. S. 149-167 in: Cullen, Francis T., John Paul Wright, und Kristie Blevins (Hg.): Taking Stock: The Status of Criminological Theory. Advances in Criminological Theory, 15.

Sampson, Robert J. and Byron W. Groves, 1989: Community Structure and Crime: Testing Social-Disorganization Theory, American Journal of Sociology, 94: 774-802.

Sampson, Robert J., Jeffrey D. Morenoff und Felton J. Earls, 1999: Beyond Social Capital: Spatial Dynamics of Collective Efficacy for Children. American Sociological Review 64: 633-660.

Sampson, Robert J., Jeffrey D.Morenoff und Thomas Gannon-Rowley, 2002: Assessing, Neighborhood Effects': Social Processes and New Directions in Research. Annual Review of Sociology 28: 443-478.

Sampson, Robert J., Stephen W. Raudenbush und Felton J. Earls, 1997: Neighborhoods and Violent Crime: A Multilevel Study of Collective Efficacy. Science, 277: 918-924.

Sarkissian, Wendy, 1976: The Idea of Social Mix in Town Planning: An Historical Review. Urban Studies 13: 231-246.

Schacht, Annette, 1999: Sozial-räumliche Milieus der Armut. S. 289-313 in: Jens S. Dangschat (Hg.): Modernisierte Stadt - Gespaltene Gesellschaft. Ursachen von Armut und sozialer Ausgrenzung. Opladen: Leske + Budrich.

Schelling, Thomas C., 1978: Micromotives and Macrobehavior. New York-London: Norton.

Schütz, A. (1972): Der Fremde - Ein sozialpsychologischer Versuch. In: Ders., Gesammelte Aufsätze. Band 2: Studien zur soziologischen Theorie: 53-70.

Schulverwaltungsamt der Stadt Köln, 2006: Weiterführende Schulen in Köln – Sekundarstufe I, Schuljahr 2006/2007. www.stadt-koeln.de/imperia/md/content/ pdfdateien/pdf40/ 2.pdf (20.09.2007).

Schwartz, Alex and Kian Tajbakhsh, 1997: Mixed-Income Housing: Unanswered Questions. Cityscape 3: 71-92.

SEU (= Social Exclusion Unit), 2000: National Strategy for Neighbourhood Renewal: A Framework for Consultation. London: Cabinet Office. http://www.socialexclusionunit.gov.uk/downloaddoc.asp?id=48 (30.04.2006).

Shaw, Clifford, und Henry D. McKay, 1969 [1942]: Juvenile Delinquency and Urban Areas. Chicago: Chicago University Press.

Simpson, Edward H., 1949: Measurement of Diversity. Nature 163: 688.

Simmel, Georg, 1908: Exkurs über den Fremden. Soziologie, 5. A. 1968. Berlin: Duncker & Humblot: 509-512.

Skogan, Wesley G., 1990: Disorder and Decline. Crime and the Spiral of Decay in American Neighborhoods. Berkeley-Los Angeles: University of California Press.

Skrobanek, Jan, 2007: Wahrgenommene Diskriminierung und (Re)Ethnisierung bei jugendlichen Zuwanderern. Second Report. Halle. Deutsches Jugendinstitut.

Small, Mario L. und Katherine Newman, 2001: Urban Poverty After The Truly Disadvantaged: The Rediscovery of the Family, the Neighborhood, and Culture. Annual Review of Sociology 27: 23-45.

Snijders, Tom und Roel Bosker, 1999: Multilevel Analysis. An Introduction to Basic and Advanced Multilevel Modeling. London: Sage.

South, Scott J. und Kyle D. Crowder, 1997: Escaping Distressed Neighborhoods: Individual, Community, and Metropolitan Influences. American Journal of Sociology 102: 1040-1084.

Spearman, Charles, 1904: General intelligence objectively determined and measured. American Journal of Psychology 15: 201-293.

Spergel, Hedwig, 2004: Gesundheit und Gesundheitsverhalten in Verbindung mit prekären wirtschaftlichen Lagen. S. 119-148 in: Walter Bien und Alois Weidacher (Hg.): Leben neben der Wohlstandsgesellschaft. Familien in prekären Lebenslagen. Wiesbaden: VS Verlag.

Srole, Leo, 1956: Social Integration and Certain Corollaries: An Exploratory Study. American Sociological Review 21: 709-716.

Stadt Köln 1996: Kölner Strukturdaten. http://www.stadt-koeln.de/zahlen/index.html (14.05.2007).

Stadt Köln, 1998: Kölner Sozialbericht. Köln: Der Oberstadtdirektor, Dezernat für Soziales und Gesundheit. (Vervielfältigter Bericht).

Stadt Köln, 2002: Sozialraumanalyse. Köln. (Vervielfältigter Tabellenband).

Stadt Köln 2002a: Strukturdaten: Kölner Strukturdaten. http://www.stadt-koeln.de/zahlen/index.html (14.05.2007).

Stadt Köln, 2004: Kölner Strukturdaten. http://www.stadt-koeln.de/zahlen/index.html (14.05.2007).

Stadt Köln, 2005: Sozialbericht Köln 2004. Köln: Dezernat für Soziales, Senioren, Wohnen und Beschäftigungsförderung.

Stadt Köln 2007: Kölner Strukturdaten. http://www.stadt-koeln.de/zahlen/index.html (14.05.2007)

Staits, Bruce C., 2000: Ego's Important Discussants or Significant People: An Experiment in Varying the Wording of Personal Network Name generators. Social Networks 22: 123-140.

Statistisches Bundesamt (Hg.), 2006: Datenreport 2006. Bonn: Bundeszentrale für politische Bildung.

Sutherland, Edwin H., 1968: Die Theorie der differentiellen Kontakte. S. 394-399 in: Fritz Sack und René König (Hg.): Kriminalsoziologie. Frankfurt/M.: Akademische Verlagsgesellschaft.

Tienda, Marta, 1991: Poor People, Poor Places: Deciphering the Neighborhood Effects on Poverty Outcomes. S. 244-262 in: Joan Huber (Hg.): Micro-macro Linkages in Sociology. Newbury Park, CA: Sage.

Tobias, Gertrud und Johannes Boettner (Hg.), 1992: Von der Hand in den Mund. Armut und Armutsbewältigung in einer westdeutschen Großstadt. Essen: Klartext.

Treinen, Heiner, 1965: Symbolische Ortsbezogenheit. Eine soziologische Untersuchung zum Heimatproblem. Kölner Zeitschrift für Soziologie und Sozialpsychologie 17: 73-97, 254-297.

Tunstall, Rebecca, 2003: Mixed Tenure. Policy in the UK: Privatisation, Pluralism or Euphemism? Housing, Theory and Society 20: 153-159.

von Trotha, Trutz, 1974: Jugendliche Bandendelinquenz. Über Vergesellschaftungsbedingungen von Jugendlichen in Elendsvierteln. Stuttgart: Enke.

Walklate, Sandra und Karen Evans, 1999: Zero Tolerance or Community Tolerance? Managing Crime in High Crime Areas. Aldershot: Ashgate.

Warmelink, Frank und Klaus Zehner, 1996: Sozialräumliche Verteilungen in der Großstadt. Eine faktorökologische Untersuchung von Stabilität und Wandel städtischer Quartiere am Beispiel Kölns in: Jürgen Friedrichs & Robert. Kecskes (Hg.): Gentrification. Opladen: Leske + Budrich.

Weicher, John C., 1990: How Poverty Neighborhoods are Changing. S. 68-110 in: Laurence E. Lynn und Michael G.H. McGeary (Hg.): Inner-City Poverty in the United States. Washington, DC: National Academy Press.

Wegener, Bernd, 1989: Soziale Beziehungen im Karriereprozess. Kölner Zeitschrift für Soziologie und Sozialpsychologie 14: 270-297.

Wegener, Bernd, 1991: Job Mobility and Social Ties: Social Resources, Prior Job, and Status Attainment. American Sociological Review 56: 60-71.

Wesemann, Silke, 2006: Analyse von sozialer Ungleichheit und Gesundheit auf Stadtteilebene in Köln. Unveröff. Magisterarbeit. Köln: Seminar für Soziologie.

Wikström, Per-Olof H., 1991: Urban Crime, Criminals, and Victims: The Swedish Experience in an Anglo-American Comparative Perspective. New York: Springer.

Wimmer, Andreas, 2002: Multikulturalität oder Ethnisierung? Kategorienbildung und Netzwerkstrukturen in drei schweizerischen Immigrantenquartieren. Zeitschrift für Soziologie 31: 4-26.

Wilson, William J., 1987: The Truly Disadvantaged. Chicago: Chicago University Press.

Wilson, William J., 1991: Studying Inner-City Social Dislocations: The Challenge of Public Agenda Research. American Sociological Review 56: 1-14.

Wolf, Christof, 1996: Gleich und gleich gesellt sich. Hamburg: Dr. Kovač.

Zubrinsky Charles, Camille, 2005: Can We Live Together? Racial Preferences and Neighborhood Outcomes. S. 45-80 in: Xavier die Souza Briggs (Hg.): The Geography of Opportunity. New York: The Brookings Institution.

Anhang

Tabelle A.1: Koeffizienten und Komponentenladungen der „Indikatoren des Alltags" deutscher und türkischer Befragter (ZUSTAND, GESUND, MAHLZEIT)

Items	Deutsche	Türken
	Dimension 1	Dimension 1
Zustand der Wohnung		
sauber - schmutzig	0,90	0,88
luxuriös - ärmlich	0,82	0,81
neuwertig - abgenutzt	0,86	0,92
gepflegt - nachlässig	0,89	0,93
heil - beschädigt	0,90	0,90
Cronbach's α	0,93	0,93
Eigenwert λ	3,85	3,92
% der Varianz	76,9	78,4
Ernährung		
Frisches Obst	-0,59	-0,53
Fastfood	0,65	0,67
Knabberartikel	0,71	0,34
Süßwaren	0,53	0,59
Frisches Gemüse	-0,49	-0,57
Vollkornbrot	-0,44	-0,52
Cronbach's α	0,60	0,52
Eigenwert λ	1,99	1,78
% der Varianz	33,2	29,7
Gemeinsame Mahlzeiten		
Frühstück werktags	0,70	0,65
Frühstück sonntags	0,82	0,77
Abendessen werktags	0,77	0,77
Mittagessen sonntags	0,80	0,68
Cronbach's α	0,78	0,69
Eigenwert λ	2,40	2,07
% der Varianz	60,0	51,8

Tabelle A2: Koeffizienten und Komponentenladungen der Indikatoren der Skala Verwahrlosung (DISORDER)

	Deutsche		Türken	
	Dim.1	h²	Dim.1	h²
In HöVi gibt es viele mit Graffiti besprühte Wände	0,43	18,7	0,67	44,9
HöVi ist laut	0,60	35,6	0,71	50,7
Mutwillige Zerstörung kommt in HöVi häufig vor	0,73	53,3	0,75	56,7
HöVi ist sauber	-0,62	38,6	-0,75	56,0
Die Menschen in HöVi kümmern sich sehr um ihre Wohnungen	-0,29	8,4	-0,54	29,1
In der Nähe meiner Whg. hängen viele Menschen auf der Straße herum	0,58	33,5	0,41	16,7
In HöVi gibt es viel Kriminalität	0,77	58,5	0,77	59,2
In HöVi ist der Drogenkonsum hoch	0,72	51,7	0,75	55,9
In HöVi ist der Alkoholkonsum hoch	0,69	47,7	0,69	47,2
Ich habe oft Ärger mit den Nachbarn	0,29	8,2	0,41	17,1
Mein Wohngebiet ist sicher	-0,59	34,5	-0,57	31,9
Cronbach's α	0,82		0,86	
Eigenwert	3,89		4,65	
% der Varianz	35,4		42,3	

Tabelle A3:   Koeffizienten und Komponentenladungen der Indikatoren zur „Bewertung devianten Verhaltens" (Dim. 1 = DEVIANZ und Dim. 2 = GEWTOL)

	Deutsche			Türken		
	Dim.1	Dim.2	h²	Dim.1	Dim.2	h²
Ein Nachbar beschimpft und schlägt ein Kind	0,27	0,71	57,6	0,15	-0,68	48,3
Eine Frau wird in der Kneipe sexuell belästigt	0,53	0,26	35,3	0,64	-0,26	47,7
Eine ältere Frau stiehlt im Supermarkt Käse	0,55	-0,39	44,8	0,52	0,48	50,9
Jugendliche beschimpfen Ausländer	0,55	0,27	37,6	0,53	0,24	34,0
Ein Nachbar schlägt seine Kinder	0,41	0,51	42,8	0,56	-0,44	50,4
Ein/e Sozialhilfeempfänger/in geht schwarz putzen	0,52	-0,26	33,2	0,54	0,48	52,0
Ein 15-jähriges Mädchen ist schwanger	0,43	-0,35	30,2	0,50	-0,14	27,3
Ein/e Nachbar/in steht öfters betrunken am Kiosk	0,55	-0,36	43,2	0,56	-0,09	32,5
Cronbach's α	0,54	0,30		0,61	0,25	
Eigenwert	1,89	1,36		2,16	1,28	
% der Varianz	23,6	17,0	40,6	27,0	16,0	43,0

Tabelle A4:   Koeffizienten und Komponentenladungen der Indikatoren zur „Bewertung von devianten Verhalten von Jugendlichen" (JUGEND)

	Deutsche		Türken	
	Dim.1	h²	Dim.1	h²
Jugendliche sind abends laut und verunsichern Anwohner	0,73	53,3	0,69	47,9
Jugendliche randalieren	0,78	61,5	0,64	40,7
Eine Schlägerei mit Verletzen	0,63	39,9	0,75	56,9
Cronbach's α	0,53		0,47	
Eigenwert	1,55		1,46	
% der Varianz	51,7		48,5	

Tabelle A5:   Koeffizienten und Komponentenladungen der Indikatoren der „Beobachtung von devianten Verhalten" (DEVBEO)

	Deutsche		Türken	
	Dim.1	h²	Dim.1	h²
Ein Nachbar beschimpft und schlägt ein Kind	0,49	23,8	0,68	46,1
Eine Frau wird in der Kneipe sexuell belästigt	0,45	20,1	0,79	63,1
Eine ältere Frau stiehlt im Super-markt Käse	0,55	30,1	0,44	19,0
Jugendliche beschimpfen Ausländer	0,69	47,5	0,80	64,0
Ein Nachbar schlägt seine Kinder	0,61	37,6	0,63	39,8
Ein/e Sozialhilfeempfänger/in geht schwarz putzen	0,56	30,9	0,43	18,5
Ein 15-jähriges Mädchen ist schwan-ger	0,47	22,1	0,53	27,7
Ein/e Nachbar/in steht öfters betrun-ken am Kiosk	0,56	31,6	0,73	53,3
Cronbach's α	0,67		0,80	
Eigenwert	2,44		3,32	
% der Varianz	30,4		41,4	

Tabelle A6:   Koeffizienten und Komponentenladungen der Indikatoren von „Beobachtung von devianten Verhalten von Jugendlichen" (JUGEBEO)

	Deutsche		Türken	
	Dim.1	h²	Dim.1	h²
Jugendliche sind abends laut und verunsichern Anwohner	0,77	59,1	0,84	71,0
Jugendliche randalieren	0,77	58,7	0,81	65,5
Eine Schlägerei mit Verletzen	0,74	55,2	0,80	64,2
Cronbach's α	0,63		0,75	
Eigenwert	1,73		2,01	
% der Varianz	57,7		66,9	

Tabelle A7:   Koeffizienten und Komponentenladungen der Indikatoren Kollektive Wirksamkeit (COLLEFF)

Die Leute in HöVi...	Deutsche		Türken	
	Dim.1	h²	Dim.1	h²
...helfen sich gegenseitig	0,80	63,5	0,66	44,1
...kennen sich gut	0,68	45,8	0,67	44,7
...sind vertrauenswürdig	0,83	68,9	0,78	60,9
...kommen gut miteinander aus	0,84	70,7	0,79	63,1
...respektieren Gesetz und Ordnung	0,74	54,8	0,66	43,8
Cronbach's α	0,84		0,76	
Eigenwert	3,04		2,57	
% der Varianz	60,8		51,3	

Tabelle A8:   Koeffizienten und Komponentenladungen der Indikatoren „Intergenerationale Beziehungen" (INTCLOS)

	Deutsche		Türken	
	Dim.1	h²	Dim.1	h²
Die Leute kennen die Kinder aus der Nachbarschaft	0,68	45,8	0,60	36,4
Hier wissen die Eltern, wen die Kinder treffen	0,78	61,5	0,71	50,4
Die Eltern kümmern sich, darum was die Kinder tun	0,79	62,1	0,79	62,6
Dies ist ein guter Ort um groß zu werden	0,72	51,8	0,75	56,7
Hier gibt es Menschen die ein Vorbild für Kinder sind	0,53	28,0	0,72	52,3
Cronbach's α	0,75		0,77	
Eigenwert	2,49		2,58	
% der Varianz	49,9		51,7	

Tabelle A9: Koeffizienten und Komponentenladungen der Indikatoren der „Power-
lessness-Control-Skala" (KONTROLL)

	Deutsche			Türken		
	Dim.1	Dim.2	h²	Dim.1	Dim.2	h²
Ich bin meines Glückes Schmied	0,32	-0,33	21,1	0,37	-0,65	54,9
Es liegt nicht an mir, wenn ich Probleme habe	-0,09	0,69	47,8	0,31	0,31	19,1
Wenn bei mir etwas nicht klappt, dann liegt es meistens an mir	0,60	-0,45	55,8	0,73	-0,01	52,7
Man muss nicht planen – was kommen soll, das kommt	0,69	0,34	59,4	0,35	0,65	54,8
Wenn mir etwas wirklich Gutes passiert, dann aus Glück	0,65	0,36	55,5	0,56	0,18	34,6
Wenn etwas schief geht, dann bin ich selbst schuld	0,64	-0,35	52,2	0,74	-0,17	57,0
Was ich mir in den Kopf gesetzt haben, schaffe ich auch	0,48	-0,16	25,7	0,37	-0,62	52,6
Ich kann nichts gegen schlechte Dinge machen, die mir passieren	0,58	0,45	53,8	0,59	0,30	43,1
Cronbach's α	0,65	0,31		0,63	0,32	
Eigenwert	2,34	1,37		2,21	1,48	
% der Varianz	29,2	17,2	46,4	27,6	18,5	46,1

Tabelle A.10: Interkorrelation der Skalen Deutscher oberhalb der Diagonalen und Türken unterhalb der Diagonalen

Deutsche / Türken	GE-SUND	MAHL-ZEIT	ZU-STAND	KONT-ROLL	DIS-ORDER	INT-CLOS	COLL-EFF	JUG-BEO	DEV-BEO	DEV-IANZ	GEW-TOL	JU-GEND
GESUND	-	0,20***	-0,15***	0,02	-0,08*	0,12**	0,19***	-0,02	-0,06	-0,14***	0,07*	-0,16***
MAHLZEIT	0,28***	-	-0,09*	-0,06	-0,01	0,13***	0,13***	-0,06	-0,14***	-0,06	0,11**	-0,02
ZUSTAND	0,17**	0,02	-	-0,05	0,10**	-0,12***	-0,22***	0,02	0,11***	0,09**	-0,03	0,08*
KONT-ROLL	0,00	-0,03	0,24***	-	0,04	0,01	0,05	0,03	0,05	-0,01	-0,09**	0,02
DISORDER	-0,06	0,14*	-0,03	-0,17**	-	-0,33***	-0,37***	0,49***	0,35***	-0,05	0,06	-0,05
INTCLOS	-0,12*	-0,22***	-0,10	0,04	-0,49***	-	0,56***	-0,21***	-0,17***	-0,06*	-0,05	-0,09*
COLLEFF	-0,12*	-0,22***	0,01	-0,14*	-0,46***	0,54***	-	-0,19***	-0,25***	-0,01	-0,06*	-0,09*
JUGBEO	-0,14*	0,15**	0,00	0,01	0,54***	-0,40***	-0,26***	-	0,44***	-0,02	0,00	-0,13***
DEVBEO	-0,10	0,09	-0,01	-0,04	0,41***	-0,21***	-0,28***	0,62***	-	0,05	-0,02	-0,05
DEVIANZ	0,02	0,11	0,03	-0,01	0,08	-0,12*	-0,07	0,17***	0,21***	-	0,03	0,36***
GEWTOL	0,04	-0,09	-0,05	-0,13*	-0,11*	-0,02	0,00	-0,13*	-0,09	0,01	-	-0,07*
JUGEND	0,00	0,08	0,06	-0,04	0,07	-0,06	0,01	0,02	0,01	0,50***	-0,08	-

*p<0,05; **p<0,01; ***p<0,001

Laufende Nummer des Interviews:					
Bitte nicht eintragen! Wird im Institut vergeben!					
Interviewer-Nr.:				Interviewer-Name:	

Lebensqualität in Köln Vingst/Höhenberg (Zutreffendes unterstreichen!)
Fragebogen der Universität zu Köln

Guten Tag, mein Name ist …. Ich komme vom Forschungsinstitut für Soziologie der Universität zu Köln. Ich würde gern Frau/ Herr … (Vor- und Zunamen) sprechen.

Wir führen eine wissenschaftliche Untersuchung durch. Es geht dabei um Ihre Ansichten zu Ihrem Wohnviertel und um Ihre Zufriedenheit im Viertel.

INT.: FOLGENDES NUR DER ZIELPERSON VORLESEN!

Wir haben Ihnen vor kurzem geschrieben und Ihnen mitgeteilt, dass wir Sie befragen möchten. Haben Sie den Brief bekommen?

JA: ⇒ Ich möchte das Interview jetzt mit Ihnen durchführen.

NEIN: ⇒ Hier ist der Brief. Ich möchte das Interview jetzt mit Ihnen durchführen.

Meine ersten Fragen beziehen sich auf Ihre Zufriedenheit mit Ihrer Wohnung und Ihrer Wohnumgebung.

1. Seit wann wohnen Sie in dieser Wohnung?

Monat: -------------------------→	
Jahr: -------------------------→	
w.n.	9998
k.A.	9999

2. Wie viele Räume hat Ihre Wohnung? (ohne Küche, Bad, Flur)
INT: Halbe Räume zählen als ganze Räume!

Einen Raum	1
Zwei Räume	2
Drei Räume	3
Vier Räume	4
Fünf Räume	5
Sechs und mehr Räume	6
k.A.	9

3. Wie viele Quadratmeter hat Ihre Wohnung?

_____ qm	
k.A.	999

4. Haben Sie einen WBS-Schein benötigt, um diese Wohnung zu bekommen?

Ja	1
Nein	2
w.n.	8
k.A.	9

5. Wohnen Sie bzw. Ihre Familie hier zur Miete oder als Eigentümer?

Miete	1
Eigentümer	2
k.A.	9

6. Wie hoch ist Ihre monatliche Miete (inkl. Nebenkosten, Heizung)?

_____ EUR	
w.n.	9998
k.A.	9999

7. Wo haben Sie zuletzt gewohnt?

Hier im Haus	01
Hier im Viertel	02
Köln, Viertel:	
Außerhalb Kölns, u. zwar:	
k.A.	99
Bin nie umgezogen *(INT.: Weiter mit Frage 9!!!)*	97

8. Und wie lange haben Sie da gewohnt?

Bis unter 6 Monate	1
6 Monate bis unter 2 Jahre	2
2 bis unter 6 Jahre	3
6 Jahre und mehr	4
w.n.	8
k.A.	9

9. Wenn Sie an Vingst/ Höhenberg denken:
Was gefällt Ihnen besonders gut?

nichts	97
w.n.	98
k.A.	99

10. Und was gefällt Ihnen nicht?

nichts	97
w.n.	98
k.A.	99

11. Wenn Sie jetzt alles zusammen nehmen, wie zufrieden sind Sie mit Ihrer Wohnsituation?
Int: Anworten vorlesen!

Gar nicht zufrieden	1
Wenig zufrieden	2
Mittelmäßig zufrieden	3
Überwiegend zufrieden	4
Völlig zufrieden	5
w.n.	8
k.A.	9

12. Haben Sie schon einmal daran gedacht hier wegzuziehen?

Ja	1
Nein ⇨ *Weiter mit Frage 14!*	2
w.n.	8
k.A.	9

13. Haben Sie schon etwas unternommen?
Int: Mehrfachantworten möglich!

Nein	1
Ja, Makler	2
Ja, Freund/ Bekannte gefragt	3
Ja, Zeitungsanzeigen gelesen	4
Ja, Zeitungsanzeigen aufgegeben	5
Ja, Wohnungsbaugesellschaft gefragt	6
Ja, Wohnungs-/ Sozialamt gefragt	7
Ja, Wohnung(en) angesehen	8
Ja, sonstiges:	
k.A.	9

14. Es gibt in jeder Stadt Wohngebiete, die eher einen „guten Ruf" haben, und andere, die eher einen „schlechten Ruf" haben. Was glauben Sie: Welchen Ruf hat Vingst/ Höhenberg? Bitte nennen Sie einen Wert zwischen 1 (sehr schlechter Ruf) und 7 (sehr guter Ruf):
Int: Zahl der Antwort eintragen!

1	2	3	4	5	6	7
Sehr schlechter Ruf			Weder noch			Sehr guter Ruf

Wert ------------------------------------→

15. Fühlen Sie sich hier in Vingst/ Höhenberg...
Int: Antworten vorlesen!

...Sehr zu Hause?	1
...Eher zu Hause?	2
...Eher nicht zu Hause?	3
...Gar nicht zu Hause?	4
w.n.	8
k.A.	9

16.

16. a) Jetzt möchte ich Sie fragen, ob und wann Sie gestern Vingst/Höhenberg verlassen haben.

Int: Die Tagesabschnitte, in denen der Befragte NICHT im Wohngebiet war, werden durch einen horizontalen Strich kenntlich gemacht – auf eine Viertelstunde genau! Beisp.:
Der Befragte war von 13:00 bis 15:45 nicht da. In der oberen Zeile Viertelstunden ablesen und entsprechende Spalten in den 13:00, 14:00, und 15:00 Zeilen horizontal streichen.
Int: WENN GESTERN SAMSTAG ODER SONNTAG WAR ⇔ DANN LETZTEN DONNERSTAG ERFRAGEN!

    1. Haben Sie gestern Vingst/Höhenberg verlassen? ....ja ☐
            INT: Wenn nein, weiter mit Frage 16b!!..nein ☐
    2. Wann haben Sie gestern Vingst/Höhenberg verlassen?
    3. Haben Sie dann Vingst/Höhenberg noch einmal verlassen?
    4. Und dann noch einmal? *INT: So lange abfragen, bis Befragter das Viertel nicht mehr verlassen hat*

16. b) Dasselbe würde ich jetzt gern für den letzten Sonntag wissen!................ ja ☐
            INT: Wenn nein, weiter mit Frage 17!!................................nein ☐

16. a) WERKTAG					16. b) SONNTAG				
Ich habe Vingst/Höhenberg von bis verlassen					Ich habe Vingst/Höhenberg von bis verlassen				
Zeit	00-15	15-30	30-45	45-00	Zeit	00-15	15-30	30-45	45-00
00:00					00:00				
01:00					01:00				
02:00					02:00				
03:00					03:00				
04:00					04:00				
05:00					05:00				
06:00					06:00				
07:00					07:00				
08:00					08:00				
09:00					09:00				
10:00					10:00				
11:00					11:00				
12:00					12:00				
13:00					13:00				
14:00					14:00				
15:00					15:00				
16:00					16:00				
17:00					17:00				
18:00					18:00				
19:00					19:00				
20:00					20:00				
21:00					21:00				
22:00					22:00				
23:00					23:00				

17. Bitte versetzen Sie sich in folgende Situationen, bewerten Sie sie und sagen Sie mir, ob so etwas in Ihrer Nachbarschaft schon vorgekommen ist:
INT: Zahl der Antwort ankreuzen!

Situation:	1) Das finde ich:	2) Ist so etwas in Ihrer Nach- barschaft schon vorge- kommen?	3) Int: Wenn ja: Stört Sie das oder ist Ihnen das egal?
a. Ihre Kinder spielen mit anderen mittags vor dem Haus. Ein älterer Nachbar, der im 1. Stock wohnt, beschimpft die Kinder und schlägt eines von ihnen, weil die Kinder nicht sofort ruhig sind und verschwinden. Das finde ich:	[1] = Sehr schlimm [2] = Ziemlich schlimm [3] = Weniger schlimm [4] = Gar nicht schlimm [9] = k.A.	[1] = Ja, oft [2] = Ja, selten [3] = Nein [8] = w.n. [9] = k.A.	[1] = Stört mich [2] = Ist mir egal [9] = k.A.
b. Eine Frau wird in der Kneipe von einem angetrunkenen Mann sexuell belästigt. Das finde ich:	[1] = Sehr schlimm [2] = Ziemlich schlimm [3] = Weniger schlimm [4] = Gar nicht schlimm [9] = k.A.	[1] = Ja, oft [2] = Ja, selten [3] = Nein [8] = w.n. [9] = k.A.	[1] = Stört mich [2] = Ist mir egal [9] = k.A.
c. Sie sehen, wie eine ältere Frau im Supermarkt eine Packung Käse in der Handtasche verschwinden lässt. Das finde ich:	[1] = Sehr schlimm [2] = Ziemlich schlimm [3] = Weniger schlimm [4] = Gar nicht schlimm [9] = k.A.	[1] = Ja, oft [2] = Ja, selten [3] = Nein [8] = w.n. [9] = k.A.	[1] = Stört mich [2] = Ist mir egal [9] = k.A.
d. An der Straßenecke ist ein Treffpunkt von Jugendlichen. Sie sehen, wie die Jugendlichen eine ausländische Frau beschimpfen. Das finde ich:	[1] = Sehr schlimm [2] = Ziemlich schlimm [3] = Weniger schlimm [4] = Gar nicht schlimm [9] = k.A.	[1] = Ja, oft [2] = Ja, selten [3] = Nein [8] = w.n. [9] = k.A.	[1] = Stört mich [2] = Ist mir egal [9] = k.A.
e. Sie hören des Öfteren, wie der Nachbar seine Kinder schlägt. Das finde ich:	[1] = Sehr schlimm [2] = Ziemlich schlimm [3] = Weniger schlimm [4] = Gar nicht schlimm [9] = k.A.	[1] = Ja, oft [2] = Ja, selten [3] = Nein [8] = w.n. [9] = k.A.	[1] = Stört mich [2] = Ist mir egal [9] = k.A.
f. Eine Bekannte lebt mit ihren drei Kindern von Sozialhilfe. Nun bekommt sie eine gut bezahlte Putzstelle in einem nahe liegenden Büro angeboten. Sie nimmt die Stelle an, ohne dies dem Sozialamt anzugeben. Das finde ich:	[1] = Sehr schlimm [2] = Ziemlich schlimm [3] = Weniger schlimm [4] = Gar nicht schlimm [9] = k.A.	[1] = Ja, oft [2] = Ja, selten [3] = Nein [8] = w.n. [9] = k.A.	[1] = Stört mich [2] = Ist mir egal [9] = k.A.
g. Eine Freundin erzählt Ihnen, dass ihre 15jährige Tochter schwanger ist. Das finde ich:	[1] = Sehr schlimm [2] = Ziemlich schlimm [3] = Weniger schlimm [4] = Gar nicht schlimm [9] = k.A.	[1] = Ja, oft [2] = Ja, selten [3] = Nein [8] = w.n. [9] = k.A.	[1] = Stört mich [2] = Ist mir egal [9] = k.A.
h. Sie sehen jemand aus der Nachbarschaft öfter betrunken vor einer Trinkhalle oder einem Kiosk. Das finde ich:	[1] = Sehr schlimm [2] = Ziemlich schlimm [3] = Weniger schlimm [4] = Gar nicht schlimm [9] = k.A.	[1] = Ja, oft [2] = Ja, selten [3] = Nein [8] = w.n. [9] = k.A.	[1] = Stört mich [2] = Ist mir egal [9] = k.A.

18. Stellen Sie sich bitte die folgenden Ereignisse vor, die so oder so ähnlich hier in Vingst/ Höhenberg passieren könnten:
INT: Zahl der Antwort ankreuzen!

Situation:	1) Wie finden Sie persönlich so etwas?	2) Wie oft haben Sie so etwas hier schon selbst beobachtet oder durch andere davon gehört?	3) Was glauben Sie: Was würden die Leute hier machen, wenn so etwas passiert?	
			3.1) Jemand würde einschreiten und die Jugendlichen auffordern das zu lassen.	3.2) Jemand würde die Polizei rufen.
a) Eine Gruppe von Jugendlichen steht abends draußen herum, macht Lärm und verunsichert die Anwohner	[1] = Sehr schlimm [2] = Ziemlich schlimm [3] = Weniger schlimm [4] = Gar nicht schlimm [9] = k.A.	[1] = Ja, oft [2] = Ja, selten [3] = Nein [8] = w.n. [9] = k.A.	[1] = Ja, sicher [2] = Ja, vermutlich [3] = Eher nicht [4] = Nein [9] = k.A.	[1] = Ja, sicher [2] = Ja, vermutlich [3] = Eher nicht [4] = Nein [9] = k.A.
b) Jugendliche beschädigen mutwillig etwas (Postkästen, Mülleimer, Pflanzen, Telefonzelle o.ä.)	[1] = Sehr schlimm [2] = Ziemlich schlimm [3] = Weniger schlimm [4] = Gar nicht schlimm [9] = k.A.	[1] = Ja, oft [2] = Ja, selten [3] = Nein [8] = w.n. [9] = k.A.	[1] = Ja, sicher [2] = Ja, vermutlich [3] = Eher nicht [4] = Nein [9] = k.A.	[1] = Ja, sicher [2] = Ja, vermutlich [3] = Eher nicht [4] = Nein [9] = k.A.
c) Es gibt eine Schlägerei zwischen Jugendlichen, bei der jemand verletzt wird.	[1] = Sehr schlimm [2] = Ziemlich schlimm [3] = Weniger schlimm [4] = Gar nicht schlimm [9] = k.A.	[1] = Ja, oft [2] = Ja, selten [3] = Nein [8] = w.n. [9] = k.A.	[1] = Ja, sicher [2] = Ja, vermutlich [3] = Eher nicht [4] = Nein [9] = k.A.	[1] = Ja, sicher [2] = Ja, vermutlich [3] = Eher nicht [4] = Nein [9] = k.A.

19. Inwieweit treffen die folgenden Aussagen Ihrer Meinung nach auf die Leute hier in Vingst/Höhenberg zu?
Int: Antwortmöglichkeiten vorlesen!!

Situation:	Trifft voll zu	Trifft eher zu	Trifft eher nicht zu	Trifft gar nicht zu
a) Die Leute hier helfen sich gegenseitig.	[ ]	[ ]	[ ]	[ ]
b) Hier kennen sich die Leute gut.	[ ]	[ ]	[ ]	[ ]
c) Man kann den Leuten in der Nachbarschaft vertrauen.	[ ]	[ ]	[ ]	[ ]
d) Die Leute hier kommen gut miteinander aus.	[ ]	[ ]	[ ]	[ ]
e) Die Leute hier haben Respekt vor Gesetz und Ordnung.	[ ]	[ ]	[ ]	[ ]

20. Inwieweit treffen Ihrer Ansicht nach die folgenden Aussagen auf die Familien hier in Vingst/ Höhenberg zu?
Int: Antwortmöglichkeiten vorlesen!!

Situation:	Trifft voll zu	Trifft eher zu	Trifft eher nicht zu	Trifft gar nicht zu
a) Die Leute hier kennen die Kinder aus der Nachbarschaft.	[ ]	[ ]	[ ]	[ ]
b) Die Eltern wissen, mit wem sich ihre Kinder treffen.	[ ]	[ ]	[ ]	[ ]
c) Die Eltern kümmern sich darum, was ihre Kinder machen.	[ ]	[ ]	[ ]	[ ]
d) Dies ist ein guter Ort für Kinder um groß zu werden.	[ ]	[ ]	[ ]	[ ]
e) Hier gibt es Menschen, die ein Vorbild für Kinder sein können.	[ ]	[ ]	[ ]	[ ]

21. Bitte sagen Sie mir für die folgenden Aussagen, in welchem Maße sie auf ihr Wohngebiet zutreffen!
Int: Antwortmöglichkeiten vorlesen!!

	Trifft voll zu	Trifft eher zu	Trifft eher nicht zu	Trifft gar nicht zu
a) Hier in Vingst/ Höhenberg gibt es viel Graffiti/besprühte Wände.	[ ]	[ ]	[ ]	[ ]
b) Vingst/ Höhenberg ist laut.	[ ]	[ ]	[ ]	[ ]
c) Mutwillige Zerstörung kommt in Vingst/ Höhenberg häufig vor.	[ ]	[ ]	[ ]	[ ]
d) Vingst/ Höhenberg ist sauber.	[ ]	[ ]	[ ]	[ ]
e) Die Menschen in Vingst/ Höhenberg kümmern sich sehr um ihre Wohnungen.	[ ]	[ ]	[ ]	[ ]
f) In der Nähe meiner Wohnung hängen sehr viele Menschen auf der Straße herum.	[ ]	[ ]	[ ]	[ ]
g) In Vingst/ Höhenberg gibt es viel Kriminalität.	[ ]	[ ]	[ ]	[ ]
h) In Vingst/ Höhenberg ist der Drogenkonsum hoch.	[ ]	[ ]	[ ]	[ ]
i) In Vingst/ Höhenberg ist der Alkoholkonsum hoch.	[ ]	[ ]	[ ]	[ ]
j) Ich habe oft Ärger mit meinen Nachbarn.	[ ]	[ ]	[ ]	[ ]
k) Mein Wohngebiet ist sicher.	[ ]	[ ]	[ ]	[ ]

22. Wie groß ist Ihrer Ansicht nach das Risiko, dass Sie in den nächsten 12 Monaten Opfer einer Straftat auf der Straße in Vingst/Höhenberg werden könnten? Bitte nennen Sie einen Wert zwischen 1 (kein Risiko) und 10 (sehr hohes Risiko):	
1 kein Risiko	01
2	02
3	03
4	04
5	05
6	06
7	07
8	08
9	09
10 sehr hohes Risiko	10

23. Gibt es in Vingst/Höhenberg irgendeine Gegend, in die Sie in der Dunkelheit nicht alleine gehen möchten?	
Ja, gibt es hier	1
Wenn ja, wo?	
Nein, gibt es hier nicht	2
w.n.	8
k.A.	9

Netzwerkteil

Im Folgenden möchte ich Sie nach Personen fragen, mit denen Sie **in den letzten 14 Tagen** in der einen oder anderen Weise Kontakt hatten. Denken Sie dabei bitte an alle Personen; es können Verwandte und Nicht-Verwandte, Mitglieder Ihres Haushalts und Menschen, die nicht in Ihrem Haushalt leben, sein. Allerdings sollten diese Personen **mindestens 16 Jahre** alt sein und es sollte sich um einen privaten, d.h. nicht ausschließlich um einen beruflichen Kontakt handeln.

Da ich Ihnen zu den einzelnen Personen noch Fragen stellen werde, möchte ich Sie bitten, mir die Vornamen oder andere Personenbezeichnungen zu nennen.

→ *Nur falls befragte Person Bedenken hat, auf folgendes hinweisen*: Ich möchte nochmals darauf hinweisen, dass alle Angaben wissenschaftlichen Zwecken dienen und streng vertraulich behandelt werden. Die Namen dienen nur dazu, die Personen im Folgenden unterscheiden zu können.
INT: Erst Fragen 24-26 stellen, dann Namen in die Ausklappliste eintragen.

---

24. Die meisten Leute besprechen hin und wieder wichtige Angelegenheiten mit anderen Personen. Wenn Sie an die letzten 14 Tage zurückdenken:
Int: Wenn befragte Person in den letzten 14 Tagen verreist oder akut krank war, dann sind die 14 Tage davor gemeint! Bitte nach der Frage alle Personen in die Zeilen eintragen!

24. a) An wen haben Sie sich gewandt, um Dinge zu besprechen, die Ihnen wichtig waren?

Habe mich in dieser Zeit an niemanden gewandt	97

---

24. b) Und wer hat sich in den *letzten 14 Tagen* an Sie gewandt, um Dinge zu besprechen, die ihr oder ihm wichtig waren?

In dieser Zeit hat sich niemand an mich gewandt	97

---

25. Kommen wir nun auf die Personen zu sprechen, mit denen Sie Ihre Freizeit verbringen. Wenn Sie wiederum an die letzten 14 Tage denken:
25. a) Wer hat Sie in dieser Zeit zu Hause besucht?

Ich habe in dieser Zeit keinen Besuch bekommen	97

---

25. b) Und wen haben Sie in den letzten 14 Tagen zu Hause besucht?

Ich habe in dieser Zeit niemanden besucht	97

---

25. c) Mit wem haben Sie in den letzten 14 Tagen Freizeitaktivitäten außerhalb des Hauses unternommen?

Ich war in dieser Zeit mit niemandem unterwegs	97

26. Wenn Sie jetzt noch einmal an alle Menschen denken, die Sie mir gerade genannt haben. Fehlen jetzt noch Personen, die Ihnen wichtig sind oder die in Ihrem Leben eine wichtige Rolle spielen? Wenn ja, welche?
Int: Bitte die Namen zunächst hier notieren. Sagt die befragte Person von sich aus, dass sie einzelne Personen bei einer der anderen Fragen (24a bis 25c) vergessen hat, bitte dort eintragen und hier wieder streichen!

Keine weitere Person genannt	97

Intervieweranweisung

Zunächst alle Namen, die auf die Fragen 24 bis 26 genannt wurden, in die Ausklappliste übertragen. Sollten mehr als 26 Personen genannt worden sein, die Auflistung abbrechen. Achtung, keine Mehrfachnennungen!

Wurden <u>höchstens 5 Personen</u> genannt, alle Personen oben in die erste Zeile auf Seite 11-12 übertragen!

Wurden <u>mehr als 5 Personen</u> genannt, Folgendes vorlesen:

„Damit das Interview nicht zu lang wird, möchten wir uns bei der Nachfrage auf fünf zufällig ausgewählte Personen beschränken. Dazu habe ich hier ein Kartenspiel."

Kartenspiel vorlegen und erläutern!

Aus dem Kartenspiel die Karten mit den Nummern 1 bis Nummer der zuletzt genannten Person entnehmen. Diese Karten mischen und mit verdeckten Nummern vorlegen. Die befragte Person bitten, <u>5 Karten zufällig zu ziehen</u>. Die Personen mit den zufällig gezogenen Nummern oben in die erste Zeile auf Seite 11 - 12 eintragen. Zu diesen fünf Personen die folgenden Fragen stellen!

Die in den Fragen 24 bis 26, auf der Ausklappseite und im Kopf der Fragen N1 bis N10 notierten Namen <u>MÜSSEN JEWEILS IDENTISCH SEIN.</u> Namen nicht im Verlauf des Interviews ändern!

	A. Name/Kürzel	B. Name/Kürzel	C. Name/Kürzel	D. Name/Kürzel	E. Name/Kürzel
N1) Zu den Personen, die Sie mir genannt haben, habe ich jetzt noch einige Fragen. Zunächst würde ich gerne wissen, wie alt die Personen sind.	☐ ____ Jahre. ☐ 97 Jahre o. älter. ☐ Weiß nicht.	☐ ____ Jahre. ☐ 97 Jahre o. älter. ☐ Weiß nicht.	☐ ____ Jahre. ☐ 97 Jahre o. älter. ☐ Weiß nicht.	☐ ____ Jahre. ☐ 97 Jahre o. älter. ☐ Weiß nicht.	☐ ____ Jahre. ☐ 97 Jahre o. älter. ☐ Weiß nicht.
N2) Kommen wir nun zum Geschlecht. *INT: Alle Namen und angekreuztes Geschlecht vorlesen. Nur nachfragen, wenn Geschlecht nicht aus dem Namen ablesbar ist.*	☐ Männlich. ☐ Weiblich.	☐ Männlich. ☐ Weiblich.	☐ Männlich. ☐ Weiblich.	☐ Männlich. ☐ Weiblich.	☐ Männlich. ☐ Weiblich.
N3) Wo sind diese Personen jeweils geboren? In Deutschland oder außerhalb Deutschlands? Wenn außerhalb, wo?	☐ In Deutschland. ☐ Außerhalb Deutsch-lands, und zwar: ____ ☐ Weiß nicht.	☐ In Deutschland. ☐ Außerhalb Deutsch-lands, und zwar: ____ ☐ Weiß nicht.	☐ In Deutschland. ☐ Außerhalb Deutsch-lands, und zwar: ____ ☐ Weiß nicht.	☐ In Deutschland. ☐ Außerhalb Deutsch-lands, und zwar: ____ ☐ Weiß nicht.	☐ In Deutschland. ☐ Außerhalb Deutsch-lands, und zwar: ____ ☐ Weiß nicht.
N4) Und welche Staatsangehörigkeit haben sie?	☐ Deutsch. ☐ Türkisch. ☐ Portugiesisch. ☐ Griechisch. ☐ Andere, und zwar: ____ ☐ Weiß nicht.	☐ Deutsch. ☐ Türkisch. ☐ Portugiesisch. ☐ Griechisch. ☐ Andere, und zwar: ____ ☐ Weiß nicht.	☐ Deutsch. ☐ Türkisch. ☐ Portugiesisch. ☐ Griechisch. ☐ Andere, und zwar: ____ ☐ Weiß nicht.	☐ Deutsch. ☐ Türkisch. ☐ Portugiesisch. ☐ Griechisch. ☐ Andere, und zwar: ____ ☐ Weiß nicht.	☐ Deutsch. ☐ Türkisch. ☐ Portugiesisch. ☐ Griechisch. ☐ Andere, und zwar: ____ ☐ Weiß nicht.
N5) Können Sie jetzt bitte sagen, wo diese Personen wohnen? *INT: Liste N5 vorlegen und Karte*	☐ Im selben Haushalt. ☐ Im selben Haus. ☐ Unmittelbare Nachbarschaft. ☐ Vingst/ Höhenberg. ☐ Benachbarter Stadtteil. ☐ Anderer Stadtteil Kölns.	☐ Im selben Haushalt. ☐ Im selben Haus. ☐ Unmittelbare Nachbarschaft. ☐ Vingst/ Höhenberg. ☐ Benachbarter Stadtteil. ☐ Anderer Stadtteil Kölns.	☐ Im selben Haushalt. ☐ Im selben Haus. ☐ Unmittelbare Nachbarschaft. ☐ Vingst/ Höhenberg. ☐ Benachbarter Stadtteil. ☐ Anderer Stadtteil Kölns.	☐ Im selben Haushalt. ☐ Im selben Haus. ☐ Unmittelbare Nachbarschaft. ☐ Vingst/ Höhenberg. ☐ Benachbarter Stadtteil. ☐ Anderer Stadtteil Kölns.	☐ Im selben Haushalt. ☐ Im selben Haus. ☐ Unmittelbare Nachbarschaft. ☐ Vingst/ Höhenberg. ☐ Benachbarter Stadtteil. ☐ Anderer Stadtteil Kölns.
N6) Können Sie mir sagen, welchen höchsten Bildungs-abschluss die Personen haben? *Int: Liste N6 vorlegen, Ostdeutsche oder ausländische Abschlüsse von der befragten Person einstufen lassen*	☐ Noch Schüler/ Schülerin. ☐ Von der Schule abgegangen ohne Abschluss. ☐ Volks-/Hauptschule. ☐ Mittlere Reife/ Realschule. ☐ Fachabitur. ☐ Abitur.	☐ Noch Schüler/ Schülerin. ☐ Von der Schule abgegangen ohne Abschluss. ☐ Volks-/Hauptschule. ☐ Mittlere Reife/ Realschule. ☐ Fachabitur. ☐ Abitur.	☐ Noch Schüler/ Schülerin. ☐ Von der Schule abgegangen ohne Abschluss. ☐ Volks-/Hauptschule. ☐ Mittlere Reife/ Realschule. ☐ Fachabitur. ☐ Abitur.	☐ Noch Schüler/ Schülerin. ☐ Von der Schule abgegangen ohne Abschluss. ☐ Volks-/Hauptschule. ☐ Mittlere Reife/ Realschule. ☐ Fachabitur. ☐ Abitur.	☐ Noch Schüler/ Schülerin. ☐ Von der Schule abgegangen ohne Abschluss. ☐ Volks-/Hauptschule. ☐ Mittlere Reife/ Realschule. ☐ Fachabitur. ☐ Abitur.

Frage	Person 1	Person 2	Person 3	Person 4	Person 5
N7) Bitte sagen Sie mir nun, ob die Personen erwerbstätig sind oder was sonst auf dieser Liste für sie zutrifft. *INT:Liste N7 vorlegen, nur eine Nennung!*	☐ Vollzeit erwerbstätig… ☐ Teilzeit erwerbstätig… ☐ Arbeitslos/-suchend… ☐ Schüler/ Student… ☐ Rentner/ Pensionär… ☐ Hausfrau/ Hausmann ☐ Wehr-/Zivildienstleistender… ☐ Sonstiges (nicht erwerbstätig)… ☐ Weiß nicht…	☐ Vollzeit erwerbstätig… ☐ Teilzeit erwerbstätig… ☐ Arbeitslos/-suchend… ☐ Schüler/ Student… ☐ Rentner/ Pensionär… ☐ Hausfrau/ Hausmann ☐ Wehr-/Zivildienstleistender… ☐ Sonstiges (nicht erwerbstätig)… ☐ Weiß nicht…	☐ Vollzeit erwerbstätig… ☐ Teilzeit erwerbstätig… ☐ Arbeitslos/-suchend… ☐ Schüler/ Student… ☐ Rentner/ Pensionär… ☐ Hausfrau/ Hausmann ☐ Wehr-/Zivildienstleistender… ☐ Sonstiges (nicht erwerbstätig)… ☐ Weiß nicht…	☐ Vollzeit erwerbstätig… ☐ Teilzeit erwerbstätig… ☐ Arbeitslos/-suchend… ☐ Schüler/ Student… ☐ Rentner/ Pensionär… ☐ Hausfrau/ Hausmann ☐ Wehr-/Zivildienstleistender… ☐ Sonstiges (nicht erwerbstätig)… ☐ Weiß nicht…	☐ Vollzeit erwerbstätig… ☐ Teilzeit erwerbstätig… ☐ Arbeitslos/-suchend… ☐ Schüler/ Student… ☐ Rentner/ Pensionär… ☐ Hausfrau/ Hausmann ☐ Wehr-/Zivildienstleistender… ☐ Sonstiges (nicht erwerbstätig)… ☐ Weiß nicht…
N8) In welcher beruflichen Stellung befinden sich diese Personen bzw. befanden sich diese Personen? Nennen Sie mir jeweils die zutreffende Kennziffer von dieser Liste, und zwar für die Erwerbstätigen die derzeitige Berufliche Stellung, und für die anderen die letzte berufliche Stellung. *Int: Liste N8 vorlegen.*					
N9) In welcher Beziehung stehen diese Personen zu Ihnen? *Int: Liste N9 vorlegen, nur eine Nennung!*	<u>Nicht-verwandt:</u> ☐ (Ehe)Partner/in… ☐ Freund(in)… ☐ Bekannte(r)… <u>Verwandt:</u> ☐ Kind… ☐ Vater/Mutter… ☐ Bruder/ Schwester… ☐ Enkelkind… ☐ Großvater/ -mutter… ☐ Anders verwandt…	<u>Nicht-verwandt:</u> ☐ (Ehe)Partner/in… ☐ Freund(in)… ☐ Bekannte(r)… <u>Verwandt:</u> ☐ Kind… ☐ Vater/Mutter… ☐ Bruder/ Schwester… ☐ Enkelkind… ☐ Großvater/ -mutter… ☐ Anders verwandt…	<u>Nicht-verwandt:</u> ☐ (Ehe)Partner/in… ☐ Freund(in)… ☐ Bekannte(r)… <u>Verwandt:</u> ☐ Kind… ☐ Vater/Mutter… ☐ Bruder/ Schwester… ☐ Enkelkind… ☐ Großvater/ -mutter… ☐ Anders verwandt…	<u>Nicht-verwandt:</u> ☐ (Ehe)Partner/in… ☐ Freund(in)… ☐ Bekannte(r)… <u>Verwandt:</u> ☐ Kind… ☐ Vater/Mutter… ☐ Bruder/ Schwester… ☐ Enkelkind… ☐ Großvater/ -mutter… ☐ Anders verwandt…	<u>Nicht-verwandt:</u> ☐ (Ehe)Partner/in… ☐ Freund(in)… ☐ Bekannte(r)… <u>Verwandt:</u> ☐ Kind… ☐ Vater/Mutter… ☐ Bruder/ Schwester… ☐ Enkelkind… ☐ Großvater/ -mutter… ☐ Anders verwandt…
N10) Welchen diesen Personen fühlen Sie sich besonders nahe? ☐ Keine Person genannt ☐ Weiß nicht ☐ Verweigert	☐	☐	☐	☐	☐

Ich möchte Ihnen nun ein paar Fragen dazu stellen, wie es Ihnen geht.

27. Wie würden Sie Ihren Gesundheitszustand im Allgemeinen beschreiben?
Int: Antwortkategorien vorlesen!!

Ausgezeichnet	☐
Sehr gut	☐
Gut	☐
Weniger gut	☐
Schlecht	☐

28. Sagen Sie mir bitte zu jeder der folgenden Aussagen, ob Sie völlig zustimmen, zustimmen, teils-teils zustimmen, wenig zustimmen oder überhaupt nicht zustimmen.

Aussage:	Stimme voll zu	Stimme zu	Stimme teils-teils zu	Stimme wenig zu	Stimme überhaupt nicht zu
a) Ich bin meines Glückes Schmied.	[ ]	[ ]	[ ]	[ ]	[ ]
b) Es liegt nicht an mir, wenn ich Probleme habe.	[ ]	[ ]	[ ]	[ ]	[ ]
c) Wenn bei mir etwas nicht klappt, dann liegt das meistens an mir.	[ ]	[ ]	[ ]	[ ]	[ ]
d) Man muss nicht planen – was kommen soll, das kommt.	[ ]	[ ]	[ ]	[ ]	[ ]
e) Wenn mir etwas wirklich Gutes passiert, dann aus Glück.	[ ]	[ ]	[ ]	[ ]	[ ]
f) Wenn etwas schief geht, dann bin ich selbst schuld.	[ ]	[ ]	[ ]	[ ]	[ ]
g) Was ich mir in den Kopf gesetzt habe, schaffe ich auch.	[ ]	[ ]	[ ]	[ ]	[ ]
h) Ich kann nichts gegen schlechte Dinge machen, die mir passieren.	[ ]	[ ]	[ ]	[ ]	[ ]

29. In welchem Maße treffen die folgenden Aussagen Ihrer Meinung nach zu?
Int: Antwortmöglichkeiten vorlesen!

Aussage:	Trifft voll zu	Trifft eher zu	Trifft eher nicht zu	Trifft gar nicht zu
a) Heutzutage ist alles so unsicher geworden, dass man auf alles gefasst sein muss.	[ ]	[ ]	[ ]	[ ]
b) Heute ändert sich alles so schnell, dass man nicht weiß, woran man sich halten soll.	[ ]	[ ]	[ ]	[ ]
c) Früher waren die Leute besser dran, weil jeder wusste, was er zu tun hatte.	[ ]	[ ]	[ ]	[ ]

30. Wie oft beten Sie?
Int: Antwortkategorien vorlesen!!

Mehrmals täglich	▢
Einmal täglich	▢
Mindestens einmal in der Woche	▢
Seltener	▢
Nie	▢
k.A.	▢

31. Nun eine ganz andere Frage:	Immer	Meistens	Selten	Nie
a) Wie oft pro Woche frühstücken Sie werktags gemeinsam zu Hause mit der Familie/mit Partner(-in)?	[ ]	[ ]	[ ]	[ ]
b) Wie häufig frühstücken Sie sonntags gemeinsam zu Hause mit der Familie/mit Partner(-in)?	[ ]	[ ]	[ ]	[ ]
c) Und wie häufig essen Sie werktags gemeinsam zu Hause mit der Familie/mit Partner(-in) zu Abend?	[ ]	[ ]	[ ]	[ ]
d) Und wie häufig essen Sie sonntags gemeinsam zu Hause mit der Familie/mit Partner(-in) zu Mittag?	[ ]	[ ]	[ ]	[ ]

32.	
a) Was gab es am letzten Werktag zu Mittag?	
b) Was gab es am letzten Werktag zu Abend?	
33.	
a) Was gab es am letzten Sonntag zu Mittag?	
b) Was gab es am letzten Sonntag zu Abend?	

34. Wie häufig nehmen Sie die folgenden Nahrungsmittel zu sich?

Aussage:	Täglich oder fast täglich	Mehrmals in der Woche	Etwa einmal in der Woche	Seltener	Nie
a) Frisches Obst	[ ]	[ ]	[ ]	[ ]	[ ]
b) Knabberartikel (Chips, Erdnüsse, Salz-/ Käsestangen)	[ ]	[ ]	[ ]	[ ]	[ ]
c) Bratwurst, Currywurst, Hamburger, Döner Kebab, Pizza	[ ]	[ ]	[ ]	[ ]	[ ]
d) Frisches Gemüse, Rohkost, Salat	[ ]	[ ]	[ ]	[ ]	[ ]
e) Vollkornbrot, Mehrkornbrot	[ ]	[ ]	[ ]	[ ]	[ ]
f) Süßwaren (z.B. Bonbons, Pralinen, Schokolade)	[ ]	[ ]	[ ]	[ ]	[ ]

35. Wenn Sie Freunde zum Essen einladen, womit bewirten Sie sie am Liebsten? Nennen Sie mir bitte von der folgenden Liste drei Eigenschaften, die Ihnen am wichtigsten sind.
Int: Liste 35 vorlegen!!

Einfach, aber hübsch angerichtet	☐
Fein und erlesen	☐
Reichhaltig und gut	☐
Improvisiert	☐
Nahrhaft und ergiebig	☐
Ausländisch	☐
Nach guter deutscher Küche	☐
Lade keine Freunde zum Essen ein	☐
k.A.	☐

Nun möchte ich Ihnen eine Frage zu Ihrem Haushaltsgeld stellen:
36. Wer verwaltet bei Ihnen das gesamte Geld im Haushalt?

Zum Abschluss des Fragebogens benötigen wir von Ihnen noch einige
Angaben für die Statistik.

A. Geschlecht	
Weiblich	01
Männlich	02

B. Wann sind Sie geboren?
19____

C. In welchem Land sind Sie geboren?	
Deutschland *Int: Weiter mit E!*	01
Ausland, und zwar:	
k.A.	99

D. Seit wann leben Sie in Deutschland?	
Immer	9999
Seit:---------------------------→	

E. Welche Staatsangehörigkeit haben Sie? *Int: Liste E benutzen und Nummer eintragen!!*	
Deutsch	1
Nicht deutsch, und zwar:------------→	
k.A.	9

F. Welchen Familienstand haben Sie?	
Verheiratet und leben mit Ehepartner zusammen ➡ **Weiter mit Frage H.**	1
Verheiratet, aber getrennt lebend	2
Ledig	3
Geschieden	4
Verwitwet	5
k.A.	9

G. Haben Sie einen festen Partner/ eine feste Partnerin?	
Ja	1
Nein	2

H. Wie viele Kinder leben in Ihrem Haushalt?		
Kind		Alter des Kindes
1. Kind	1	
2. Kind	2	
3. Kind	3	
4. Kind	4	
5. Kind	5	
6. Kind und mehr	6	
Es leben keine Kinder in meinem Haushalt	97	

I. Wie viele Personen leben ständig in Ihrem Haushalt?	
Eine Person	1
Zwei Personen	2
Drei Personen	3
Vier Personen	4
Fünf Personen	5
Sechs und mehr	6
k.A.	9

J. Welchen höchsten Bildungsabschluss haben Sie?	
Noch Schüler(in)	1
Keinen Schulabschluss	2
Volks-/ Hauptschulabschluss	3
Mittlere Reife	4
Fachabitur, Abitur	5
Fach-/ Hochschulabschluss	6
Anderen Schulabschluss	7
k.A.	9

J.a) Befragte mit Schulabschluss in Türkei: Welchen höchsten Bildungsabschluss haben Sie?	
Noch Schüler(in)	1
Keinen Schulabschluss	2
Grundschule (5 Jahre)	3

Wenn ja: Leben Sie mit Ihrem Partner/ Ihrer Partnerin zusammen?	
Ja	1
Nein	2

Mittelschule (8 Jahre)	4
Abitur („Lise")	5
Fach-/ Hochschulabschluss	6
Anderen Schulabschluss	7
k.A.	9

K. Schauen Sie bitte auf diese Liste. Was trifft auf Sie zu?
INT: LISTE K VORLEGEN!

Erwerbstätig Vollzeit	1
Erwerbstätig Teilzeit	2
Schüler/ Student(in)	3
Wehr-/ Zivildienstleistender	4
Zur Zeit arbeitslos	5
Rentner/ Pensionär(in)	6
Hausfrau/ Hausmann	7
Sonstiges:	8
k.A.	9

INT: Wenn Person erwerbstätig ist, nach jetziger beruflicher Stellung fragen. Sonst letzte berufliche Stellung erfragen.
L. Welche berufliche Stellung haben Sie derzeit?
INT: LISTE L VORLEGEN!

Berufliche Stellung Kennziffer:-----→	
Sonstiges:	13
k.A.	99

M. Wo liegt Ihr Arbeits-/ Ausbildungsplatz?

In der Wohnung	1
Im Viertel	2
Im Nachbarviertel	3
Anderswo in Köln	4
Außerhalb von Köln	5
k.A.	9

N. Steht Ihnen ein Auto zur Verfügung?

Ja	1
Nein	2
k.A.	9

O. Haben Sie oder ein anderes Haushaltsmitglied im letzten Jahr (2003) eine oder mehrere der folgenden Leistungen erhalten?

	Ja	Nein	k.A.
Wohngeld	1	2	9
Kindergeld	1	2	9
Unterhaltszahlungen	1	2	9
Arbeitslosengeld	1	2	9
Arbeitslosenhilfe	1	2	9
Unterhaltsgeld vom Arbeitsamt für Umschulung/ Fortbild.	1	2	9
Sozialhilfe **Nein ⇒ Weiter mit P!**	1	2	9
Laufende Hilfe zum Lebensunterhalt	1	2	9
Hilfe in besonderen Lebenslagen	1	2	9
Einmalige Hilfe zum Lebensunterhalt	1	2	9

P. Wenn Sie alle regelmäßigen Einkünfte zusammen rechnen: Wie hoch ist Ihr monatliches Haushalteinkommen? Geben Sie bitte den monatlichen Nettobetrag an, also nach Abzug von Steuern und Sozialabgaben. Regelmäßige Zahlungen wie Kindergeld, Wohngeld, Sozialhilfe etc. rechnen Sie bitte dazu. Bitte schauen Sie auf die Liste und nennen Sie mir den Buchstaben, der für Sie zutreffend ist!
INT: LISTE P VORLEGEN!

Buchstabe:----------------------------→	
w.n.	O
k.A.	P

Q.		
Q 1) Wie stark fühlen Sie sich in den folgenden Bereichen durch Ihre finanzielle Situation eingeschränkt? *Int.: Antwortmöglichkeiten vorlesen; Zahl ankreuzen!*		
Q 2) Welche dieser Einschränkungen empfinden Sie als besonders schlimm? *Int.: Spalte Q2 ankreuzen; Mehrfachnennung möglich!*		
	Q1: Einschränkung	Q2: Schlimm?
Wohnung und Wohnungs-einrichtung	[1] gar nicht eingeschränkt [2] etwas eingeschränkt [3] sehr eingeschränkt	[ ]
Freizeit und Kultur	[1] gar nicht eingeschränkt [2] etwas eingeschränkt [3] sehr eingeschränkt	[ ]
Kleidung und Schuhe	[1] gar nicht eingeschränkt [2] etwas eingeschränkt [3] sehr eingeschränkt	[ ]
Lebensmittel, Getränke	[1] gar nicht eingeschränkt [2] etwas eingeschränkt [3] sehr eingeschränkt	[ ]
Ferien, Reisen	[1] gar nicht eingeschränkt [2] etwas eingeschränkt [3] sehr eingeschränkt	[ ]
Gesundheit	[1] gar nicht eingeschränkt [2] etwas eingeschränkt [3] sehr eingeschränkt	[ ]
Verkehr (Auto, ÖV)	[1] gar nicht eingeschränkt [2] etwas eingeschränkt [3] sehr eingeschränkt	[ ]
Sonstiges: ———————	[1] gar nicht eingeschränkt [2] etwas eingeschränkt [3] sehr eingeschränkt	[ ]
k.A.		

Vielen Dank für Ihre Mithilfe!

Wären Sie bereit, sich im Rahmen dieser Studie nochmals interviewen
zu lassen?   Ja   ☐

                           Nein   ☐

Beginn des Interviews (Uhrzeit)   _____:_____

Ende des Interviews (Uhrzeit)   _____:_____

INT: BITTE RÜCKSEITE BEACHTEN!!!

INT: Bitte folgende Fragen <u>sofort nach</u> dem Interview beantworten!

A1. Waren während des Interviews dritte Personen anwesend?	
Nein	1
Ja, Partner	2
Ja, Kinder	3
Ja, Verwandte	4
Ja, Nachbarn	5
Ja, Freund/ Bekannte	6
Sonstige:	7

A2. Hat eine dritte Person in das Interview eingegriffen?	
Ja, häufig	1
Ja, manchmal	2
Nein	3

A3. Wie war die Bereitschaft der/des Befragten, die Fragen zu beantworten?	
Gut	1
Mittelmäßig	2
Schlecht	3
Anfangs gut, später schlecht	4
Anfangs schlecht, später gut	5

B1. Beschreiben Sie den Zustand der Wohnungseinrichtung! *Bsp.: [1] = sehr sauber [5] = sehr schmutzig*		
Sauber	- Schmutzig	
Neuwertig	- Abgenutzt	
Gepflegt	- Nachlässig	
Heil	- Beschädigt	
Luxuriös	- Ärmlich	

B2. Beschreiben Sie den Zustand der Wände! *Mehrfachnennungen möglich!*	
Sauber	1
Leicht vergilbt	2
Stark vergilbt	3
Feucht	4
Schmutzig, fleckig	5

Bitte geben Sie noch Ihre Interviewernummer an: _____

Ich bestätige, das Interview ordnungsgemäß durchgeführt zu haben:

Köln, den _____ .

(Unterschrift)

Lehrbücher

Heinz Abels

Einführung in die Soziologie

Band 1: Der Blick auf die Gesellschaft
3. Aufl. 2007. 402 S. (Hagener Studientexte zur Soziologie) Br. EUR 24,90
ISBN 978-3-531-43610-4

*Band 2: Die Individuen in ihrer
Gesellschaft*
3. Aufl. 2007. 434 S. (Hagener Studientexte zur Soziologie) Br. EUR 24,90
ISBN 978-3-531-43611-1

Andrea Belliger / David J. Krieger (Hrsg.)

Ritualtheorien
Ein einführendes Handbuch
3. Aufl. 2006. 483 S. Br. EUR 34,90
ISBN 978-3-531-43238-0

Nicole Burzan

Soziale Ungleichheit
Eine Einführung in die zentralen Theorien
3. Aufl. 2007. 200 S. (Hagener Studientexte zur Soziologie) Br. EUR 19,90
ISBN 978-3-531-15458-9

Paul B. Hill / Johannes Kopp

Familiensoziologie
Grundlagen und theoretische
Perspektiven
4., überarb. Aufl. 2006. 372 S. (Studien-
skripten zur Soziologie)
Br. EUR 28,90
ISBN 978-3-531-53734-4

Wieland Jäger / Uwe Schimank (Hrsg.)

Organisationsgesellschaft
Facetten und Perspektiven
2005. 591 S. (Hagener Studientexte zur
Soziologie) Br. EUR 26,90
ISBN 978-3-531-14336-1

Hermann Korte

**Einführung in die Geschichte
der Soziologie**
8., überarb. Aufl. 2006. 235 S.
Br. EUR 16,90
ISBN 978-3-531-14774-1

Stefan Moebius / Dirk Quadflieg (Hrsg.)

Kultur. Theorien der Gegenwart
2006. 590 S. Br. EUR 26,90
ISBN 978-3-531-14519-8

Bernhard Schäfers /
Johannes Kopp (Hrsg.)

Grundbegriffe der Soziologie
9., grundl. überarb. und akt. Aufl. 2006.
373 S. Br. EUR 16,90
ISBN 978-3-531-14686-7

Annette Treibel

**Einführung in soziologische
Theorien der Gegenwart**
7., akt. Aufl. 2006. 315 S. Br. EUR 17,90
ISBN 978-3-531-15177-9

Erhältlich im Buchhandel oder beim Verlag.
Änderungen vorbehalten. Stand: Januar 2008.

www.vs-verlag.de

VS VERLAG FÜR SOZIALWISSENSCHAFTEN

Abraham-Lincoln-Straße 46
65189 Wiesbaden
Tel. 0611.7878 - 722
Fax 0611.7878 - 400

MIX
Papier aus verantwortungsvollen Quellen
Paper from responsible sources
FSC® C105338

If you have any concerns about our products,
you can contact us on
ProductSafety@springernature.com

In case Publisher is established outside the EU,
the EU authorized representative is:
Springer Nature Customer Service Center GmbH
Europaplatz 3, 69115 Heidelberg, Germany

Printed by Libri Plureos GmbH
in Hamburg, Germany